国家社会科学基金项目·经济学系列

中国养老保险发展评价及现实挑战

吴永求 著

国家社会科学基金青年项目（11CJY107）资助

科学出版社

北京

内 容 简 介

随着城乡居民养老保险的建立，城乡统筹养老保险体系初步形成，以"扩面"为主要任务的养老保险改革阶段性目标基本实现，养老保险的发展目标正在由"广覆盖、保基本"向"全面覆盖、保障充分"的目标转变。本书在回顾中国养老保险改革历程及现状的基础上，从覆盖面、恰当性与可持续性三个方面对养老保险的发展进行评价，分析了当前中国养老保险改革面临的主要问题与挑战，提出了养老保险发展的总体目标、战略步骤和重点举措，为中国建立、建设可持续发展的养老保障体系提供理论依据与决策参考。

本书适合相关专业的大中专院校师生、社会保险理论研究者以及对社会经济问题感兴趣的广大读者参考阅读。

图书在版编目(CIP)数据

中国养老保险发展评价及现实挑战/吴永求著.—北京：科学出版社，2016.9

ISBN 978-7-03-049765-9

Ⅰ. ①中⋯ Ⅱ. ①吴⋯ Ⅲ. ①养老保险制度-研究-中国 Ⅳ. ①F842.67

中国版本图书馆 CIP 数据核字（2016）第 209964 号

责任编辑：魏如萍 / 责任校对：郑金红
责任印制：徐晓晨 / 封面设计：蓝正设计

科学出版社 出版
北京东黄城根北街 16 号
邮政编码：100717
http://www.sciencep.com

北京虎彩文化传播有限公司 印刷
科学出版社发行　各地新华书店经销

*

2016 年 9 月第 一 版　　开本：720×1000 1/16
2018 年 1 月第二次印刷　　印张：14
字数：269 000

定价：72.00 元

（如有印装质量问题，我社负责调换）

前　言

随着城乡居民养老保险的建立及其覆盖率的扩大，城乡统筹养老保险体系初步形成，以"扩面"为主要任务的养老保险阶段性目标基本实现，养老保险的发展目标正在由"广覆盖、保基本"[①]向"全面覆盖、保障充分"转变。在新的形势与背景下，客观评价养老保险改革面临的新问题与新挑战，明确未来养老保险改革方向与重点任务，对建设可持续发展的养老保障体系，实现"老有所养"目标具有重要意义。

1. 基本结论

本书在回顾我国养老保险改革历程及现状的基础上，对养老保险的发展水平从覆盖面、恰当性与可持续性三个方面进行评价，分析当前我国养老保险改革面临的主要问题与挑战，提出了养老保险改革的总体目标与战略步骤，并从制度整合、结构优化与财务平衡三个方面提出养老保险改革的重点举措。本书的主要结论包括以下方面。

（1）我国养老保险改革成绩显著，城乡统筹养老保险制度框架正在形成。在对我国养老保险改革历程进行回顾的基础上，总结养老保险事业发展所取得的成绩，特别2009年以来养老保险改革进程加快，出台了一系列相关的法规制度，将养老保险覆盖人群范围扩大到灵活就业人员、个体工商户、失业人员、农村居民，实现了养老保险制度全覆盖，建立了职工基本养老保险和城乡居民养老保险跨区域转移衔接机制。在养老保险参保规模方面，随着制度不断完善，参保人数与基金规模在不断扩张；养老保险覆盖率由2001年的19.7%增加到2012年的79.0%，2012年全国基本养老保险基金总收入20 001亿元，基金总支出15 562亿元，分别是1998年的13.7倍和10.3倍；城乡统筹的养老保险体系正在形成。

（2）覆盖面、恰当性与可持续性是评价养老保险发展的最重要标准，但三者之间存在相互制约关系。在对养老保险评价方法进行文献分析的基础上，结合当前我国养老保险发展实际，提出评价养老保险改革"覆盖面、恰当性和可持续性"三大核心标准。研究同一养老金计划中"覆盖面、恰当性、可持续性"

---

① 《中华人民共和国社会保险法》提出，社会保险制度坚持广覆盖、保基本、多层次、可持续的方针，社会保险水平应当与经济社会发展水平相适应。

三个目标之间存在着相互制约的逻辑关系，即如果不考虑经济社会发展、居民收入增长、财政补助增加等外部环境的变化，覆盖面、恰当性、可持续性三个目标难以同时改进。

（3）覆盖面的主要挑战是制度"碎片化"和参保结构不合理。首先是养老金项目"碎片化"的挑战，虽然养老保险制度框架正在逐渐形成，但不同项目、不同地区、不同人群之间仍然严重"碎片化"；养老制度按人群设计，养老金体系表现为各种不同项目的累积，没有构成统一的有机整体；地方政府具有养老保险政策制定与实施的权力，过去对养老保险制度进行了大量的试点与探索，导致养老保险呈现区域"条块分割"的特征。其次是参保结构矛盾的挑战，由于制度设计本身的问题，城乡居民养老保险制度年轻人参保的积极性比较低，已参保的人群年龄结构偏大，所选择的缴费档次偏低；职工基本养老保险参保结构中，非公有制经济的参保率大大低于公有制经济，另外统筹账户缴费过高，不利于激励高收入人群参加基本养老保险。

（4）恰当性的主要挑战是保障不充分和待遇结构不合理。首先，基本养老保险替代率与缴费率不匹配，过高的缴费率与较低的替代率降低了制度吸引力，加剧了劳动力市场的非正式用工等问题，并且使养老保险制度的公平与正义受到质疑。其次，城乡居民养老保险的替代率水平过低，远未达到国际 50%~60% 的标准，与"老有所养"目标差距较大。最后，待遇结构不合理，具体表现为不同养老金项目的待遇差距、不同地区间养老金待遇的区域差距、不同特征参保人的待遇差距，待遇结构的不合理也影响了养老保险制度的公平性。

（5）可持续性面临长期基金收支不平衡的挑战。可持续性是养老保险发展的重要评价标准，并对养老金待遇和覆盖面产生影响。根据本书预测结果，基本养老保险基金将在 2020~2030 年开始收支不抵，随着老龄化趋势的加剧，未来基本养老保险的基金面临极大的支付风险。未来可持续性面临的主要挑战包括以下方面：一是人口老龄化的挑战。人口的老龄化将导致未来养老负担不断加重，养老保险基金收入减少的同时基金支出不断增加。二是历史遗留问题的挑战。基本养老保险的隐性债务、老国企欠费、个人账户"空账"等历史问题仍然没有完全解决。三是区域财力不平衡的挑战。统筹层次较低，大规模劳动力跨区域流动导致各地区基金财务不平衡。四是基金保值增值的挑战。通货膨胀、投资渠道狭窄、基金管理"碎片化"的影响，养老保险基金面临较大的贬值风险。

2. 主要观点

本书研究的主要观点包括以下方面。

（1）我国养老保险改革已经进入一个新的发展阶段。2012 年我国养老保险的总覆盖率已经达到 79.0%。随着参保人群不断扩大，城乡统筹养老保险体系初步形成，以"扩面"为主要任务的养老保险阶段性目标已经基本实现，未来养老保险发展将进入一个新的阶段。新时期养老保险发展的主要目标将由"广覆盖、保基本"向"全面覆盖、保障充分"转变，养老保险改革的重点任务由扩大覆盖面转为提高保障水平和促进基金财务长期平衡。

（2）未来基金收支面临极大的支付风险。人口老龄化及基金收支预测结果表明，如果不考虑财政补贴或者大幅提升基金投资收益率，2020~2030年基本养老保险基金收支将难以平衡，且缺口不断扩大。居民养老保险目前财政定额补贴标准较低，如果不考虑政策的变化，中央与地方财政完全能够承担基础养老金和个人账户的补助。但是，机关事业单位养老保险由"现收现付制"向"基金积累制"改革产生的转轨成本和现时缴费将给财政带来极大的支付压力。

（3）新时期养老保险改革的重点是进行制度整合、优化养老保险参保与待遇结构、提高基金财务的可持续性。通过制度整合解决养老保险覆盖面存在的项目"碎片化"和区域"碎片化"问题；通过制度优化与提高统筹层次解决参保人结构不合理、养老金待遇结构不合理和基金收支区域结构不合理等问题；通过加强基金预算管理、划拨国有资产、改善结余基金投资管理等举措提高基金财务的可持续性。

（4）对养老保险改革需要进行顶层设计。过去养老保险改革中，中央往往只提出一个改革的总体方向与政策框架，由地方政府负责具体的政策实施，因此未能形成一个完整的制度体系。本书提出，养老保障改革和体系建设，关键要在养老保险的目标与模式上达成共识，根据制度框架进行总体设计，明确一体化改革目标，减少地方政府的自主权，建立"全面覆盖、保障充分、衔接顺畅、财务持续"的公共养老金体系。

3. 政策建议

本书从养老保险改革总体目标、战略步骤和重点举措三个层面提出相应的对策建议。

（1）养老保险改革最终目标是建立缴费型和非缴费型两大公共养老金体系。借鉴国外养老保险改革的实践经验，提出建立城乡统一的两大公共养老金体系：第一体系是职工养老保险体系，针对收入达到一定水平的雇员与自雇人员，采用强制方式建立缴费型、保障水平较高的养老金制度；第二体系是国民养老保险体系，为没有参加职工养老保险体系的低收入居民提供非缴费、保障水平相对较低的国民公共养老金。

（2）结合现实国情，提出养老保险改革三步走战略。第一步：在2020年以前，改革重点是改变现在以人群分类的养老保险制度设计，明确城乡一体化改革目标，建立按缴费方式分类的养老保险体系，解决制度"碎片化"问题。第二步：

在2021~2050年建立按缴费方式分类的两大养老保险体系，适度降低基本养老保险的费率水平，逐步提高城乡居民养老保险的缴费和待遇水平，实现基本养老保险的全国统筹和城乡居民养老保险省级统筹，做实职工基本养老保险个人账户，做大统筹基金规模。第三步：2050年之后，重点任务是建立公共养老金、职业年金、商业养老保险、家庭互济及个人储蓄四大养老保险支柱体系，将原来缴费型的城乡居民养老保险制度改革为非缴费型的国民养老保障项目，实现"名义账户制"向真正的"基金积累制"转变，实现"老有所养"目标。

（3）从制度整合、结构优化与可持续三个方面提出短期内养老保险改革的重点举措。一是对现行各类养老保险项目进行整合，解决制度"碎片化"问题，要在明确一体化改革目标的基础上，整合归并已有的各类养老项目，重点是整合农村养老保险项目、农民工养老保险项目和特殊人群养老保险项目，停止针对各类特殊人群的养老保障改革试点项目；逐步统一各省的基本养老保险与居民养老保险政策，尽量避免制度区域差异产生的"碎片化"与"衔接不畅"问题。二是通过合理的制度设计，解决各种结构性矛盾；通过制度的公平设计，提高年轻人、高收入人群、灵活就业人员、私有部门的参保积极性；通过完善补贴机制，提高城乡居民养老保险缴费档次；通过"统账结合"养老金制度改革，缩小社会化养老保险项目与机构事业单位退休金的待遇差距，推进基本养老保险基金全国统筹，解决区域间养老负担"苦乐不均"问题。三是通过多种渠道提高养老保险基金财务可持续能力，完善养老保险基金预算管理体制，建立基金中长期收支预测系统与动态平衡机制；明确中央与地方政府对转轨成本的责任分担，通过划拨国有股权、国有资产收益等方式解决历史遗留问题；通过多元化投资实现结余基金保值增值。

4. 主要创新

本书研究的创新点主要体现在以下四个方面。

（1）研究视角的创新。在对国内外养老保险发展评价理论进行比较分析的基础上，结合当前的现实国情，从覆盖面、恰当性与可持续性三个方面对我国养老保险制度进行评价，并针对存在的问题与挑战，从制度整合、结构优化与财务平衡三个方面提出改革的主要举措；本书在研究视角上有所创新。

（2）研究方法的创新。采用数理模型与实证分析相结合方法进行研究，得到一些新的结论与政策启示。例如，构建养老保险参保行为精算模型，研究制度设计对不同特征参保人的不公平问题及其导致的参保人结构不合理；得出降低基本养老保险缴费、提高城乡居民养老保险待遇等政策启示；采用随机动态最优化方法，研究实现公平与效率最优组合条件下的个人账户设计问题，得出提高基本养老保险个人账户记账比率的对策启示。

(3)研究数据的创新。首先,通过问卷调查数据对养老保险参保情况进行研究,发现我国在养老保险覆盖面扩大的同时,存在参保结构不合理的问题。其次,与已有文献相比,本书对人口老龄化和养老保险基金收支预测建立在最新的人口普查数据基础上,并根据我国养老保险最新发展情况对参保率、养老金待遇等关键参数进行设定,发现基本养老保险基金收支缺口要大于已有文献的预测结果。最后,目前国内关于区域性养老保险基金收支预测的文献较少,本书在对跨区域人口迁移进行测算的基础上,对各地区养老保险基金收支预测进行测算;同时对机关事业单位养老保险改革的隐性债务进行估算,丰富了相关领域的理论研究。

(4)对策建议的创新。本书分析新形势下养老保险发展面临的新问题与新挑战,认为我国养老保险已经进入一个新的发展阶段,改革目标正在由"广覆盖、保基本"向"全面覆盖、保障充分"目标转变。在国内外理论与经验的基础上,提出建立缴费型和非缴费型两大公共养老金体系的总体目标和"三步走"的战略路径。所提出的重点改革举措中,"农村养老保险整合""农民工养老保险制度归并""机关事业单位养老保险改革""养老保险经办体制改革"等方面的对策建议具有一定的创新。

吴永求

2016 年 6 月 30 日

目 录

第 1 章 绪论 ·· 1
  1.1 问题及背景 ·· 1
  1.2 目标及思路 ·· 2
  1.3 内容及方法 ·· 3

第 2 章 养老保险制度理论与评价 ·· 5
  2.1 概念界定与理论基础 ·· 5
  2.2 养老保险特征与原则 ·· 10
  2.3 养老保险制度的评价 ·· 12
  2.4 养老保险制度三个目标的内在关系 ··· 19
  2.5 本章小结 ··· 22

第 3 章 中国养老保险发展历程及国际比较 ·· 23
  3.1 中国养老保险制度改革历程 ··· 23
  3.2 中国养老保险发展现状 ··· 25
  3.3 养老保险制度国际比较 ··· 28
  3.4 本章小结 ··· 33

第 4 章 中国养老保险制度改革评估 ··· 34
  4.1 中国养老保险覆盖面评估 ·· 34
  4.2 中国养老保险恰当性评价 ·· 41
  4.3 中国养老保险可持续性评价 ··· 44
  4.4 本章小结 ··· 47

第 5 章 覆盖面的挑战：制度碎片化与参保结构不合理 ························· 48
  5.1 养老保险制度碎片化 ·· 48
  5.2 养老保险参保人结构不合理 ··· 60
  5.3 本章小结 ··· 66

第 6 章 恰当性的挑战：保障不充分与待遇结构不合理 ························· 67
  6.1 居民养老保险恰当性的挑战 ··· 67
  6.2 基本养老保险恰当性的挑战 ··· 70
  6.3 养老保险待遇结构不合理的挑战 ··· 75
  6.4 本章小结 ··· 85

第 7 章 可持续性的挑战：财务收支不平衡 ········ 87
   7.1 人口老龄化的挑战 ········ 87
   7.2 历史遗留问题的挑战 ········ 107
   7.3 区域基金财力水平不均衡 ········ 113
   7.4 养老保险基金保值增值的挑战 ········ 117
   7.5 基本养老保险基金收支缺口预测 ········ 123
   7.6 本章小结 ········ 140

第 8 章 改革思路及对策建议 ········ 142
   8.1 改革的总体思路 ········ 142
   8.2 加快推进养老保险制度整合 ········ 148
   8.3 优化养老保险结构 ········ 161
   8.4 提高基金财务可持续性 ········ 167

第 9 章 总结 ········ 177

参考文献 ········ 180

附件 A：基本养老保险参保模型 ········ 191

附件 B：城乡居民养老保险参保模型 ········ 195

附件 C：最优个人账户记账比例模型 ········ 200

附件 D：部分基金收支的预测数据 ········ 206

第 1 章 绪　　论

本书在对我国现行养老保险体系的发展现状进行评价的基础上，结合当前养老保险制度存在的问题与挑战，提出制度整合、结构优化与可持续三个方面的改革重点。本章为绪论部分，主要对研究背景、研究思路、研究内容、主要观点及创新点等方面进行介绍。

1.1　问题及背景

根据 ILO（International Labour Organization，即国际劳工组织）的数据，2002 年中国养老保险覆盖率（缴费人数占经济活动人口比例）只有 15.1%。世界银行[①]的报告认为，中国养老保险严重集中在城镇地区的正式部门，由此导致了制度公平性受到质疑。但是，随着《国务院关于开展新型农村社会养老保险试点的指导意见》（国发〔2009〕32 号）和《国务院关于开展城镇居民社会养老保险试点的指导意见》（国发〔2011〕18 号）等一系列政策的出台，我国养老保险制度开始由城镇向农村覆盖、由职工向居民覆盖。养老保险制度覆盖人群范围包括在岗职工、灵活就业人员、个体工商户、失业人员、城乡居民，实现了制度全覆盖。养老保险的参保人群快速扩张，2012 年全国城镇基本养老保险参保人数为 30 427 万人，城乡居民社会养老保险参保人数为 48 370 万人，参保人数占经济活动人口比例达到 79.0%。随着制度的完善与覆盖面的扩大，养老保险发展主要矛盾与改革重点也在发生变化，制度衔接不顺畅、养老金待遇低、基金支付风险等问题正成为制约养老保险发展的新挑战。在这些新的形势与背景下，客观判断养老保险改革的主要矛盾，明确未来养老保险改革方向与重点，对建设可持续发展的养老保障体系，实现"老有所养"的最终目标具有重要意义。

---

① 世界银行. 中国经济报. 第 2 季，2010.

1.2 目标及思路

当前养老保险改革的内外环境都在发生深刻变化,需要结合新的问题与新的形势,提出养老保险发展的新目标与新举措。本书将从覆盖面、恰当性与可持续性三个方面评价中国养老保险发展水平,分析当前养老保险改革面临的主要挑战与内在原因。在借鉴国内外经验的基础上,进行制度的顶层设计,明确养老保险改革的基本思路与战略路径,从制度整合、结构优化与财务平衡的角度提出养老保险具体的改革方案,为中国建立"全面覆盖、保障充分、衔接顺畅、财务持续"的公共养老金体系提供理论依据与决策参考。

本书研究的基本思路如图 1.1 所示。

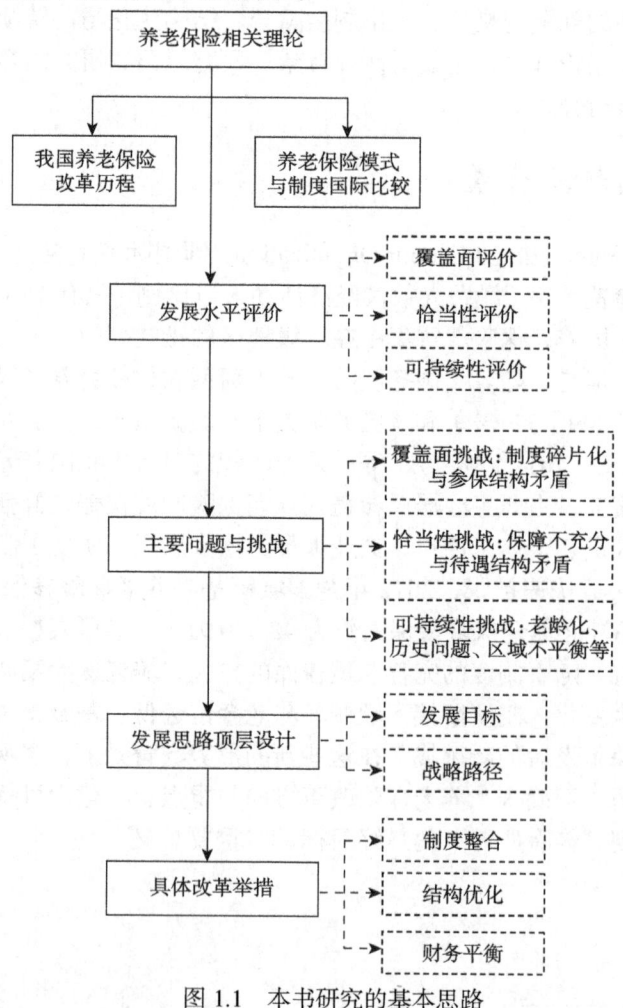

图 1.1 本书研究的基本思路

本书研究的基本思路如下：首先，回顾中国养老保险改革发展历程与现状，从制度设计、参保规模和基金收支等方面总结中国养老保险改革的成就。其次，对养老保险的理论基础进行介绍，重点对养老保险的评价方法与理论进行综述，结合中国实际国情提出"覆盖面、恰当性与可持续性"三大养老保险评价标准，并对三大目标之间的内在关系进行探讨。通过世界各国养老保险的运行模式与制度设计的比较，为中国养老保险改革提供参考与借鉴。再次，通过构建与测算相应的指标，对中国养老保险的发展水平从覆盖面、恰当性与可持续性三个方面进行评价；并深入分析中国养老保险发展所面临问题与原因。最后，借鉴理论分析与国外经验，提出中国养老保险发展总体目标与战略步骤，针对当前养老保险发展所面临的挑战，从制度整合、结构优化与财务平衡三个方面提出具体举措。

1.3 内容及方法

本书研究内容，从结构上可分为理论研究、现状研究、问题研究和对策研究四大部分共9章。理论研究部分共有两章：第1章"绪论"；第2章"养老保险制度理论与评价"。现状研究部分有两章：第3章"中国养老保险发展历程及国际比较"；第4章"中国养老保险制度改革评估"。问题研究部分有三章：第5章"覆盖面的挑战：制度碎片化和参保结构不合理"；第6章"恰当性的挑战：保障不充分与待遇结构不合理"；第7章"可持续性的挑战——财务收支不平衡"。对策研究有一章：第8章"改革思路及对策建议"。第9章是研究成果"总结"。

本书总体上是理论研究与对策研究相结合，采用如下具体方法进行研究：一是文献分析法，即对已有文献中观点和方法的参考借鉴。例如，在对中国养老保险发展进行评价时，借鉴国内外文献对养老保险发展的定性与定量评价两种思路，在对现有评价方法进行对比分析基础上，结合中国实际国情提出养老保险三个方面评价标准。二是人口统计学方法，以2010年第六次人口普查的数据为基础，采用人口学中的分要素预测法对全国及各地区未来人口老龄化的趋势进行预测。三是数值分析方法，即在建立相关模型基础上，通过数值计算进行政策模拟。例如，基于养老保险精算模型，对政策设计如何影响养老保险的参保行为进行模拟；采用随机动态最优化方法研究实现公平与效率最优组合的个人账户记账比例。四是实地调研法，通过对经办机构、企业、职工、居民的访谈与问卷调查，了解养老保险改革发展中面临的许多现实问题，如机构设置、人员管理、经费保险、信息化建设等，并在政策举措的设计中大量吸收调研访谈的结论。五是经验借鉴法，如在借鉴世界银行的养老金改革可选方案模拟工具包（pension reform option simulation toolkit，PROST）模型基础上，对基本养老保险基金收支进行预测，并采用敏感性分析法研究工资增长、基金投资收益率、扩面速度等环境变化对基金收支的影响；借鉴国外养老保险改革的经验，提出中国养老保险改革的总体目标、战略步骤与主要举措。

第 2 章 养老保险制度理论与评价

国内外关于养老保险的文献十分丰富，相关的理论研究涉及养老保险起源、养老保险模式、养老保险对经济社会影响效应、养老保险制度设计、养老保险基金管理等领域。本章重点介绍养老保险起源的相关理论与基本特征，并结合研究内容，重点对养老保险制度评价的相关理论进行文献评述，提出"覆盖面、恰当性与可持续性"三个方面的评价标准，并对三个目标之间的内在关系进行分析。

2.1 概念界定与理论基础

本节对研究对象的概念与内涵进行界定，并对养老保险的理论基础进行介绍。养老保险制度发展与变迁是"实践活动产生理论，理论发展又指导实践"的过程，养老保险理论涉及多个学科交叉的综合研究，但政治学和经济学是最重要的两大主流理论。

2.1.1 基本概念界定

1. 养老保险定义

我国学术界对社会养老保险有各种定义，包括以下代表性的观点：董克用和王燕（2000）认为，社会养老保险是指政府通过法律形式的制度安排，使劳动者在老年丧失劳动能力退出劳动力队伍后能得到的基本生活保障。何平（2001a）认为，社会养老保险是国家和社会依据一定的法律和法规，为保障劳动者在达到法定退休年龄，或因年老、体弱、丧失劳动能力退出劳动岗位后的基本生活而建立的一种社会保障制度。邓大松（2002）认为，社会养老保险是指国家和社会根据一定的法律法规，对达到法定年龄或退休的劳动者，由社会保险机构或指定的其他单位给付养老保险金。郑功成（2005）认为，养老保险是国家依法强制实施、专门面向劳动者，并通过向企业、个人征收养老保险费形成养老基金，用以解决劳动者退休后的社会保障问题的一项社会保险制度。结合国内学者的观点，我们认为，社会养老保险是为了防范老年风险，国家根据一定的法律和法规，在劳动者因年老丧失劳动能力退出工作岗位后为其提供基本生活保障的制度安排。

2. 养老保险制度整合

郑功成（2010）认为，我国养老保障改革和体系建设，需要根据宏观环境对未来制度框架进行总体设计。制度整合是指在对各种养老保险项目、各地区养老保险制度进行梳理的基础上，通过制度的顶层设计，对养老金项目进行归并整合，形成一个科学合理、内在统一的制度框架体系。本书针对我国养老保险制度现状，提出制度整合包括如下三个方面内涵：一是对各类养老保险项目的整合归并，在明确目标养老金体系框架基础上，将现有各类重叠的、暂停的、不合理的养老金项目取消，或者归并到目标养老金体系内的项目中。二是对各地区之间养老金制度的差异进行整合，在政策设计中应尽可能进行全国统一的制度安排，减少区域性差异；对无法避免或必要的区域制度差异，应该不影响制度的跨区域衔接与人口的流动力。三是完善转移衔接机制，具体又包括各类养老金项目的转移衔接机制和跨区域转移衔接机制。

3. 养老保险结构优化

结构优化是指在明确养老保险发展目标条件下，对制度中存在的不合理的各类差异[①]，通过改革完善，实现养老保险制度的公平与正义。针对当前我国养老保险发展现状，本书重点关注两类结构优化问题：一是参保人的结构矛盾，从参保人的年龄、缴费、收入、待遇等视角研究现行养老保险制度中存在的结构不合理问题；二是待遇的结构矛盾，从不同养老金项目、同一项目不同特征参保人、不同地区之间养老金项目等视角研究待遇差异与不公平问题。

4. 养老保险可持续性

养老保险可持续性的核心是财务可持续性。欧盟委员会（European Commission，2001）认为，财务可持续性是指养老金待遇在长期中能够保持收支平衡，不需要通过增加缴费或者降低待遇来维持养老金制度的运行。Holzmann和 Hinz（2005）认为，可持续性是指现在和将来养老金计划所应具有的财务稳定性，只有建立起良好的养老金制度，才能保证财政的稳定运行，而不需要在将来突然增加缴费或降低待遇。参考已有文献的观点，我们认为财务可持续性是指一个养老保险金项目既不需要增加缴费或降低待遇，也不需要财政除了正常补助[②]以外的额外拨款，便可维持基金收支在长期中的平衡。养老金制度财务不可持续的可能原因包括以下方面：待遇与缴费之间不匹配导致基金收不抵支；养老保险基金管理运营不当导致基金损失；养老金制度由现收现付制向基金积累制改革导

---

① 这种差异违反了养老保险的"公平原则"。
② 这里的"正常补助"是指制度设计之初就承诺的补助，如我国城乡居民养老保险在制度设计中就明确的中央与地方财政补助。

致新制度承担了隐性债务；等等。

2.1.2 政治学理论基础

政治学理论认为政治因素对社会养老保险的形成和发展具有重要作用，认为社会养老保险制度是一国各派政治力量博弈的结果，政党及政府起着重要作用。养老保险政治学理论基础主要包括德国新历史学派理论、社会民主论、新马克思主义、新工业主义论、新多元主义论、国家中心论等。政治学派主要从社会公平的角度分析养老保险制度，主要的观点如下：提倡现收现付制的运营模式，强调由国家提供公共养老金计划（董克用和王燕，2000）。

（1）德国新历史学派理论。德国新历史学派理论构成了德国社会保障体制最早的理论依据，也造就德国成为现代社会保险的发源地。德国新历史学派主要代表人物有施穆勒（Gustav Schmoller）、布伦坦诺（Lujo Brentano）等。传统理论认为，国家的职能就是维护社会秩序和国家安全，而不是干预经济。但德国新历史学派认为，国家除了维护社会秩序和国家安全外，还有一个文化和福利的目的。国家是集体经济的最高形式，在进步的文明社会中，国家的公共职能应不断扩大和增加，凡是个人努力所不能达到或不能顺利达到的目标，都应由国家实现。德国新历史学派从改良社会主义观点出发，提出要增进社会福利，实行社会改革，并通过工会组织来调整劳资之间的矛盾，主张由国家来制定劳动保险法、孤寡救济法等。19世纪末期，德国"铁血宰相"俾斯麦根据这一理论，创立了具有现代意义的社会保险制度，推出了世界上第一部《疾病社会保险法》，并颁布实施了一系列重要的社会保险法律。

（2）社会民主论。社会民主论代表人物包括卡麦隆（Carmeron）和韦斯（Weiss）等，社会民主论注重推广各种社会福利计划，认为社会民主力量斗争促进了公共福利和养老保险制度产生，养老保险等社会保障制度的产生与发展是因为劳动者与资本家之间的争斗，它们是解决这种争斗、减少内耗、增加社会福利的手段。

（3）新马克思主义。新马克思主义则强调阶级结构、阶级冲突和阶级决定社会福利政策，认为劳资矛盾只是养老保险制度的成因之一，更重要的是由国家控制工人、实现收入再分配、缓解阶级矛盾。新马克思主义主要代表人物高夫（I. Gough）、奥菲（C. Offe）等认为，资本主义国家福利制度的产生是为了克服资本主义的弊端、维护社会秩序、维持资本的剥削关系。

（4）新工业主义论。20世纪60~70年代，福利国家发展理论中最为广泛使用的是工业制度分析理论，该理论强调工业化与经济发展对养老保险等社会公共支出及其服务的增加作用，认为工业化与经济的发展是养老保险等社会保障制度存在与发展的决定性因素。但是政治因素，特别是党派政策在工业国家一般对养老金政策和福利没有独立的影响（Wilensky，1975）。

（5）新多元主义论。该理论认为养老保险等社会保障制度的产生与发展是各种利益集团竞争协调的结果，其代表人物Williamson和Pampel（1993）指出，从德国、英国、瑞典和美国公共养老金制度的发展历史看，无论是在第二次世界大战前公共养老金制度的发育时期，还是第二次世界大战后的发展和改革时期，各种制度的安排实际上都是各个利益集团相互斗争的结果。当然，民主的政治结构是利益集团实现自身利益的前提条件。新多元主义论认为，正是政治力量强大的利益集团得到更多的养老金利益，导致了第二次世界大战后的公共养老金制度没有解决好收入再分配问题，使贫富差距继续拉大。

（6）国家中心论。该理论用国家的行政管理来解释养老保险、社会保障制度的起源，强调国家自治、国家结构、历史渊源对社会保障制度的影响。国家中心论强调国家管理体制上的结构性要素对公共养老金制度的作用。Williamson和Pampel（1993）分析了两种不同的国家角色，即民主的管理体制和高度集中的管理体制。例如，瑞典的民主管理体制使高度集中的工人组织及高度集中的雇主组织与政府主管官员能够就有关的社会和经济策略达成一致，即ILO倡导的"三方合作原则"。而高度集中的管理体制可以保持国家对工人的控制，缓解工人和资本家之间的冲突，养老金制度建立的目的是消除独立的工会或者社会主义团体的政治影响。

2.1.3 经济学理论基础

经济学理论为建立养老保险制度提供了另一个依据，特别是20世纪80年代末期以来，国外文献从经济学角度研究养老保险制度的效率问题（刘芳和欧阳令南，2002），逐渐取代旧的政治经济学派理论，并占据主导地位。主要代表性理论包括以下方面。

（1）福利经济学理论。福利经济学是在20世纪20年代由英国经济学家霍布斯（Thomas Hobbes）和庇古（Arthur Cecil Pigou）创立的，主要研究经济福利问题，是社会保障制度的重要理论基础。庇古（Pigou，1920）提出，国民收入分配越均等化，社会经济福利就越大。国家既可以通过税收政策限制行业的发展，也可以通过补贴政策促进行业的发展。通过资源的最优配置可以扩大国民收入的总量，国民收入的总量越大，社会经济福利就越大。之后，卡尔多（N.Kaldor）、希克斯（John R. Hicks）、伯格森（Bergson）和萨缪尔森（Paul A.Samuelson）根据帕累托（Vilfredo Pareto）理论提出了新福利经济学观点：一项改革可能使一部分人福利得到改进，但另一部分人福利受损；如果受益者同意对福利受损者进行补偿，使受损者也接受改革，那么这一改革就实现了帕累托改进。福利经济学理论提出制度评价的"社会福利函数"标准，为政府制定社会保障制度提供了指导：在追求经济总量增长的同时政府还需要考虑如何缩小收入差距、减小贫富差距。

（2）市场失灵理论。该理论认为老年人贫困问题是市场无法解决的，因此需要政府建立养老保险体系帮助老年人脱离贫困（Mulligan and Sala-i-Marth，1999），养老保险制度不仅有助于促进公平，还能提高经济效益；养老保险体系能够实现"帕累托"改进的再分配方式。Keynes（1936）针对市场失灵问题提出了国家干预的思想：通过扩大社会福利，保障社会充分就业，防止经济危机的发生。这为西方福利国家制定政策和社会保险制度提供了有力的理论支撑。Arnott 和 Stiglitz（1992）认为，当政府征税时，会出现市场失灵，这是由于养老保险覆盖不全面。Diamond（2002）认为，政府管理的养老金体系和私人养老金体系能实现同样的目标；但基于规模经济的考虑，政府管理比私人部门管理更有效率。

（3）个人短见和父爱主义理论。Simon（1957）提出"有限理性"理论，认为个人信息不完备或未来不确定，就无法为养老做恰当的准备，且相当一部分人的短视行为将直接导致其养老准备不足。因而，为了克服这方面的有限理性，需要一种外在的更为理性的力量来帮助每一个人更加理性地安排终生消费支出。个人短见和父爱主义理论认为，大多数人年轻时目光短浅，没有储蓄足够的钱以维持他们老年时的生活，因此需要一个养老保险体系帮助他们。另外，年轻人过多地消费，使经济不会达到帕累托最优状态。Modigliani 和 Brumberg（1954）提出"生命周期假说"，认为养老保险能够通过收入延迟支付解决老年风险问题，通过强制养老保险制度，促使人们在年轻时储蓄，实现"消费的平滑"（consumption smoothing），保证老年时的基本生活。

（4）诱导性退休提高效率理论。Sala-i-Martin（1996）认为，养老保险制度的目标是诱导处于退休年龄的老年人退休。由于老年人的劳动生产效率较低，所以如果他们到了退休年龄后退出工作职位，由年轻人来接替，有利于提高全社会的平均劳动生产率。该理论认为如果老年人继续工作将会对年轻人的劳动生产率有消极影响，为了使老年人自愿放弃工作权利，需要通过养老保险制度来补偿老年人不工作的损失。

（5）退休保险理论。Diamond 和 Mirrlees（1978）认为养老保险是为因退休而失去收入的老年人提供的一种保护。人们对老年失去劳动能力进行保护的一种方式是在年轻时将收入的一部分储蓄起来以供老年之需，另一种方式是购买商业保险，但商业保险信息不对称，存在着"逆向选择"，导致市场无效。因此，由政府管理带有强制储蓄性质的养老保险体系可能是一个最优的政策选择。

（6）人力资本投资收益理论。该理论由 Pogue 和 Sgontz（1977）、Becker 和 Murphy（1988）等提出，侧重于研究养老保险与劳动力市场的关系，认为养老保险是老年人对年轻一代进行的人力资本投资，养老金数额就是他们早年的投资所产生的收益。Kemnitz 和 Wigger（2000）等认为现收现付的养老保险制度实际上是人力资本积累存在外部性时政府矫正市场失灵的政策手段，它可以促成人力资本积累达到最优水平，而基金积累模式的养老保险制度则与没有社会保障的自由放任经济一样，会造成人力资本积累不足。

2.2 养老保险特征与原则

社会养老保险是社会保障的重要组成部分，社会养老保险的产生及发展和国家经济、政治、文化等因素紧密相关，各国经济社会发展的差别导致社会养老保险模式、政策有所差异。但基于社会养老保险制度相同的功能与目的，各国所建立的养老保险制度往往具有共同的特征、遵循共同的原则。

2.2.1 社会养老保险特征

根据世界各国的发展经验，社会养老保险具有如下四个方面的特征。

（1）强制性。就是国家立法，强制实施，参保人及其所在单位都必须按照规定参加并缴纳社会保险基金，不能自愿。社会保险的强制性，适用于参与社会保险的所有人员、企业和机构。强制的目的是防止或减少"逆向选择"，使不同收入和不同健康状况的人员能够在同等条件下参加保险，同时保证社会保险基金有较强的抵御风险和互助的能力。

（2）普遍性。由于年老是人不可避免的自然规律，所有的人都会面临老年风险，这就决定了任何人都有参加养老保险的潜在需求。相对于失业、工伤、医疗等不确定性事件而言，老年保障是一个确定性的需求；人们对养老保险的普遍需求，正是源于老年风险的普遍性与必然性。由于养老保险的覆盖范围广，被保险人享受待遇时间长，保险基金收支规模大，绝大多数建立社会养老保险制度的国家都是由政府设立专门机构，在全社会统一立法、统一管理和统一实施。

（3）互济性。社会保险是按照社会共担风险原则进行组织，随着生产的发展和社会的进步，家庭规模逐步缩小，人口寿命逐渐延长，仅依靠传统家庭和单位养老的模式难以有效抵御老年风险；必须由政府安排建立社会化的养老保险制度，按照"大数法则"在全社会的范围内统一筹集资金、调剂使用、分散风险。社会保险机构要用互助互济的办法统一调剂基金、支付保险金和提供服务，实行收入再分配，使参加社会保险的劳动者生活得到保障。在操作上，养老保险费用由国家、单位和个人三方共同负担，并在较高的层次上和较大的范围内实现养老保险费用的社会统筹与互济（焦凯平，2004）。

（4）保障性。实施社会保险的根本目的就是保障国民在老年失去劳动能力之后的基本生活,从而维护社会的稳定。社会养老保险的基本功能是保障参保人的老年基本生活开支,这就决定了其保险水平要适度,既不能过低,以免达不到保障基本生活的目的;也不能过高,以免增加社会养老负担。一般而言,养老保险提供的保障水平仅限于居民的基本生活需求,在待遇标准上要高于失业保险金与最低生活保障水平,但要低于社会平均工资水平(刘晓梅,2010)。

2.2.2 养老保险原则

社会养老保险原则是指养老保险制度设计所应该遵循的基本规范与要求。关于养老保险制度设计原则,不同的文献有不同的理解,代表性观点可以分为以下两大类。

部分学者认为,社会养老保险的基本原则就是公平与效率。宋晓梧(1997)认为,养老保险改革的基本原则之一就是社会公平与市场效率相结合。郑功成(2006)认为,公平是社会保障制度追求的根本目标。Rawls(1971)提出实现公平的两个原则,即平等原则与差序原则,平等原则是指任何个人无论先天禀赋及资源占有状况如何,都有获取基本保障的权利;差序原则强调通过提供平等机会及社会补偿来弥补弱势群体的经济利益损失。景天魁(2004)认为,社会保障制度所依赖的公平原则,不是个人意义上的公平,而是社会意义上的公平,即"社会公平"。所谓社会公平是指社会为了实现已经确定的目标(如保证社会的正常运行、社会可持续发展等)而制定一系列规定,这些规定得以执行,目标实现了,就实现了社会公平。黄贻芳(2002)认为,中国现行的"统账结合"的养老社会保险制度,其设计的初衷是达到公平与效率的统一,即实施"社会统筹"以实现社会公平,设置"个人账户"以促进经济效益。唐钧(2013)认为,制度设计不可能同时解决养老保险公平与效率问题,养老保险制度改革的理想目标是将养老保险制度分为"基础"和"补充"两大部分,"基础"解决公平问题,"补充"解决效率问题。褚福灵(2014)认为,养老保险制度是一项体现公平和效率的制度,不是福利制度,更不是社会救助制度;既然是社会保险制度,就必须讲究权利和义务的关联。

除公平与效率原则外,部分学者从制度设计的操作层面,提出了养老保险应该遵循的其他原则。董克用和王燕(2000)提出了养老保险的三个基本原则,即保障原则、公平原则和效率原则。保障原则是指通过养老保险制度保障退休者的生活,免除对老年生活困境的担忧;公平原则是指通过养老保险制度实现收入的再分配,公平包括代际间收入调剂的纵向公平和代内财富转移的横向公平;效率原则是指制度设计要符合成本最低的要求,一个有效的养老保险制度,就是要用最小的经济成本实现已达成社会共识的养老保险制度目标。刘雄(2000)认为,企业职工养老保险要贯彻社会互济与自我保障相结合、公平与效率相结合、行政管理与基金管理分开等原则,保障水平要与中国社会生产力发展水平及各方面承受力相适应。周元洪(2003)总结了社会养老保险的五大原则,即保障基本生活原则、公平与效率相结合原则、权利与义务相对应原则、管理服务社会化原则、分享经济发展成果原则。焦凯平(2004)提出了养老保险的七个基本原则,即基本保障原则、保障水平与社会生产力发展水平相适应原则、强调公平与兼顾效率原则、权利与义务相对应原则、广覆盖原则、管理服务社会化原则、分享经济发展成果原则。

综合已有文献的观点,本书把养老保险制度原则划分为基本原则与扩充原则。基本原则就是公平原则与效率原则,因为现有文献所提出的其他各种原则都可以归属于公平与效率两大基本原则中。例如,基本保障原则目的是防止过度贫困与平滑收入(巴尔和怀恩,2000),可以纳入"公平"的范畴;广覆盖原则也是为了体现制度人人可以参与的起点公平;而权利与义务相对应、管理服务社会化等原则是为了促使养老保险更加有效,可以归属于"效率"原则。因此,我们认为公平和效率是养老保险制度的基本原则;其他的原则属于扩充原则。

2.3 养老保险制度的评价

关于养老金制度优劣的评价,国内外不少学者和机构提出了相应的评价标准;现有的研究主要有两种评价思路:一种是从定性的角度提出养老金制度评价的基本标准或准则,然后通过实证与规范分析,对养老金制度的各个方面进行评价,如世界银行对拉美国家和地区养老金制度改革的评价。另一种是通过构建综合评价指标体系对一个国家的养老保险发展水平进行综合评价,如威达信集团(Marsh & McLennan Companies)和澳大利亚金融研究中心发布的墨尔本美世全球养老金指数(Melbourne Mercer global pension index),该指数对全球数十个国家的养老保险发展水平进行了评价与排名。

2.3.1 定性分析评价

定性评价是指在提出养老金制度评价准则的基础上,通过对养老制度的各项内容进行分析,评价养老金制度发展状况。定性评价的关键在于确定养老金制度的评价准则,但目前还没有关于养老金公认的客观评价标准,核心争议是养老金制度评价的主要内容应该包括什么,国内外代表性观点如下。

巴尔和怀恩(2000)从效率、公平和管理可行性三个角度提出了社会保险的五大标准:一是制度的效率,养老保险制度的效率目标可以细分为宏观效率、微观效率和个体激励三个方面。二是维持参保人的生活水平,又细分为减少贫困、维持生活水平和收入平滑,这些内容既有公平方面的含义,又有效率方面的含义。三是减少不平等,包括纵向不平等和横向不平等,纵向公平是指从富人向穷人的收入再分配，横向公平包括消除贫困的最低标准和获得收入的平等机会。四是社会一体化，包括尊严与社会团结。五是管理可行性，具体包括可理解性与禁止滥用。

欧盟委员会（European Commission，2001）指出，保证养老金系统长期可持续的三大准则是待遇充足性、财务可持续性和对变化的适应性。待遇充足性是指凡是参加了养老金项目的民众都不会陷入老年贫困当中，老年养老金待遇能够保障老年人体面生活；财务可持续性是指养老金待遇在长期中能够保持收入平衡，不需要通过增加缴费或者降低待遇来维持养老金制度的运行；对变化的适应性是指制度对人口结构变化、通货膨胀等外生不确定因素冲击的抵抗能力。

Gillion（2002）指出，至于什么是最适合的养老保障制度，要根据很多因素来判断。然而，全面覆盖和良好监管是检验一国养老保障制度发展程度的基本标准。

Holzmann 和 Hinz（2005）认为，养老金制度的主要目标在于，力求以适合具体国情的方式实施能增进福利水平的计划。强制性养老金计划的首要目标（primaty goals）是养老金制度的充足性、可负担性、可持续性和稳健性：①充足性（adequate）是指养老金制度所提供的退休收入的绝对水平（absolute level）和相对替代率水平（replacing lifetime earnings），即养老金制度应该为退休人员提供防止老年贫困的绝对水平与相对替代率水平的养老金保障。养老金改革必须确保所有人，不管他们参与的是何种水平或何种形式的经济活动，都能避免在退休后遭受极度贫困的威胁，同时保证养老金制度能够为那些寿命长于平均寿命的人提供长寿风险的保护。②可负担性（affordable）是指个人和社会的融资能力，即养老金缴费率不能过高，要保持在个人和社会能够承担的合理的范围内。过高的缴费率会影响一些当前更急需的消费需求和投资需求；同时大量雇员会为了逃避高额缴费而进入非正规部门。③可持续性（sustainable）是指现在和将来养老金计划所应具有的财务稳定性。只有建立起良好的养老金制度，才能保证财政的稳定运行，而不需要在将来突然增加缴费或降低待遇，也无须从财政预算中进行突然的大规模转移支付。④稳健性（robust）是指在未来无法预知的条件和环境下，养老金制度具有抵抗风险冲击，并保持制度可行性的能力。养老金制度有能力长期维持收入替代率的目标，即养老金计划能够禁得起外部不确定因素的冲击，如经济、人口和政治风险，从而保持长期的养老替代率目标稳定不变。Holzmann 和 Hinz（2005）认为，要实现这一目标，就必须对改革所需的资金来源进行可靠性分析，分析应涉及计划说明书包括的所有内容和制度成熟并达到长期稳定所需要的时间。为实现这一目标，各国都需要设计一个复杂的模型工具来适应本国的情况，还需要通过分析基本假设中的所有变化情况来证明改革的长期可行性。除了主要目标外，Holzmann 和 Hinz（2005）认为养老保险制度改革还有促进经济发展的附属目标（secondary goals），具体途径有以下两个：一是通过减少负面影响来实现，如减轻养老金制度对劳动力市场、宏观经济的扭曲效应等；二是通过增加正面影响来实现，如增加国民储蓄、促进金融市场发展等。

世界银行的 Rofmann 和 Lucchetti（2006）认为，养老金体系的评价指标不外乎三个方面，即覆盖面、充足性和可持续性。覆盖面是指受正式养老金制度保护的老年人的比例，如果以缴费来衡量，就是指缴费的年轻人占的比例；充足性是指受益程度及受益者是否能保持合理消费水平，可以用养老保险"替代率"体现；可持续性是指社会和政府能够维持制度运行的能力，特别是财务的持续支付能力。

郑功成（2003）提出用如下四个标准评价社会保障制度：制度的稳定性、财政的可靠性、制度的发展性和支撑社会保障制度因素的变化趋势。制度的稳定性是指社会保障制度要在长期中保持稳定，虽然制度设计不可能是一成不变的，但也不应过于灵活多变，至少在制度模式、缴费负担、待遇水平等方面尽可能保持稳定。制度的稳定性是政府信用与制度信誉的象征。财政的可靠性是指社会保障财务在长期中应该具有可靠的支付能力，它通常与财政责任的分配直接相关，财政可靠性的内涵接近欧盟委员会（European Commission，2001）等提出的"财务可持续性"。制度的发展性是指社会保障制度是持续扩展，还是不断收敛，或者停滞。在调整中发展应当是正常的现象，但若出现急剧收缩或急剧膨胀，则一定会遭遇重大危机或者将遭遇重大危机。支撑社会保障制度因素的变化趋势，包括政治、经济、社会等因素的走势及对社会保障制度发展的影响。

刘昌平（2008）从制度覆盖人群、筹资机制、基金管理、待遇支付等方面对中国城镇养老保险制度进行了评价，认为中国养老保险改革制度设计不断完善、管理服务不断细化，对保障离退休人员基本生活、促进经济发展、维护社会稳定发挥了积极作用。同时也面临着隐性负担重、替代率偏低、个人账户"空账"、制度衔接不顺畅等问题。

王晓军和任文东（2013）认为，一个公平的可持续发展的养老金体系，应该覆盖绝大多数公民，应该提供充足的养老金待遇，应该有充足的经济资源支付养老金，应该能保证人们公平享有养老保障，应该能应对老龄化和长寿等风险。所以他们将度量养老金体系可持续性的指标概括为高覆盖面、待遇充足性、成本可负担性、代际和代内分配公平性、应对老龄化和长寿趋势的长期支付能力等几个方面。

白重恩等（2013）在《社会保障体制改革的方案设计》中提出评价社会保障体制好坏的五个标准：一是能否维持财务的可持续性；二是能否保持对居民的正向激励；三是能否促进社会公平；四是能否促进人口自由流动和就业增长；五是能否通过建立社会安全网扩大消费。根据这"五个标准"对不同社会保障改革方案做出评估。

2.3.2 定量综合评价

关于养老保险制度定量评价的文献极少。国际上比较权威的养老保险制度定量评价体系是由威达信集团和澳大利亚金融研究中心提出的墨尔本美世全球养老金指数。该指数从 2009 年起对全球主要国家的养老金制度，从充足性、可持续性和全面性三个方面进行评价（图 2.1）。充足性关注的是养老金制度所提供的基本收入水平、替代率及几个福利设计问题；可持续性关注的是基金的长期平衡问题，重点关注养老金覆盖面、人口老龄化、政府债务等对基金收支的影响；全面性主要关注监管和治理的职责、为参与者提供的保护，以及与参与者进行沟通的水平。

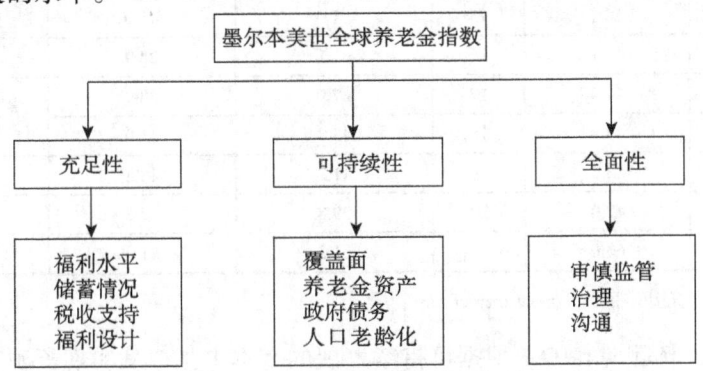

图 2.1　墨尔本美世全球养老金指数的评价内容

在表 2.1 中给出了 2013 年主要国家的墨尔本美世全球养老金指数，在所评估的 20 个国家中，得分最高的是丹麦（指数值为 80.2%），得分最低的是印度尼西亚（指数值为 42.0%），中国在 20 个国家中排名第 16 位，得分值为 47.1%。墨尔本美世全球养老金指数可以为各国养老保险发展水平提供直观的评价结果。

表 2.1　2013 年主要国家墨尔本美世全球养老金指数

国家	总体指数值/%	排名	分项指数值/%		
			充足性（40%）	可持续性（35%）	全面性（25%）
丹麦	80.2	1	75.2	86.1	80.0
荷兰	78.3	2	76.6	74.1	87.0
澳大利亚	77.8	3	75.6	73.0	88.1
瑞士	73.9	4	72.6	69.0	82.9
瑞典	72.6	5	65.2	74.5	81.5
加拿大	67.9	6	72.4	57.9	74.5
新加坡	66.5	7	59.0	67.5	77.2
智利	66.4	8	58.6	65.6	79.9
英国	65.4	9	68.2	48.0	85.4
德国	58.5	10	69.7	36.8	71.1

续表

国家	总体指数值/%	排名	分项指数值/%		
			充足性（40%）	可持续性（35%）	全面性（25%）
美国	58.2	11	56.6	57.8	61.2
波兰	57.9	12	64.4	42.6	68.9
法国	53.5	13	71.7	31.7	55.1
巴西	52.8	14	63.3	26.0	73.6
墨西哥	50.1	15	51.9	41.0	47.9
中国	47.1	16	61.1	28.9	50.0
日本	44.4	17	47.9	28.9	60.5
韩国	43.8	18	43.7	41.0	47.9
印度	43.3	19	41.2	40.8	50.3
印度尼西亚	42.0	20	29.8	37.7	67.3
平均值	60.0	—	61.2	51.9	69.4

注：表中数据直接引用 http://www.mercer.com

在国内，杨团（1999）根据可持续发展的基本主张，从实现资源、经济、社会同环境的协调出发，提出衡量社会保障系统可持续性的四项能力标准，即持久性、成长性、调节性和适应性。持久性是指既满足当代人需求又不危及后代人满足其社会保障需求，可持续发展要在当代人同后代人之间以及当代人之间的社会保障资源分配结构和分配制度中，贯彻社会公正的价值原则。成长性是指一个国家在社会发展的总体水平上，可以保障人们的基本生活质量并持续改善的能力。调节性是指社会保障系统自身与其管理系统的互动作用，形成了适应可持续发展要求的系统的自我调节能力。适应性是指社会保障的变革应该在社会可容纳的接受范围之内。采用序数法对各类社会保障方式进行比较与分级，按照可持续性的强弱，给以5，4，3，2，1不同分值。杨团（1999）认为，中国养老保险容易导致负担的代际转移，且缺乏制衡机制，保险金总是超过预先计划的保险费而不断上涨，所以持久性较差；同样，由于养老保险制度设计具有刚性，制度变革的社会风险较高，参保人要退出或转移都比较困难，所以适应性也比较差。各类社会保障方式的可持续性比较见表2.2。

表 2.2　各类社会保障方式可持续性比较

保障类型	持久性	成长性	调节性	适应性	平均数
养老保险	1	3	4	1	2.25
医疗保险	2	3	4	1	2.5
社会救助	2	2	4	2	2.5

续表

保障类型	持久性	成长性	调节性	适应性	平均数
人寿保险	4	3	3	4	3.5
职业年金	4	3	3	2	3
社区服务	5	5	5	3	4.5
机构服务	3	4	2	3	3
家庭保障	3	2	1	5	2.75
保障储蓄	3	1	1	4	2.25

此外，邱长溶等（2004）指出可持续社会养老保险有四个子目标，即养老保险人数、机构设置、养老保险基金管理和代际平衡，并采用因子分析模糊综合评价方法对我国 1990~2001 年养老保险建设发展情况进行评价。毕小龙（2006）提出从养老保险规模、财务平衡、代际平衡、风险系数和养老保险可持续发展这 5 个方面的 42 个定量指标和 14 个定性指标进行综合评价；但只阐述了评价思路，没有对具体的案例和数据进行计算。王立剑和刘佳（2008）提出从宏观经济状况、企业职工基本养老保险规模、企业职工基本养老保险基金统计、企业职工基本养老保险管理这 4 个方面构建 29 个综合评价指标体系，并采用主成分分析法对我国 31 个省级地区基本养老保险发展水平进行评价。

2.3.3　对现有文献评价

在养老保险制度评价方法中，定量综合评价的好处很明显，可以通过计算一个国家（地区）养老金体系的综合得分，直接了解该养老金制度改革的进度与成就，并进行跨区域间的比较。但定量评价的缺点十分明显，首先，一些重要内容难以量化，导致定量评价往往不全面，如针对制度抵抗通货膨胀、人口结构变化等外部因素冲击能力就很难找到一个定量指标进行刻画。其次，有些指标虽然能够量化，但却缺乏客观的评价标准，这导致定量评估结论受到质疑，如养老金替代率水平既不是越大越好，也不是越小越好，世界银行、ILO 分别给出了不同的参照标准，而合适的替代率则与居民收入水平、养老保障模式等多种因素相关，这给综合评分造成了困难。最后，现有的定量评价方法与指标设计往往只针对养老保险发展结果进行评价，而不是针对制度设计本身的问题进行评价，用事件发展的结果指标来评价过程本身存在逻辑上的问题，定量评价得到的综合评价指数并不能帮助我们了解制度设计本身到底存在什么样的问题，或者作用十分有限。

与定量综合评价相比，定性评价的优点在于能够更加深入地分析养老金制度存在的具体问题，更有利于提供有针对性的对策建议；当然定性评价的结论往往比较主观，由于不同国家养老制度往往各有优缺点，所以很难进行跨地区之间养老金制度优劣的综合比较。

本书的主要研究任务是分析我国养老保险制度存在的问题及挑战，进而提出具有针对性与可操作性的对策，因此采用定性评价方法更有利于分析养老保险制度存在的问题。从已有文献比较看，杨团（1999）所提出的社会保障制度可持续评价方法主要从社会保障与资源、经济、社会环境的协调角度出发，比较抽象，不适合对养老金制度体系进行详细评价。表 2.3 列出其他文献研究的评价标准，从中可以看出：①养老金制度待遇充足性、可持续性和覆盖面三项内容是多数学者认可的最重要评价标准。Holzmann 和 Hinz（2005）提出的"可负担性"指标，以及王晓军和任文东（2013）提出的"成本可负担性""应对老龄化和长寿趋势的长期支付"可以纳入"可持续性"范畴。②虽然部分研究（European Commission，2001；郑功成，2003）认为适应性也很重要，但由于可以影响养老金制度的外部冲击太多，适应性水平难以评估，所以没有纳入本书的研究范畴；而基金监管、筹资机制可以通过覆盖面、财务可持续性等内容进行评价。③代际和代内公平属于养老保险制度设计的基本准则。根据以上分析，并考虑到 ILO 和世界银行等机构认为养老金待遇并非越高越好，本书将"待遇充足性"的标准调整为"恰当性"，最后将"覆盖面、恰当性和可持续性"三个方面作为评价养老保险改革的核心标准。

表 2.3　已有文献对养老保险改革评价标准比较

评价内容	欧盟	Gillion（2002）	Rofmann 和 Lucchetti（2006）	Holzmann 和 Hinz（2005）	郑功成（2003）	刘昌平（2008）	王晓军和任文东（2013）	Marsh Index
待遇充足性	√		√	√		√	√	√
适应性	√				√			
可持续性	√		√	√	√		√	√
基金监管		√						
覆盖面		√	√		√	√		
制度的稳定性				√				
代际和代内公平							√	
筹资机制						√		

注：表中把 Holzmann 和 Hinz（2005）提出的"可负担性"指标以及王晓军和任文东（2013）提出的"成本可负担性""应对老龄化和长寿趋势的长期支付"归入"可持续性"；Marsh Index 中的可持续性包括覆盖面与财务可持续性的内涵

2.4 养老保险制度三个目标的内在关系

前文在文献分析基础上,提出了养老保险改革评价的最关键标准,即覆盖面、恰当性和可持续性。但在社会经济发展水平与居民收入水平外生给定的情况下,养老保险的覆盖面、恰当性与可持续性三个目标具有内在的矛盾,养老保险制度设计需要在三个目标之间进行权衡。

2.4.1 覆盖面与恰当性的矛盾

郑秉文(2005)认为"降低缴费率可以提高企业竞争力,有利于提高参保率和扩面,有利于提高全社会的劳动供给,有利于扩大费基"。朱冬梅(2005)认为"缴费比例高,企业负重,只好采取各种回避的策略行为,是扩面难的主要原因之一;政府与其长期补贴,不如降低缴费率,吸引更多的人参保,使基金进入良性循环"。陈雷和孙国玉(2010)认为,养老金制度的三个主要目标,即替代率、覆盖面、可持续性之间存在相互制约的三角关系。如果不考虑养老保险基金的投资收益、通货膨胀、管理成本等因素的影响,养老保险基金收入为

$$P_I = N \times W \times \tau \qquad (2.1)$$

式中,P_I 为养老保险基金收入;N 为参保缴费人数;W 为平均工资水平;τ 为费率水平。

养老保险基金支出为

$$P_E = R \times E \qquad (2.2)$$

式中,P_E 为养老保险基金支出;R 为领取养老金人数;E 为养老金平均待遇水平。

如果也不考虑人口结构的代际差异,则养老保险基金收支平衡的基本条件是

$$P_I = P_E$$
$$\Rightarrow \tau = \frac{R}{N} \times \frac{E}{W} \qquad (2.3)$$

式中,$\frac{R}{N}$ 为赡养率;$\frac{E}{W}$ 为替代率。根据式(2.3)可知:①在缴费型制度安排下,替代率越高,缴费率越高,而缴费率越高,必然导致制度吸引力越小、覆盖率越低,所以替代率与缴费率负相关;也就是替代率越高,参保率就越低。②在非缴费型制度安排下,替代率越高,则需要的财政补贴就越多。此时,财政支持力度是扩大养老金覆盖率的重要外在因素。非缴费型养老保障、统筹养老金、个人账户养老金、职业年金、商业养老保险五种养老金制度的财政支持力度从大到小,因而这五种养老金制度扩面的难度是从小到大逐步递增的,其覆盖面是从大到小逐渐缩小的(陈雷和孙国玉,2010)。一般来说,对一项养老金制度,如果政府的财政补贴越多,养老保险计划的覆盖面就越广。

图2.2和图2.3分别给出了部分发展中国家和发达国家养老保险覆盖率与替代率的情况,可以看出,在发展中国家的样本中,覆盖率与替代率负相关的关系并不显著,而在发达国家样本中,养老保险覆盖率与替代率的关系十分明显,Pearson相关系统的统计量为–0.644,二者存在显著的负相关关系。

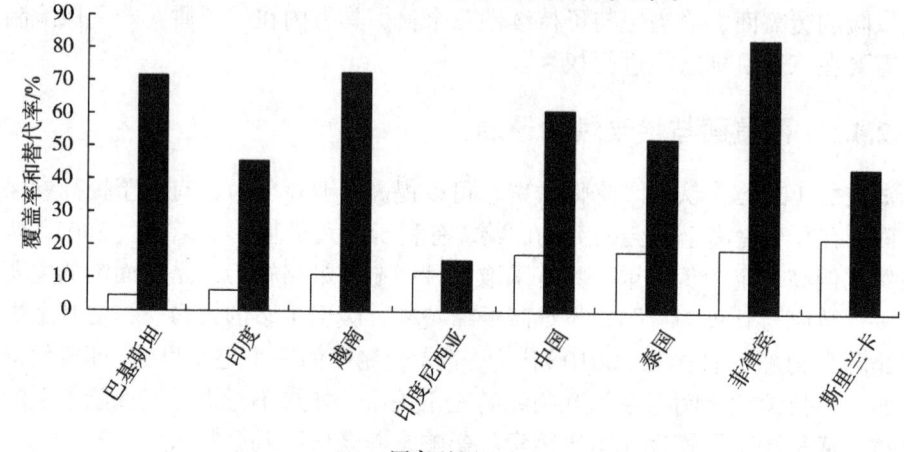

图 2.2 发展中国家养老保险覆盖率和替代率

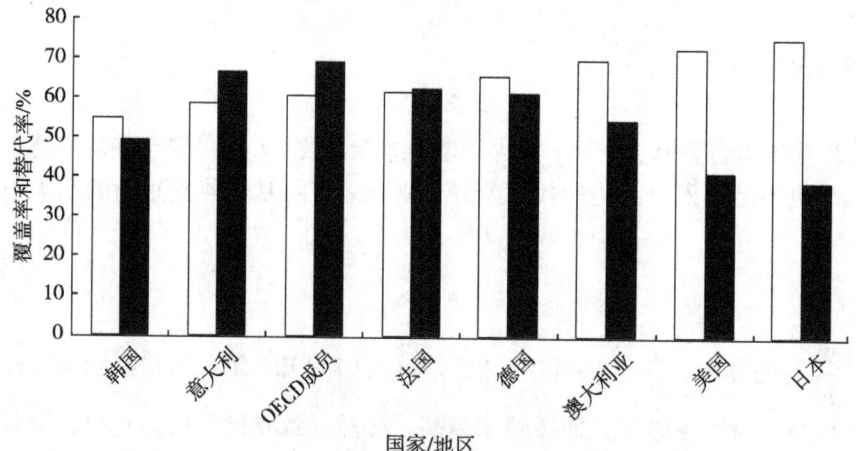

图 2.3 发达国家养老保险覆盖率和替代率

资料来源:参保率与替代率的数据来自 OECD 的 *Pensions at a Glance Special Edition Asia/Pacific 2009*;人均GDP水平的数据来自《国际统计年鉴2010》

2.4.2 覆盖面与可持续性的矛盾

养老保险的可持续性包括制度的可持续性及财务的可持续性,而财务可持续性是养老保险可持续性的核心,一个收支不能平衡的基金制度是不可能持续的。财务可持续的核心在于基金收支平衡,即在长期中养老保险基金的收支基本相抵,任何养老保险制度的筹资模式的最终目标都是要保持基金收支动态平衡。Grech(2013)总结了关于养老保险可持续性的相关研究,认为一个可持续的养老金体系应该是在提供充足养老金待遇的前提下具有长期的财务偿付能力,同时不将支付负担转嫁给下一代。养老保险覆盖面与财务可持续性的关系表现为以下两种情况:一是根据式(2.3)可知,在非缴费型养老保险制度安排下,如果要扩大养老保险覆盖面同时保持养老金的替代率水平不变,则必然需要外部财政补贴增多,否则就会导致基金长期中收不抵支,增加基金支付风险,制约养老保险长期可持续发展。二是在缴费型养老保险安排下,如果不考虑基金增值收益和通货膨胀率的变化,扩大养老保险覆盖面只会影响财务基金的收支时间,而不会改善基金的收支总量。例如,在当期扩大养老保险的覆盖面,可以增加当期养老保险基金的收入,在替代率不变情况下不改革当期的基金支出,有利于改进当期的基金财务状况;但随着当期参保人在后期退休,后期的基金支出也会随之增大;因此扩大覆盖面只会起到延迟基金支付时间的作用。若考虑到基金增值与通货膨胀因素的影响,则有如下结论:当基金增值收益大于通货膨胀率时,扩大覆盖面有利于改善基金财务状况,提高基金可持续性;而如果基金增值收益小于通货膨胀率,则扩大覆盖面会扩大基金收支缺口,恶化财务持续性。

2.4.3 恰当性与可持续性的关系

王晓军和任文东(2013)认为,充足养老金待遇的最低要求是避免老年贫困,较高要求是退休后的生活水平不下降。显然,在缴费确定型的养老金模式下,养老金待遇水平越高,基金收支越容易出现缺口,从而养老保险的支付也就越难以持续。养老金替代率能够较好地反映恰当性水平,显然在缴费确定的情况下,如果一个养老保险制度替代率越高,基金支出规模也必然越大;而在缴费率和覆盖面没有变化的情况下,基金收入是稳定的,因此替代率越高,基金收支越难以保持平衡。

在前文假定基础上,养老保险财务可持续的基本条件是养老金的收入要大于等于支出:

$$P_I - P_E \geqslant 0 \qquad (2.4)$$

将式(2.1)和式(2.2)代入式(2.4)得

$$N \times W \times \tau - R \times E \geqslant 0$$
$$\Rightarrow N \times \tau - R \times \frac{E}{W} \geqslant 0 \qquad (2.5)$$

式中,$\frac{E}{W}$ 为替代率,在参保缴费人数 N、领取养老金人数 R 和缴费水平 τ 既定

的情况下，替代率越高，则要保持基金财务平衡的可能性就越小。将式（2.5）进行变化得

$$\frac{E}{W} \leqslant \frac{N \times \tau}{R} \tag{2.6}$$

式（2.6）说明要保持基金财务平衡与可持续性，养老金替代率不能超过 $\frac{N \times \tau}{R}$。所以，恰当性与可持续性的必然矛盾是养老金制度的内在属性。评价养老保险制度的优劣，不在于其是否能够提供高替代率的养老金，而在于其能否提供恰当的养老金待遇水平。也就是说养老金的恰当性不是指养老金替代率越高越好。越高的替代率必然要求越高的缴费水平作为支撑，否则就会导致基金财务难以持续。

2.5 本章小结

本章从政治学和经济学的角度介绍了养老保险的理论依据，总结了社会养老保险的特征与原则，重点阐述了国内外文献对养老保险制度的定性评价与定量评价方法，在比较分析基础上提出"覆盖面、恰当性和可持续性"三大核心评价标准。同时，本章分析了在没有外部财力支持的情况下，任何一个养老金计划中"覆盖面、恰当性、可持续性"三个目标之间都存在着相互制约的逻辑关系：首先，在费率不变的前提下养老金的替代率越高，越有利于提高制度吸引力和扩大覆盖面；但覆盖面与替代率同时提高，必然导致养老保险基金支出增加，影响可持续性。其次，如果既要提高养老金待遇水平，又要保证可持续性，则只能提高养老金的缴费负担，而这必然又会降低养老金制度的吸引力和公众参保的积极性，使养老金覆盖率下降。最后，如果既想通过低费率来吸引公众参加养老金项目，又要保持财务的长期支付能力，则只能降低养老金的待遇水平。所以，在既定的社会经济发展水平下，养老保险"覆盖面、恰当性及可持续性"三个目标之间具有内在相互制约的关系。

第3章 中国养老保险发展历程及国际比较

19世纪80年代初期以德国最早建立了社会保险制度开始；到2012年，全世界已有180多个国家/地区不同程度建立了自己的养老保险制度。中国社会养老保险制度是在借鉴其他国家成熟经验的基础上建立起来的，在发展模式与制度设计等方面具有可比性。本章将在回顾中国养老保险改革历程基础上，分析中国养老保险制度建设现状，对养老保险筹资模式与制度设计进行横向比较，为完善中国养老保险制度提供经验借鉴。

3.1 中国养老保险制度改革历程

新中国成立以来，中国养老保险制度改革与发展历程可以分为以下四个阶段。

第一阶段（1949~1978年）：计划经济时期养老保险模式。新中国成立后，我国在城镇建立了符合当时计划经济体制需要的养老保险制度，基本特征是养老保险费用全部由所在单位负担，职工不用缴纳养老保险费，职工退休后由单位（政府）承担养老责任。1949~1968年，实行全国统筹的企业缴纳工资总额3%的劳动保险金，其中30%上缴中华全国总工会，作为社会保障统筹基金，70%留存在企业工会基层委员会。1969~1978年由全国统筹转变成企业统筹，国营企业一律提取劳动保险金，企业职工的退休金在营业外列支，福利基金提取工资总额的11%，各基层企业和基层工会负责养老金管理与发放。

第二阶段（1979~1990年）：养老保险制度恢复与试点改革。改革开放以后，为了适应社会主义市场经济发展的需要，养老保险制度也开始进行改革探索。在1984年以前，改革重点是维持和完善计划经济体制下的旧养老保障模式，重点解决各类历史遗留问题和恢复被"文化大革命"破坏的养老保障制度。1984年之后开始探索养老保险费用的社会统筹，1986年实现了全国县、市一级的养老保险费用社会统筹。这一时期养老保险制度处于不断改革与试点阶段。

第三阶段（1991~2008年）：建立了统账结合的职工基本养老保险制度。1991年6月，国务院发布《国务院关于企业职工养老保险制度改革的决定》国发〔1991〕33号），确定社会养老保险费用由国家、企业和职工三方共同筹资，职工个人按本人工资的3%缴纳养老保险费。1995年国务院发布的《国务院关于深化企业职工养老保险制度改革的通知》（国发〔1995〕6号）具体确定"社会统筹与个人账户相结合"的实施方案，确定"统账结合"是中国城镇企业职工基本养老保险制度改革的方向。1997年出台了《国务院关于建立统一的企业职工基本养老保险制度的决定》（国发〔1997〕26号）等文件，建立了统账结合的城镇职工基本养老保险制度，进行自收自支事业单位养老保险制度社会化改革，部分省市试点个人做实个人养老金账户工作。2005年出台了《国务院关于完善企业职工基本养老保险制度的决定》（国发〔2005〕38号），进一步完善了统账结合的城镇职工基本养老制度，实现了养老保险省级基金省级统筹，并且开始逐步做实个人账户。个人账户规模由本人缴费工资的11%调整为8%。

第四阶段（2009~2014年）：养老保险制度实现城乡全覆盖。2009年后颁布了《国务院关于开展新型农村社会养老保险试点的指导意见》（国发〔2009〕32号）、《中华人民共和国社会保险法》（2010年主席令第35号）、《国务院办公厅关于转发人力资源社会保障部财政部城镇企业职工基本养老保险关系转移接续暂行办法的通知》（国办发〔2009〕66号）和《国务院关于开展城镇居民社会养老保险试点的指导意见》（国发〔2011〕18号）等一系列法规文件，将养老保险覆盖人群范围扩大到灵活就业人员、个体工商户、失业人员、农村居民，实现了养老保险制度全覆盖，并探索推进机关事业单位职工养老保险社会化改革，城乡统筹的养老保险体系初步形成。

中国养老保险制度改革历程如表3.1所示。

表3.1 中国养老保险制度改革历程

时期	管理体制	筹资模式	责任分担	标志性
1949~1978年	前期是劳动部门，后期是各基层企业和基层工会	企业缴纳工资总额3%的劳动保险金，其中30%上缴中华全国总工会，作为社会保障统筹基金，70%留存在企业工会基层委员会。1969年之后，国营企业一律提取劳动保险金，企业职工的退休金在营业外列支，福利基金提取工资总额的11%	全部由企业负担	全国统筹，后期为企业统筹
1979~1990年	设立退休费用统筹管理委员会	企业缴纳劳动合同制工资的15%左右，工人缴纳本人标准工资的3%	企业和个人分担缴纳保险费义务	合同制工人退休养老实行社会统筹
1991~2008年	民政部门负责农村保险和社会救济、优抚、社会福利，劳动部门负责城镇保险、企业福利，人事部门负责公务员的福利和保险；社会保障行政管理和基金运营分开	企业缴纳比例一般不得超过企业工资总额的20%，个人缴纳比例：1997年不得低于4%，从1998年起每两年提高一百分点，最终达到本人缴费工资的8%；按本人缴费工资的11%为职工建立基本养老保险个人账户，随着个人缴费比例的提高，企业缴费比例要逐步下降到3%	城镇职工的养老保险基金由单位和个人共同负担；中央政府与地方政府分担个人养老金账户做实成本	实行社会统筹和个人账户相结合，多层次的社会保障体系

续表

时期	管理体制	筹资模式	责任分担	标志性
2009~2014年	由社保经办机构管理，实行"五险合一"、社保经办机构下沉到乡镇	通过《中华人民共和国社会保险法》；国务院分别出台《国务院关于开展新型农村社会养老保险试点的指导意见》（国发〔2009〕32号）和《国务院关于开展城镇居民社会养老保险试点的指导意见》（国发〔2011〕18号）；开始推进机关事业单位养老保险社会化改革	城乡居民养老保险个人、集体和政府共同负担	建立城乡统筹的养老保险体制

3.2 中国养老保险发展现状

中国近年来社会保险事业发展取得巨大成就，特别是2009年开始将广大农民列入参保范围，养老保险实现了制度全覆盖，参保人数和基金规模不断扩大。本节从制度现状分析、参保规模、基金规模等方面介绍中国三大主要养老金项目的发展现状。

3.2.1 养老保险制度现状分析

目前中国各地区试点的各类养老保险项目比较多，这里重点介绍全国比较统一的，且覆盖范围最广的三大养老保险项目，即职工基本养老保险制度、城乡居民养老保险制度[①]和机关事业单位退休金制度。其他一些地方性的、针对特定人群的，或者改革试点性质的养老保险制度（如农民工养老保险制度、被征地农民养老保险制度等）暂不做比较（具体参考第5章）。下面从参保对象、缴费率与待遇水平三个方面对三大主要养老保险项目进行介绍。

首先，从参保对象看，对职工基本养老保险，根据2010年最新的《中华人民共和国社会保险法》规定"所有职工都要参保基本养老保险，无雇工的个体工商户、未在用人单位参加基本养老保险的非全日制从业人员及其他灵活就业人员可以参加基本养老保险"；另外，目前机关事业单位正式职工实行退休金制度，而合同制工人也参加职工基本养老保险。对城乡居民养老保险根据《国务院关于开展新型农村社会养老保险试点的指导意见》（国发〔2009〕32号）和《国务院关于开展城镇居民社会养老保险试点的指导意见》（国发〔2011〕18号），新型农村社会养老保险（简称新农保）和城镇居民养老保险的参保对象是年满16周岁（不含在校学生）、未参加城镇职工基本养老保险的居民。对沿用计划经济时期的机关事业单位退休金制度，只将拥有编制的正式员工纳入保障范畴；机关事业单位非正式职工则参加企业职工基本养老保险。

---

① 2011年新型农村社会养老保险与城镇居民养老保险统一，称为城乡居民养老保险。

其次，从缴费率来看，机关事业单位退休金制度下参保人不需要缴费，退休金列入当年财政预算，全部由财政资金负担。国家规定职工基本养老保险法定费率水平是 28%，企业负担 20%，个人负担 8%，但是目前各地区在执行中的实际征收率略有差别，部分地区对企业负担部分给予一些优惠；2014 年统一后的城乡居民养老保险的缴费设立了 12 个档次供各地方政府参照，参保人可以选择某一缴费档次进行参保。

最后，从待遇水平来看，机关事业单位的退休金按职工在职工资一定比例发放，目前的待遇水平约为退休前工资的 80%（杨燕绥，2014）。城乡居民养老保险待遇由基本养老保险的基础养老金和个人账户养老金组成，基础养老金标准为每人每月不低于 55 元，个人账户养老金的月计发标准为个人账户全部储存额除以 139。职工基本养老保险待遇也由基础养老金和个人账户养老金组成，基础养老金由退休时上年度职工月平均工资和个人参保缴费工资指数水平决定，而个人养老金部分由个人账户的累计余额和参保时间决定，具体计算公式为

$$月度养老金水平=（退休时上年度职工月平均工资+指数化月平均缴费工资）\div 2 \times（缴费年限 \times 1\%）+个人账户累计储存额 \div 计发月数$$

表 3.2 给出了三大主要养老金项目制度设计情况的对比，三大养老金项目在参保对象、缴费率、待遇水平方面的制度设计存在极大差异。

表 3.2　三大养老金项目主要制度比较

项目	职工基本养老保险	城乡居民养老保险	机关事业单位退休金制度
参保对象	企业职工、机关事业单位合同工、个体工商户、灵活从业人员	年满 16 周岁(不含在校学生)、未参加城镇职工基本养老保险的居民	机关事业单位正式在编职工
缴费率	单位：20% 职工个人：8% 对灵活从业人员与个体工商户，由个人缴纳 20%	每年 100 元、200 元、300 元、400 元、500 元、600 元、700 元、800 元、900 元、1 000 元、1 500 元、2 000 元 12 个档次	个人不缴费，单位养老
待遇水平	由基础养老金和个人账户养老金组成，基础养老金由社平工资与指数化月平均缴费工资决定，个人账户养老金等于累计储存额除以计发月数	由基础养老金和个人账户养老金组成，基础养老金标准为每人每月不低于 55 元，个人账户养老金的月计发标准为个人账户全部储存额除以 139	退休金根据退休前工资的一定比例支付，并按照同级在职职工工资增长率的 90%进行调整

3.2.2　养老保险参保规模

机关事业单位退休金制度覆盖了所有机关事业单位在编的正式职工，而统账结合养老保险项目主要有两个，即职工基本养老保险和城乡居民养老保险。根据人力资源与社会保障部门的统计数据，从 1998 年起中国开始建立统账结合的养老保险制度，当年职工基本养老保险参保人数只有 11 203 万人，经过 10 多年的发展，到 2012

年职工基本养老保险参保人数达到30 427万人,年均增长7.4%。2009年中国开始试点新农保制度,2011年国务院出台《国务院关于开展城镇居民社会养老保险试点的指导意见》(国发〔2011〕18号),至2012年城乡居民养老保险总参保人数达到48 370万人,其中,达到领取待遇参保人数为13 075万人,如表3.3所示。

表3.3 历年养老保险参保人数（单位：万人）

年份	基本养老保险参保人数			城乡居民养老保险	
	全部	职工	离退休人员	参保人数	达到领取待遇参保人数
1998	11 203	8 476	2 727	—	—
1999	12 486	9 502	2 984	—	—
2000	13 617	10 447	3 170	—	—
2001	14 183	10 802	3 381	—	—
2002	14 737	11 129	3 608	—	—
2003	15 507	11 647	3 860	—	—
2004	16 353	12 250	4 103	—	—
2005	17 488	13 120	4 368	—	—
2006	18 766	14 131	4 635	—	—
2007	20 137	15 183	4 954	—	—
2008	21 892	16 588	5 304	—	—
2009	23 550	17 743	5 807	—	—
2010	25 707	19 402	6 305	10 277	2 863
2011	28 391	21 565	6 826	32 644	8 922
2012	30 427	22 981	7 446	48 370	13 075

注：城乡居民养老保险包括城镇居民养老保险和新农保

3.2.3 养老保险基金规模

近年来,随着参保人数的增加,中国养老保险基金规模不断扩大,养老保险风险抵抗能力与支付能力不断提升。根据2012年《人力资源和社会保障事业发展统计公报》的数据,全国基本养老保险基金总收入达20 001亿元,其中征缴收入16 467亿元,各级财政补贴2 648亿元；全年基金总支出15 562亿元,比2011年增长20.9%,年末基金累计结存23 941亿元。全国城乡居民养老保险基金收入1 829亿元。其中个人缴费594亿元,基金支出1 150亿元,基金累计结存2 302亿元,如表3.4所示。

表 3.4 基本养老保险基金收支及结余（单位：亿元）

年份	基本养老保险				城乡居民养老保险			
	征缴收入	财政补贴	基金支出	累计结余	个人缴费	其他收入	基金支出	累计结余
2008	8 016	1 437	7 390	9 931	—	—	—	—
2009	9 534	1 646	8 894	12 526	—	—	—	—
2010	11 110	1 954	10 555	15 365	225	228	200	423
2011	13 956	2 272	12 765	19 497	421	689	599	1 231
2012	16 467	2 648	15 562	23 941	594	1 235	1 150	2 302

资料来源：《人力资源和社会保障事业发展统计公报》（2008~2012 年）

3.3 养老保险制度国际比较

国外养老保险起步较早，其改革与发展经验对中国具有借鉴意义，本节将从养老保险筹资模式、筹资费率、退休年龄、给付条件、养老金指数化调整等方面进行全方位的比较，资料主要来源于经济合作与发展组织（Organization for Economic Co-operation and Development，OECD）、世界银行和 ILO 的报告。

3.3.1 筹资模式的比较

根据世界各国养老保险发展的经验，养老金筹资模式主要有三种类型，即自保公助型、福利国家型和国家保险型。

（1）自保公助型。该模式 1889 年起源于德国，后在美国、日本等国家推广，是在工业化取得一定成效，且经济实力较雄厚的基础上实行的。该类型强调养老的个人责任，应以自保为主，国家予以资助。该模式的主要特点如下：通过政府立法，实施雇主和雇员缴费的强制性养老保险项目，政府财政给予适当补助。公民只有在履行缴费义务后，才享有领取养老金的资格；该模式的基金来源渠道较广，对政府的财政依赖较小。

（3）福利国家型。该模式是在经济较为发达和人民生活水平大幅提高的情况下实行的，起源于英国，后被瑞典、丹麦等北欧国家推广。福利国家普遍实行养老金制度保障老年人晚年生活，其特征是把养老保险作为福利政策的一项主要内容，强调待遇享受的普遍性和公共性；除普通养老金发放的对象为所有老年人外，退休人员还享受与收入相关的职业年金。养老金开支主要来源于税收，由政府和企业负担，个人不缴费或缴纳低标准的养老保险费。

（3）国家保险型。该模式是原来实行计划经济的社会主义国家以公有制为基础的一种社会养老保险制度，这一模式起源于苏联，在前东欧各国、蒙古、朝鲜等国家实行，中国改革开放以前企业职工养老保险和现行的机关事业单位养老保险就是采用这种制度。主要特征是在生产资料公有制的前提下,个人领取低工资但不缴纳任何费用,职工退休后由政府承担养老责任,该模式本质上是一种现收现付制养老金积累模式。

3.3.2 筹资费率的比较

表 3.5 给出了 OECD 成员养老保险缴费标准,可以看出,2012 年 OECD 成员养老保险平均费(税)率为 19.6%;中国基本养老保险的缴费费率达到 28.0%;而新兴经济体中,除了巴西费率高达 31.0%以外,其他国家/地区都低于中国水平;俄罗斯为 22.0%、印度为 24.0%。总体上,中国企业职工养老保险的费率水平既高于 OECD 发达国家/地区,也高于俄罗斯等新兴经济体国家/地区。世界银行建议,低收入国家养老保险费率应保持在 10%左右,而中、高收入国家不应超过 20%。

表 3.5 不同国家/地区养老保险缴费占收入水平的比例比较(单位:%)

国家/地区	年份					
	1994	1999	2004	2007	2009	2012
澳大利亚	私人养老金					
奥地利	22.8	22.8	22.8	22.8	22.8	22.8
比利时	16.4	16.4	16.4	16.4	16.4	16.4
加拿大	5.2	9.0	9.9	9.9	9.9	9.9
捷克	26.9	26.0	28.0	32.5	28.0	28.0
丹麦	私人养老金					
芬兰	18.6	21.5	21.4	20.9	21.6	22.8
法国	21.5	16.7	16.7	16.7	16.7	16.7
德国	19.2	19.7	19.5	19.9	19.9	19.6
希腊	20.0	20.0	20.0	20.0	20.0	20.0
匈牙利	30.5	30.0	26.5	29.5	33.5	34.0
冰岛	不区分养老保险税					
爱尔兰	不区分养老保险税					
以色列	—	—	6.1	6.9	6.9	6.9
意大利	28.3	32.7	32.7	32.7	32.7	33.0
日本	16.5	17.4	13.9	14.6	15.4	16.8
韩国	6.0	9.0	9.0	9.0	9.0	9.0
卢森堡	16.0	16.0	16.0	16.0	16.0	16.0
墨西哥	私人养老金					
荷兰	17.9	17.9	17.9	17.9	17.9	17.9
新西兰	不缴费					

续表

国家/地区	年份					
	1994	1999	2004	2007	2009	2012
挪威	不区分养老保险税					
波兰	—	19.5	19.5	19.5	19.5	19.5
葡萄牙	不区分养老保险税					
斯洛伐克	28.5	27.5	26.0	24.0	18.0	18.0
西班牙	29.3	28.3	28.3	28.3	28.3	28.3
瑞典	19.1	15.1	18.9	18.9	18.9	18.4
瑞士	9.8	9.8	9.8	9.8	9.8	9.8
土耳其	20.0	20.0	20.0	20.0	20.0	20.0
英国	不区分养老保险税					
美国	12.4	12.4	12.4	12.4	12.4	10.4
OECD 平均	19.2	19.3	20.0	19.8	19.6	19.6
阿根廷	—	—	28.0	23.7	23.7	23.7
巴西	—	—	31.0	31.0	31.0	31.0
中国	—	—	28.0	28.0	28.0	28.0
印度	—	—	24.0	24.0	24.0	24.0
印度尼西亚	—	—	6.0	6.0	6.0	6.0
俄罗斯	—	—	28.0	26.0	26.0	22.0
沙特阿拉伯	—	—	18.0	18.0	18.0	18.0
南非	不缴费					
EU27	—	—	23.8	23.3	22.5	22.6

资料来源：OECD. Pensions at a Glance 2013

3.3.3 退休年龄的比较

建立了养老保险制度的国家都对退休年龄进行了规定，受各国养老保险发展水平、人口寿命等差异的影响，不同国家规定的享受养老金待遇的退休年龄各不相同。根据美国社会保障部出版的 *Social Security Programs Throughout the World 2011* 所公布的数据，世界各国养老保险法定退休年龄差异非常大，退休年龄的确定一般与国民平均寿命及经济发展水平相适应。从表 3.6 可以看出，在亚洲国家中，除了日本退休年龄达到 65 岁以外，其他国家（地区）的退休年龄都在 60 岁左右；而经济较为发达的欧洲国家，男性平均退休年龄为 64.9 岁，女性平均退休年龄为 63.9 岁；而人均寿命较低的非洲地区，平均退休年龄为 55 岁左右。

表 3.6　世界各代表性国家/地区退休年龄的规定（单位：岁）

国家/地区	退休年龄		预期寿命		备注
	男性	女性	男性	女性	
中国大陆	60	55	71	75	—
中国台湾[1]	60	60	79	86	2018年提高到61岁，2027年提高到67岁
中国香港	65	65	79	86	—
日本	65	65	79	86	—
韩国	60	60	77	83	2033年提高到65岁
新加坡	55	55	78	83	—
印度[2]	58	58	62	65	—
马来西亚	55	55	72	77	—
澳大利亚	65	63	79	84	2013年女性提高到63岁
俄罗斯	60	55	62	74	—
美国	66	66	76	81	2027年提高到67岁
英国	65	60	78	82	2010~2020年女性提高到65岁
德国	65	65	78	83	2012~2029年提高到67岁
法国	60	60	78	85	—
瑞典	65	65	79	83	—
瑞士	65	64	80	85	—
丹麦	65	65	77	81	—
挪威	67	67	78	83	—
冰岛	67	67	80	83	—
荷兰	65	65	78	82	—
比利时	65	65	77	83	—
波兰	65	60	71	80	—
保加利亚	63	60	70	77	—
阿尔及利亚	60	55	71	74	—
肯尼亚	60	60	54	55	—
南非	61	60	50	53	—
智利	65	60	76	82	—
墨西哥	65	65	73	78	—
哥伦比亚	60	55	69	77	—
埃及	60	60	68	72	—
科威特	50	50	76	80	—
赞比亚	55	55	45	46	—
斯威士兰	50	50	46	45	—
沙特阿拉伯	60	55	71	75	—

1）针对中国台湾职工养老金计划的退休年龄，而国民养老金计划退休年龄是65岁

2）针对印度在职职工的养老金计划的退休年龄，而针对其他居民的公积金项目退休年龄是55岁

资料来源：U.S. Social Security Administration. Social Security Programs Throughout the World 2011，欧洲国家/地区数据统计年份是2011年，其他国家/地区数据统计年份是2010年

3.3.4 给付条件的比较

给付条件是指制度对参保人获得养老金领取资格的基本要求，是养老保险制度设计的重要组成部分，基本要素包括法定的退休年龄、累积缴费时间、提前领取养老金的条件等。表 3.7 给出了根据美国社会保障局出台的 *Social Security Programs Throughout the World 2011* 整理的各国养老保险给付条件情况比较。从表 3.7 中可以看出，对正常领取养老保险金的情况，各国都对参保人的退休年龄及累计缴费时间做出限定，退休年龄各国略有差异，但对缴费时间的要求差别较大。从表 3.7 中的数据来看，英国要求参保时间最长，达到 30 年，而时间最短的挪威只有 3 年。除了退休年龄和参保时间外，部分国家/地区还有些特殊的要求。例如，中国台湾要求参保人最近三年每年在台湾居住需超过 6 个月，挪威要求基本账户达 72 881 克朗。另外，各国对提前退休都做了严格的规定，除了具体的规定与限制外，往往还会减少养老金的支付额度。例如，在美国，提前退休规定：对工作条件恶劣的特殊工作允许提前退休，领取养老金；除此之外将减少养老金支付金额；在英国，因照顾小孩、父母、伤残家人可以申请提前退休，但其所领取全额保险金的年限减少；在日本，对提前退休的养老金采用精算式递减。

表 3.7 部分国家/地区养老金受益资格的规定

国家/地区	退休年龄男/女	参保年限/年	提前退休规定	其他条件
中国大陆	60/55	15	从事高危行业或丧失劳动力，男性50岁、女性45岁并缴费满10年	—
中国台湾[1]	60/60	15	55岁起养老金递减	最近三年每年在台湾居住超过6个月
日本	65/65	25	60~64岁，精算式递减	收入检查到65岁
韩国	60/60	20	55岁起，缴费10年	—
新加坡	55/55	—	每个账户都有专门的提取条件	缴费金额被放在普通账户、特别账户、退休账户和储蓄账户中
印度	58/58	10	年满50岁，缴费10年，并且离职	
俄罗斯	60/55	5	在高危环境工作职工可以提前退休至50岁（女性45岁）	
美国	66/66	10	55岁起养老金递减	收入检查到70岁
英国	65/60	30	因照顾小孩、父母、伤残家人，领取全额保险金年限可减少	—
挪威	67/67	3	与收入无关的普通养老金只要求居住满3年	基本账户达72 881克朗
智利	65/60	20	如果退休金达到参保人平均工资的50%及最低工资的110%，男性可提前至55岁（女性50岁）退休	高危环境工作5年可减少1~2年缴费期，最长10年

1）表示职工养老金计划

资料来源：U.S. Social Security Administration. Social Security Programs Throughout the World 2011

3.3.5 养老金指数化调整的比较

养老金指数化调整是指养老金待遇随经济发展、物价等因素变化自动进行调整。在 20 世纪 60~70 年代，发达国家普遍建立起公共养老金的指数化调整机制，截至 2012 年，全世界有 180 多个国家已经建立了养老保险制度，并普遍采取弹性养老金制度。养老金指数化调整方式主要有三种（穆怀中，2007）：一是根据物价指数的变化来调整养老金；二是根据工资增长率的变化来调整养老金；三是根据物价指数和实际工资增长率的综合变化来调整养老金。目前德国和美国是养老金指数化调整的典型代表。德国于 1957 年建立了根据工资增长率变化来调整养老金的制度；美国于 1972 年建立了以最低消费物价指数作为调整指数的制度。部分国家/地区公共退休金计划的指数化特征如表 3.8 所示。

表 3.8 部分国家/地区公共退休金计划的指数化特征

待遇调整依据	国家/地区
工资指数	奥地利、德国、冰岛、匈牙利
物价指数	澳大利亚、法国、比利时、加拿大、丹麦、芬兰、希腊、日本、英国、美国、波兰
物价工资综合指数	瑞典、瑞士
无调整指数	韩国、中国

资料来源：穆怀中（2007）

3.4 本章小结

本章对中国养老保险改革历程进行了回顾，总结了改革开放以来养老保险事业发展所取得的成绩，特别是 2009 年开始将广大农民列入保障范围，养老保险实现了制度全覆盖；养老保险参保人数和基金规模不断扩大，养老保险覆盖率由 2001 年的 19.7%增加到 2012 年的 79.0%，2012 年全国基本养老保险基金总收入为 20 001 亿元，基金总支出为 15 562 亿元，分别是 1998 年的 13.7 倍和 10.3 倍；居民养老保险基金收入为 1 829 亿元，基金支出为 1 150 亿元；城乡统筹的养老保险体系初步形成。

同时，本章对养老保险制度从筹资模式、筹资费率、退休年龄、给付条件、养老金指数化调整等方面进行了跨国比较。与其他国家养老保险制度相比，中国现行养老保险筹资模式属于自保公助型，职工基本养老保险 28%的费率负担相对过高；退休年龄相当于发展中国家平均水平，但与发达国家相比偏小；待遇给付对缴费年限的要求也属于中等水平；缺乏合理的待遇调整机制。

第 4 章 中国养老保险制度改革评估

第 2 章已经对国内外有关养老保险评价的理论进行了介绍，通过对文献的比较分析，并结合中国现实国情，本书提出"覆盖面、恰当性和可持续性"三个评价养老保险改革的核心标准。本章将通过构建相应的指标，对中国养老保险发展进行评价。

4.1 中国养老保险覆盖面评估

养老保险覆盖面是反映一个国家养老保险发展水平的重要指标，一般而言，各国养老保险覆盖面与该国社会经济发展水平相适应，经济发达的地区往往养老保险覆盖面较大，而欠发达地区的养老保险覆盖面较小。世界银行报告 *Keeping the Promise of Social Security: In Latin America* 认为，拉美国家和地区的养老金改革提高了其财务系统的可持续性，但普遍存在覆盖率低的问题，大多数拉美国家和地区的覆盖率低于 50%；覆盖面问题成为诟病养老金改革的一个主要标志。葛延风（2004）指出，目标人群的覆盖面能够反映社会公平与正义，也能保证长期中财政收支平衡的要求。

4.1.1 养老保险制度覆盖人群

根据美国社会保险局 *Social Security Programs Throughout the World 2012* 的资料，表 4.1 给出了各国养老保险项目覆盖人群比较。绝大多数国家养老保险覆盖所有国民，并且一般按照在职人员与非在职人员进行区别；对在职人员，要求强制缴费（税）的方式参保，养老金待遇水平较高。对非在职人员，往往由财政出资进行补贴或者免费参保，养老金待遇也相对较低。2009 年以前，中国养老保险只覆盖城镇在职职工；2009 年以后，中国出台了《国务院关于开展新型农村社会养老保险试点的指导意见》（国发〔2009〕32 号）和《国务院关于开展城镇居民社会养老保险试点的指导意见》（国发〔2011〕18 号），将城乡非在职人员纳入养老保险体系，实现了养老保险制度的全覆盖。

表 4.1　各国养老保险项目覆盖对象

国家	年份	养老保险项目	覆盖人群
中国	2012	强制私人账户保险项目	城市企业及机构雇员，一些省的自雇人员自愿参保；在城市中工作的农民由各省制定特殊养老保险办法；农村地区主要依靠家庭以及政府提供保障，少数地区进行了农村养老保险个体账户实验
		城乡居民养老保险	所有 16 岁以上城乡居民，不包括在校学生
		特殊养老保险项目	党和政府组织，科学、教育、文化机构（不包括那些政府不拨款的部门）雇员实行由政府与单位出资办法
韩国	2011	社会保障项目	18~59 岁雇员与自雇人员（self-employed persons），包括农民、渔民；60~64 岁雇员与自雇人员自愿缴费
		独立养老保险项目	公务员、私立学校员工、军人以及专门邮局员工
		社会救助项目	所有 65 岁以上的公民，包括外国与韩国通婚人员
日本	2011	职业养老金项目	工商业员工
		国民养老金计划	所有 20~59 岁日本居民，60~64 岁居民以及国外日本公民可自愿参保
智利	2012	强制私人账户养老金	领取工资的雇员，2012 年扩大到所有自雇人员
		社会养老保险	月收入低于最低工资 3 倍的雇员与个体从业者
		普惠养老金项目（universal pension）	所有居民
加拿大	2012	普惠养老金项目（universal pension）	满足居住要求的所有居民
		收入相关养老金项目（earnings-related pension）	所有雇员与自雇人员（self-employed persons）
墨西哥	2012	强制私人账户养老金	强制参保：所有私人部门雇员、公司合作社成员、甘蔗园工人 自愿参保：公共部门雇员、自雇人员、家政工人（household workers）、雇主、佃农、农业合作社成员、小规模农户
		社会养老保险	农业部门与信用社的雇员与合作社成员
		特殊养老保险	石油工人、政府雇员和军事人员
美国	2012	社会保障计划	强制参保：有收入的雇员、自雇人员，但不包括临时的农业、家政从业人员与被选举的人 自愿参保：州与地方政府雇员、神职人员
		特殊养老保险项目	铁路工人，某些联邦、州与地方政府雇员
澳大利亚	2012	社会援助项目	所有居住在澳大利亚的居民
		强制职业养老金项目	所有 17 岁以上、70 岁以下每个月收入大于 450 澳元的从业人员，但不包括自雇人员
瑞典	2012	收入相关养老金项目	所有 1954 年以后出生，年收入 17 935 克朗以上的雇员与自雇人员
		补充养老金项目（premium pension）	所有年收入 17 935 克朗以上的雇员与自雇人员
		保障性养老项目（guarantee pension）	所有瑞典居民

资料来源：U.S. Social Security Administration. Social Security Programs Throughout the World 2012

4.1.2 养老保险覆盖率评价

国际上对养老保险覆盖面评价的通用指标是将参保缴费人数除以经济活动人口；图 4.1 给出了 ILO 统计的中国 2000~2011 年养老保险缴费人数占经济活动人口的比例和领取养老保险金人数占 65 岁以上人口比例。ILO 的数据显示，2011 年中国缴费人数占经济活动人口比例只有 56%，受中国当前推广城乡居民养老保险政策的影响，与 2010 年相比，2011 年养老保险缴费人数占经济活动人口比例提升了 18%。而 2011 年领取养老金人数占 65 岁以上年龄人口比例达到 140%，该指标超过 100% 是因为中国职工基本养老保险退休年龄男性为 60 岁，女性为 55 岁；城乡居民养老保险领取养老金的年龄为 60 岁。ILO 的覆盖率指标能够体现养老保险发展总体水平，并且能够进行横向跨国比较。但该指标对中国养老保险覆盖面评价存在三个方面的问题：一是按照国际标准，经济活动人口的统计范围是 16~64 岁，而中国退休年龄男性为 60 岁，女性是 55 岁；所以用缴费人数占经济活动人口比例来评价会使在职人员养老保险覆盖率偏低，而用领取养老金人数占 65 岁以上人口比例评价 65 岁以上老龄人口养老保险覆盖率偏高。二是 ILO 的数据库 SECSOC 最新数据只到 2011 年，2012 年的数据还未更新。三是由于中国机关事业单位正式员工实行退休金制度，不需要缴纳养老保险费，所以用缴费人数占经济活动人口比例进行评价不合理。基于以上三方面原因，我们认为 ILO 的覆盖率指标并不能直接用来评价中国养老保险的覆盖水平。

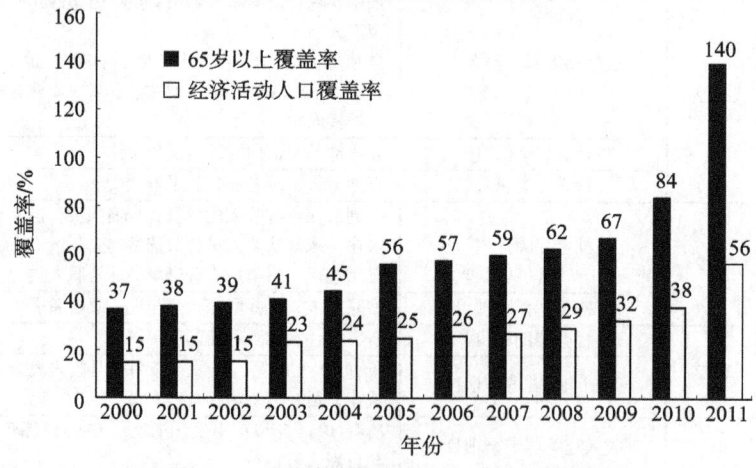

图 4.1　ILO 计算的中国历年养老保险覆盖率

资料来源：International Labor Organization SECSOC Database. http://www.ilo.org/dyn/ilossi/ssimain.home?p_lang=en

为了更加科学地评价中国养老保险的覆盖率，结合中国养老保险制度现实，可以认为机关事业单位正式职工都参加了养老保险制度，因此采用如下指标进行评价：

$$覆盖率 = \frac{在职缴费参保人数 + 机关事业单位正式职工人数}{经济活动人口} \quad (4.1)$$

表 4.2 给出了 2001~2012 年中国养老保险覆盖率情况。2001 年中国养老保险参保总数为 10 802 万人[①]，根据《中国劳动统计年鉴》，机关事业单位职工人数为 3 686 万人，根据机关事业单位退休金制度，可以认为财政供养人数都是已参保人数。按照参保人数占经济活动人口比重来计算覆盖率，2001 年养老保险的覆盖率仅为 19.7%。2009 年，中国开始试点新农保制度，农村居民和城镇居民参加养老保险的数量急剧增加，2012 年全国各类养老保险缴费人数达到 57 968 万人，机关事业单位职工约为 4 370 万人，养老保险覆盖率达到 79.0%。

表 4.2 2001~2012 年中国养老保险总覆盖率情况

年份	参保人数（不含离退休）/万人	机关事业单位职工/万人	经济活动人口/万人	覆盖率/%
2001	10 802	3 686	73 478	19.7
2002	11 129	3 778	74 050	20.1
2003	11 647	3 796	74 536	20.7
2004	12 250	3 839	75 091	21.4
2005	13 120	3 890	75 486	22.5
2006	14 131	3 945	75 825	23.8
2007	15 183	4 005	76 151	25.2
2008	16 588	4 072	76 450	27.0
2009	17 743	4 113	76 749	28.5
2010	26 817	4 181	77 013	40.3
2011	45 287	4 261	77 342	64.1
2012	57 968	4 370	78 894	79.0

注：参保人数不含离退休参保人员，新农保参保人数不含达到缴费年龄人口；2009 年以前机关事业单位职工数据来源于历年《中国劳动统计年鉴》，2010 年之后的数据根据"卫生和社会工作""公共管理、社会保障和社会组织"的就业人员增加情况进行推算

4.1.3 养老金分项目参保率评价

前文对中国养老保险总体覆盖率进行了评价，覆盖率水平可以反映中国养老保险发展总体情况，但却无法评价具体每一个养老保险项目的覆盖情况，因此这里提出"参保率"这一指标对具体养老保险项目的发展情况进行评价，参保率的计算公式是

---

① 由于没有完整的统计数据，这里不包括各地方政府小范围试点的老农保参保人数。

$$某养老金项目参保率 = \frac{某养老金项目缴费人数}{某养老金项目制度覆盖人群} \quad (4.2)$$

式中，养老金项目缴费人数反映了实际参保人数；养老金项目制度覆盖人群反映了应参保人数。在中国三大主体养老保险项目中，机关事业单位退休金制度不需要缴费，可以认为是100%参保；因此这里重点考察职工基本养老保险与城乡居民养老保险项目的参保率。

1. 职工基本养老保险参保率

王德文（2005）以参加基本养老保险的城镇职工占城镇全部就业人员比例计算出2004年的参保率为46.3%。

张光和杨晶晶（2007）根据劳动和社会保障部1999年发布的《社会保险费征缴暂行条例》提出对应参保人数的计算方法：

$$应参保人数 = 城镇就业人员 - 党政机关社会团体就业人员 + 城镇退休人员 - 党政机关社会团体退休人员 + 城镇失业人员 \quad (4.3)$$

$$参保率 = \frac{实际参保人数}{应参保人数} \times 100\% \quad (4.4)$$

但式（4.3）和式（4.4）存在以下三个方面的问题：一是把事业单位和退休人员等非应参保人员都计入应参保人员范畴；二是《中华人民共和国社会保险法》（2010年）将参保范围扩大到了农村地区职工，而该方法基本上没有包括农村地区职工；三是需要区别失业人员是否应参保，工作过的失业人员属于基本养老保险应参保对象，而未曾参加工作的失业人员不属于参保对象。

宋长青（2004）根据《中共中央关于完善社会主义市场经济体制若干问题的决定》对各社会保障项目的覆盖面的阐述，提出基本养老保险应覆盖城镇职工和乡村类似人员，并以城乡从业人员为基础计算出2002年全国城镇应参保人数为29 003万人，参保率为52.9%；农村应参保人数为48 960万人，参保率为11.2%；全国平均参保率为26.7%。该方法符合《中华人民共和国社会保险法》（2010年）设定的应参保人群范围，将农村地区的从业人员考虑进来；但也存在如下两个方面问题：一是没有区别农村自雇型与被雇佣型就业人员，只有雇工才是应参保人群，而雇主或者灵活从业人员则自愿参加基本养老保险；二是没有将机关事业单位从业人员从应参保人群中剔除。

本书中，对职工基本养老保险以《中华人民共和国社会保险法》（2010年）规定的参保对象为基础，计算基本养老保险制度的应参保人群，并据以计算参保率；对农村养老保险，应参保人群难以确定，因此只能计算劳动年龄人口养老保险覆盖率。

据《中华人民共和国社会保险法》（2010年）规定"所有职工都应参保基本养老保险，没有雇员的个体工商户、未在用人单位参加基本养老保险的非全日制灵活从业人员可以参加基本养老保险"。根据当前能够公开获得的统计数据指标，本书采用式（4.5）计算应参保人数：

$$应参保人数 = 城镇就业人数 - 机关事业单位正式职工数 + 农村乡镇企业职工数 + 农村私营企业就业人数 + 农村个体户就业人数 \qquad (4.5)$$

式中，由于机关事业单位实行财政拨款的退休金制度不属于参保范围；城乡个体工商户的户主属于可参保的对象，因为个体户主往往本身也是职工，所以也纳入应参保的范围。2001~2012年职工基本养老保险应参保人数计算如表4.3所示。

表4.3　2001~2012年职工基本养老保险应参保人数计算（单位：万人）

年份	城镇就业人数	农村非农就业人数	机关事业单位正式职工数	应参保人数
2001	24 123	3 816	3 686	24 253
2002	25 159	3 885	3 778	25 266
2003	26 230	4 014	3 796	26 448
2004	27 293	4 089	3 839	27 543
2005	28 389	4 488	3 890	28 987
2006	29 630	4 779	3 945	30 464
2007	30 953	4 859	4 005	31 807
2008	32 103	4 947	4 072	32 978
2009	33 322	5 403	4 113	34 612
2010	34 687	5 887	4 181	36 393
2011	35 914	6 160	4 261	37 813
2012	37 102	6 725	4 370	39 457

注：计算整理得到应参保人数=城镇就业人数+农村非农就业人数-机关事业单位就业人数
资料来源：《中国统计年鉴》（2001~2012年）、《中国劳动统计年鉴》（2001~2012年）

表4.4给出了2001~2012年中国职工基本养老保险参保率，按照《中华人民共和国社会保险法》计算，2001年职工基本养老保险城镇应参保人数为20 437万人，农村职工应参保人数为3 816万人，总的应参保人数为24 253万人，实际参加职工基本养老保险人数为10 802万人，参保率为44.5%。到2012年，全国职工养老保险城乡总的参保人数达到39 457万人，实际在职职工参保人数为22 981万人，参保率达到58.2%，参保率年均增长1.2百分点。

表4.4　2001~2012年中国职工基本养老保险参保率

年份	城镇应参保人数/万人	农村职工应参保人数/万人	实际参保职工人数/万人	参保率/%
2001	20 437	3 816	10 802	44.5
2002	21 381	3 885	11 129	44.0
2003	22 434	4 014	11 647	44.0

续表

年份	城镇应参保人数/万人	农村职工应参保人数/万人	实际参保职工人数/万人	参保率/%
2004	23 454	4 089	12 250	44.5
2005	24 499	4 488	13 120	45.3
2006	25 685	4 779	14 131	46.4
2007	26 948	4 859	15 183	47.7
2008	28 031	4 947	16 588	50.3
2009	29 209	5 403	17 743	51.3
2010	30 506	5 887	19 402	53.3
2011	31 653	6 160	21 565	57.0
2012	32 732	6 725	22 981	58.2

注：城镇应参保人数=城镇就业人数-机关事业单位职工人数

2. 居民养老保险参保率测算

根据《国务院关于开展新型农村社会养老保险试点的指导意见》（国发〔2009〕32号）和《国务院关于开展城镇居民社会养老保险试点的指导意见》（国发〔2011〕18号），城乡居民养老保险的范围一般包括城乡所有符合年龄条件的人口，但不包括在校学生、职工基本养老保险参保人、由财政供养的机关事业单位职工。因为居民养老保险政府将16岁作为参保的起始年龄，60岁设定为开始领取养老金的年龄；基于已有的相关统计口径，本书用式（4.6）来估算城乡居民养老保险参保率：

$$参保率 = \frac{城乡居民养老保险参保人数}{16\sim60岁人口-在校生人数-基本养老应参保人数-机关事业单位正式职工人数} \quad (4.6)$$

式中，在校生人数是指16岁以上脱产在读的学生数，根据中国教育情况，这里用高中（含职业高中）以上学历在校生人数来近似估计。表4.5给出了2010~2012年城乡居民养老保险参保率，2010年全国16~60岁城乡居民养老保险应参保人数是44 605万人，实际参保人数是7 414万人，参保率只有16.6%；2012年，全国16~60岁城乡居民养老保险应参保人数42 008万人，实际参保人数达到35 295万人，参保率约为84.0%。

表4.5 城乡居民养老保险参保率

年份	16~60岁人口规模/万人	在校生人数/万人	基本养老保险参保人数/万人	机关事业单位正式职工/万人	城乡居民养老保险参保人数/万人	居民养老保险参保率/%
2010	91 879	7 599	34 963	4 712	7 414	16.6

续表

年份	16~60岁人口规模/万人	在校生人数/万人	基本养老保险应参保人数/万人	机关事业单位正式职工/万人	城乡居民养老险参保人数/万人	居民养老保险参保率/%
2011	92 320	7 699	36 770	4 739	23 722	55.0
2012	92 779	7 748	38 257	4 766	35 295	84.0

注：①财政供养人数用历年数据外推估计得到；②16岁以上人口在校生人数用高中以上全脱产在校生人数替代

资料来源：《中国统计年鉴2012》《中国人口和就业统计年鉴2012》

4.2 中国养老保险恰当性评价

根据 Rofmann 和 Lucchetti（2006）的定义，"恰当性"是指养老金待遇能否给参保人提供合理的消费水平，与 Holzmann 和 Hinz（2005）所提倡的"充足性"目标具有一致性。目前，养老金替代率是国际公认的反映养老金待遇水平"恰当性"的评价指标，替代率计算方法：养老金待遇的绝对水平除以工资收入水平。ILO 发布的《社会保障最低标准公约》规定，养老金的最低替代率为 55%[①]；世界银行、OECD 等组织普遍认为，养老保险合理替代率水平为 50%~60%，这一水平既可以保障老年人生活，又可以让老年人享受经济发展成果。由于中国明显的城乡二元经济结构特征，城乡统一的养老金替代率没有现实意义，需要分别对城镇居民和农村居民养老保险项目的恰当性进行评价。

4.2.1 养老保险替代率国际比较

虽然养老金替代率基于不同的参照基数有不同的算法，如个人最后工资替代率、终身平均工资替代率、社会平均工资替代率，但是普遍认为基于社会平均工资计算的养老保险替代率才具有跨地区的比较意义（李珍和王海东，2012）。OECD 的 *Pensions at a Glance 2013* 计算了主要国家 2012 年政府强制养老金[②]（mandatory pension）项目替代率水平（表4.6和表4.7）。根据统计，2012年OECD成员平均替代率为 57.9%，与国际公认的 50%~60% 替代率标准十分接近。在其他主要经济体中，阿根廷为 96.2%，印度为 60.4%，俄罗斯为 63.0%。*Pensions at a Glance 2013* 计算的中国养老金替代率达到 82.5%，这一水平要高于预期，原因有以下两个方面：一是它把机关事业单位的退休金纳入统计范围；二是收入包含私营经济、个体经济的收入。

---

① ILO 于 1967 年颁布的第 128 条公约将养老金替代率提高到 45%；之后颁布的第 131 条建议性公约将替代率提高到 55% 以上。

② 不包含私人养老金项目（private pension）。

表 4.6　2012 年 OECD 成员强制养老金项目替代率水平（单位：%）

国家/地区	替代率	国家/地区	替代率
澳大利亚	60.2	韩国	43.9
奥地利	76.6	卢森堡	59.3
比利时	41.4	墨西哥	44.7
加拿大	51.0	荷兰	91.4
智利	45.5	新西兰	50.1
捷克	59.9	挪威	52.3
丹麦	83.7	波兰	48.8
芬兰	54.8	葡萄牙	55.0
法国	59.1	斯洛伐克	67.9
德国	42.0	斯洛文尼亚	40.6
希腊	64.0	西班牙	73.9
匈牙利	73.6	瑞典	55.6
冰岛	73.8	瑞士	58.4
爱尔兰	44.2	土耳其	66.8
以色列	86.7	英国	37.9
意大利	71.2	美国	41.0
日本	37.5	OECD 平均	57.9

资料来源：OECD. Pensions at a Glance 2013

表 4.7　2012 年世界主要经济体强制养老金项目替代率水平（单位：%）

国家/地区	替代率	国家/地区	替代率
阿根廷	96.2	巴西	57.5
中国	82.5	印度	60.4
俄罗斯	63.0	沙特阿拉伯	100.0
南非	11.8	EU27	60.0

资料来源：OECD. Pensions at a Glance 2013

4.2.2　中国职工基本养老保险恰当性评价

城镇职工主要参加两类养老保险项目，即职工基本养老保险制度和机关事业单位退休金制度。表 4.8 给出了两类养老保险项目的替代率水平[①]。2001 年，全国平均养老金替代率为 71.23%，其中企业单位养老金替代率为 58.82%，事业单位替代率为 101.98%，机关单位的替代率为 106.79%。到 2005 年，全国平均养老金替代率下降至 58.62%，其中企业单位养老金替代率为 47.06%，事业单位

---

① 2006 年后没有公布相关的数据。

替代率为 88.72%，机关单位替代率为 96.88%。受近几年工资和物价上涨的影响，各类养老金项目的替代率水平都呈下降趋势，企业单位养老金替代率下降最快，2012 年只有 44.69%，虽然没有公布 2006 年以后机关单位、事业单位退休金的数据，但由于机关单位、事业单位退休金制度没有重大变化，金维刚（2014）、杨燕绥（2014）等学者认为机关单位、事业单位退休金替代率达到 80%，所以可以肯定企业单位与机关单位、事业单位的退休金待遇差距在不断拉大。目前中国企业职工的替代率水平已经低于国际公认的 50%~60% 的标准，而机关单位、事业单位的养老金待遇水平却相对偏高。

表 4.8 全国各类单位替代率比较

年份	养老金水平/（元/年）				平均工资/（元/年）	养老金替代率水平/%			
	全国平均	企业单位	事业单位	机关单位		全国平均	企业单位	事业单位	机关单位
2001	7 717	6 373	11 049	11 570	10 834	71.23	58.82	101.98	106.79
2002	8 807	7 364	12 110	12 988	12 373	71.18	59.52	97.87	104.97
2003	9 407	7 732	13 809	14 654	13 969	67.34	55.35	98.85	104.90
2004	9 715	7 831	14 644	15 932	15 920	61.02	49.19	91.98	100.08
2005	10 668	8 565	16 147	17 633	18 200	58.62	47.06	88.72	96.88
2006	—	9 984			20 856	—	47.87		
2007	—	11 364			24 721		45.97		
2008		13 452			28 898		46.55		
2009		14 952			32 244		46.37		
2010		16 560			36 539		45.32		
2011		18 336			41 799		43.87		
2012		20 900			46 769		44.69		

注：城镇平均工资指的是全国城镇非私营单位就业人员年平均工资，2006 年之后没有公布机关单位、事业单位平均退休金的数据

资料来源：《中国人力资源和社会保障年鉴（工作卷）2012》

4.2.3 中国城乡居民养老保险恰当性评价

由于城乡居民养老保险的主要参保人是农村居民，所以城乡居民养老保险替代率以农村居民人均纯收入水平为基础计算，将新农保基金支出除以领取待遇人数，得到城乡居民养老保险人均待遇水平，然后将人均待遇除以农民人均纯收入，计算出居民养老保险的替代率水平。2010 年新农保替代率为 11.8%，参保人数急剧上升导致人均财政补贴下降，2011 年城乡居民养老保险替代率只有 9.9%，2012 年上升到 11.1%。从表 4.9 中可以看出，目前城乡居民养老保险替代率水平与国际标准（50%~60%）有很大差距。

表 4.9 城乡居民养老保险替代率

年份	待遇水平/（元/年）	农民人均纯收入/（年/元）	替代率/%
2010	699	5 919	11.8
2011	690	6 977	9.9
2012	880	7 917	11.1

注：2010 年的数据为"新农保"数据，2011 年后"新农保"与"城镇居民养老保险"合称为"城乡居民养老保险"。

从替代率指标来看，中国目前养老金项目中，机关单位、事业单位退休金制度是可以保证充足性的。但职工基本养老保险和城乡居民养老保险的替代率偏低，特别是城乡居民养老保险的保障水平与国际标准还有很大差距。

4.3 中国养老保险可持续性评价

财务可持续性主要体现在财务的支付能力上。目前中国基本养老保险、居民养老保险等各项养老保险制度的基金收支是独立运行的，由社保经办机构征缴，各省财政部门监管；机关事业单位退休金则由地方财政拨付。下面通过分析各类养老保险基金收支及结余情况来评价财务的可持续性。

4.3.1 基本养老保险可持续性评价

职工基本养老保险采用的是统账结合的运作模式，从表 4.10 基金收支状态来看，总体上中国基本养老保险基金收支能够保持平衡并略有结余。以 2012 年为例，当年基本养老保险基金总收入 20 001 亿元，其中征缴收入 16 467 亿元，各级财政补贴基本养老保险基金 2 648 亿元，全年基金总支出 15 562 亿元。即使不考虑财政补贴，当年的基金征缴收入在扣除基金支出后，还有 905 亿元的结余（结余金额占当年基金支出的 5.8%）。2012 年年末基本养老保险基金累计结余已经达到 23 941.0 亿元。

表 4.10 基本养老保险基金收支及结余（单位：亿元）

| 年份 | 基金总收入 | | | 基金支出 | 基金结余 |
	总收入	征缴收入	财政补助		
1998	1 459.0	—	—	1 511.63	587.8
1999	1 965.1	—	—	1 924.85	733.5
2000	2 278.5	—	—	2 115.48	947.1
2001	2 489.0	—	—	2 321.26	1 054.1
2002	3 171.5	—	—	2 842.91	1 608.0
2003	3 680.0	—	—	3 122.11	2 206.5

续表

年份	基金总收入			基金支出	基金结余
	总收入	征缴收入	财政补助		
2004	4 258.4	—	—	3 502.10	2 975.0
2005	5 093.3	—	—	4 040.32	4 041.0
2006	6 309.8	—	—	4 896.66	5 488.9
2007	7 834.2	—	—	5 964.94	7 391.4
2008	9 740.2	8 016	1 437	7 390	9 931.0
2009	11 490.8	9 534	1 646	8 894	12 526.1
2010	13 419.5	11 110	1 954	10 555	15 365.3
2011	16 894.7	13 956	2 272	12 765	19 496.6
2012	20 001	16 467	2 648	15 562	23 941.0

资料来源：《中国统计年鉴》（1998~2012年）、《中国财政年鉴》（1998~2012年）和《人力资源和社会保障事业发展统计公报》（1998~2012年）

因此，中国基本养老保险项目短期内支付能力较强，财务风险较小。但是，从长期看基本养老保险基金支付存在以下潜在风险：一是从增速看，近年来基金支出远远超过基金收入的增速，如2012年基本养老保险基金征缴收入比2011年增长了18.0%；而基金支出比2011年增长了21.9%，从发展趋势看，随着人口老龄化趋势的加快，基金支出的增速将会提高。二是基金结余总量偏小，2012年基金结余总量为23 941.0亿元，只相当于2012年基金支出的1.54倍，主要依靠历年财政补贴结存，因此未来基金支付对财政补贴的依赖比较大。三是由于近年来中国养老保险的主要工作是扩大覆盖面，所以基金收入增长较大，但随着近年来经济增长趋势的减缓，养老保险覆盖率达到一定水平后必然趋于稳定，未来参保人数的增长空间有限，所以基金收入的增长趋势将会放缓。四是2012年中国养老保险费率水平达到28%，大大超过了世界银行所建议的发展中国家10%左右的水平，因此未来养老保险费率已经没有提升空间，反而降低费率的预期比较高。以上四方面因素将导致中国养老保险基金在长期中面临较大的支付风险，财务的可持续性受到较大挑战。

4.3.2 城乡居民养老保险可持续性能力

从近几年发展情况来看，城乡居民养老保险基金总体上收大于支，短期内基金支付能力得到充分保障。2012年城乡居民养老保险基金总收入达到1 829亿元，而基金支出为1 150亿元，当年基金结余为679亿元，占当年基金支出的59%；2009~2012年基金累计结余2 302亿元，约是2012年基金总支出的两倍，如表 4.11 所示。但是从长远看，养老保险基金支付能力存在以下两个方面的挑战：一是基金支出对财政补贴的依赖性过大，2012 年城乡居民养老保险基金总收入 1 829 亿元中，基金征缴的收入只有 594 亿元，占总收入的 32.5%，这反映出目前基金收入主要来源于各级财政与集体经济的补贴，而参保人缴费所占份额很小，这种收入结构具有不稳定的特征，并且长期中很难保持可持续的增长能力。二是目前城乡居民养老保险的待遇水平总体偏低，前文已经计算，与农村居民人均纯收入相比，养老金替代率只有 11.1%，与 50%~60% 的国际标准有巨大差距。未来持续提高城乡居民养老保险待遇是必然趋势，这将导致城乡居民养老保险基金支出快速增长，而在政策不变的情况下，基金收入的增幅必然有限，肯定不可能超过基金支出的增长幅度。因此，中国居民养老保险项目的未来支付能力具有较大的不确定性，与政府的政策变化密切相关，特别是受到财政补贴政策与待遇支付政策的影响。

表 4.11　居民养老保险基金收支及结余（单位：亿元）

年份	基金总收入	其中：征缴收入	基金支出	累计基金结余
2010	453	225	200	423
2011	1 110	421	599	1 231
2012	1 829	594	1 150	2 302

4.3.3　退休金制度财务可持续性评价

根据《中国劳动和社会保障年鉴 2006》公布的统计数据，1990 年中国机关事业单位离退休费用总支出 81.8 亿元，占当年财政总收入的 2.79%，到 2005 年，机关事业单位离退休费用总支出达到 1 827.7 亿元，占当年中央与地方财政总收入的 5.77%，如表 4.12 所示。从公职人员养老金支出占财政收入比重的国际比较来看，OECD 成员用于公务员养老金的支出为 2.5%~7.5%，平均为 5% 左右；发展中国家为 2%~12%，平均为 6% 左右（O'Leary，2006）。目前中国机关事业单位的离退休费用支出占财政收入比重基本与发展中国家持平，总体上可以认为机关事业单位退休金的支付风险不大。但是从增长趋势看，1990~2005 年机关事业单位退休金年均增长率达到 22.8%，而财政收入年均增长率只有 17.2%；虽然没有公布机关事业单位的退休金数据，但从中国人口老龄化的趋势来看，未来公职人员离退休费用占财政支出比重将呈上升趋势；再加上中国政府职能比较广，特别是财政经济建设支出比重较大，在机关事业单位养老金替代率没有大幅调整的情况下，未来中国财政退休金支出的负担必然不断增加。

表 4.12　历年机关事业单位离退休费用

年份	离退休费用支出/亿元		中央与地方财政总收入/亿元	行政事业单位离退休费用占财政收入比重/%
	事业单位	机关单位		
1990	55.4	26.4	2 937.1	2.79
1995	256.2	114.1	6 242.2	5.93
2000	595.4	251.6	13 395.2	6.32
2001	721.2	313.8	16 386.0	6.32
2002	818.4	369.2	18 903.6	6.28
2003	972.1	431.9	21 715.3	6.47
2004	1 088.6	486.2	26 396.5	5.97
2005	1 266.3	561.4	31 649.3	5.77

注：不包括民政部门和总后事业单位支付的离退休费
资料来源：《中国劳动和社会保障年鉴 2006》

4.4　本章小结

本章从覆盖面、恰当性和可持续性三个方面对中国养老保险发展进行评价，主要结论包括以下方面。

（1）在养老保险覆盖率方面，由于近年来政府部门对养老保险扩面的工作的重视，中国养老保险总体覆盖率水平由 2001 年的 19.7% 逐年提高到 2012 年的 79.0%；对具体各项养老保险制度，2012 年职工基本养老保险参保人数（在职）达到 2.3 亿人，参保率为 58.2%；2012 年城乡居民养老保险参保人数达到 3.53 亿人，参保率约为 84%。目前，中国养老保险制度已经覆盖所有人群，总体覆盖率已经接近发达国家的水平。

（2）在养老保险恰当性方面，目前中国三个主要的养老保险项目中，机关事业单位保险的替代率水平最高，超过了 50%~60% 的国际标准；而 2012 年职工基本养老保险和城乡居民养老保险的替代率分别只有 44.69% 和 11.1%，与合理的待遇水平相去甚远，特别是城乡居民养老保险制度无法提供减少老年贫困风险的养老金保障。

（3）在可持续性方面，基本养老保险、城乡居民养老保险和机关事业单位退休金三项制度短期内都不存在大的支付风险，但从长期增长趋势来看，基本养老保险支付能力与支付风险最高；城乡居民养老保险受财政补贴与养老金待遇等相关政策影响比较大，如果政策不变，则支付风险不高；而机关事业单位离退休费用支出总体上还处于财政能够承担的范围。

第5章 覆盖面的挑战：制度碎片化与参保结构不合理

近年来，中国养老保险扩大工作成效显著，养老保险制度已经实现了全覆盖，参保率水平也持续提高。随着城乡居民养老保险制度的出台和参保规模的扩大，新时期养老保险扩面的主要矛盾包括以下两个方面：一是制度"碎片化"的挑战，各级地方政府出台了各种地方养老保险政策，影响了养老保险制度透明度和不同项目的转移接续。二是制度本身设计的缺陷，导致参保人群存在结构性矛盾，在参保年龄结构上，年轻人参保意愿低；在所有制结构上，个体私营从业人员参保率低；在缴费结构上，绝大多数农民选择最低的缴费档次。

5.1 养老保险制度碎片化

在养老保险"扩面"任务基本完成的条件下，"碎片化"问题是覆盖面面临的主要挑战，降低了养老金制度的运行效率，制约了劳动力的自由流动，影响了覆盖面的进一步扩大。养老保险制度"碎片化"的原因，既包括对过去制度路径依赖的影响，也包括区域发展不均衡和改革缺乏顶层设计的现实原因。

5.1.1 制度碎片化的表现

地方政府具有养老保险政策制定与实施的权力，许多政策还处于试点、探索过程中，这导致中国养老保险体系呈现出显著的"碎片化"特征，养老保险制度"碎片化"表现出人群分割、城乡分割和地区分割的问题（李超民和史㬢光，2013）。尽管养老保险制度的总体框架正逐渐形成，但不同项目、不同地区、不同人群之间仍然存在严重的"碎片化"；养老体系表现为各种不同项目的堆积，还未形成一个有机的整体。

1. 不同养老金项目的碎片化问题

现行养老保险制度基于人群特征进行分别设计，针对不同人群设计不同的项目，各项目之间未能有效衔接、高度分离。人为地造成了制度的破碎化，进而影响了劳动力市场流动和基金的统筹。具体问题如下：

（1）养老保险制度按人群设计项目繁多。目前，中国养老保险制度的参保对象按照人群身份特征大体分为五类，即机关事业单位职工、企业职工（含个体工商户户主和灵活就业人员）、城镇户籍居民、农村户籍居民和特殊身份人群。一是对机关事业单位职工，根据身份差异，又可以分为在编职工和非在编人员（包括聘任制、劳动派遣、非全日制用人等用工形式）。对正式的在编职工主要实行计划经济时期的退休金制度，由单位养老。2014年第十二届全国人大常委会第十二次会议通过的《关于统筹推进城乡社会保障体系建设工作情况的报告》提出了"一个统一、五个同步"①的机关事业单位养老保险改革方向。目前机关事业单位养老保险改革的推进中，许多地区对机关事业单位非在编人员和部分事业单位职工②已经实施了社会化养老保险改革，但在参保对象、费率水平、待遇支付、基金管理等具体政策设计上各地区差异较大，部分地区将机关事业单位养老保险（针对非在编、自收自支或差额拨款机关事业单位）直接纳入职工基本养老保险体系统一管理，也有地区实行独立的核算和征管体系。二是对企业职工（含个体工商户户主和灵活就业人员），按照《中华人民共和国社会保险法》的规定，所有企业职工必须参加职工基本养老保险；对无雇工的个体工商户、未在用人单位参加基本养老保险的非全日制从业人员及其他灵活就业人员，既可以自愿选择参加职工基本养老保险，也可以参加城乡居民养老保险。对受雇于企业的职工，基本养老保险缴费由单位和个人共同分担，单位缴费20%，个人缴费8%，单位与个人的总费率水平为28%③，其中个人缴费的8%记入个人账户。但是对无雇工的个体工商户、未在用人单位参加基本养老保险的非全日制从业人员及其他灵活就业人员，现行政策允许其以个人的身份参加职工基本养老保险，其缴费费率水平一般要低于以职工身份参保，如北京和重庆以个人身份参保的总费率为20%，天津为22%；而记入个人账户的比例仍然是8%。三是对农村户籍居民，由于历史原因各地曾开展过各种类型的试点，包括农村居民养老保险（"老农保"）、农民工养老保险、被征地农民养老保险等。封铁英等（2008）总结了过去农村居民养老

---

① "一个统一"是指党政机关、事业单位建立与企业统一的养老保险制度，实行单位和个人缴费、基金管理统账结合、养老金社会化发展改革。"五个同步"是指机关与事业单位同步改革，职业年金与基本养老保险制度同步建立，养老保险制度改革与完善工资制度同步推进，待遇调整机制与计发办法同步改革，改革在全国范围同步实施。

② 从各地区试点情况看，实行社会化养老保险改革的机关事业单位职工可以分为以下四类：一是差额拨款、自收自支事业单位全体工作人员和机关、全额拨款事业单位合同制工人及离退休人员，如江苏。二是自收自支事业单位全体工作人员和机关、全额拨款事业单位、差额拨款事业单位的合同制工人及相应离退休人员，如重庆。三是所有事业单位的工作人员和机关、合同制工人及相应离退休人员，如山东青岛。四是机关、事业单位（全额拨款、差额拨款和自收自支）全体工作人员和离退休人员，如湖北、山东部分市县。

③ 具体的费率水平，各地区在执行中略有差异。

保险试点典型的三种模式，即苏南模式、广东模式和山东模式。郭席四和杜潇（2005）将各地试点的农民工养老保险制度分成以下三类：以北京、青岛为代表的独立型农民工养老保险制度；以上海、成都、大连等地为代表的综合型农民工养老保险模式；以深圳为代表的纳入型农民工养老保险模型。被征地农民养老保险也称"土地换社保"，在上海、重庆、浙江、山东、江苏等地实行。郑秉文（2009）发现，被征地农民绝大部分未纳入城镇社会保障体系，而是采取获得土地补偿款的办法，以吴江为例，一般1亩（1亩≈666.67平方米）土地补偿2万元左右，大约能维持被征地农民7年的生活水平。2009年新型农村居民养老保险实施后，原来各类养老保险项目基本已经停止运营，但试点时期已参保人员的账户如何转移成为当前亟待解决的遗留问题。四是对城镇户籍居民，根据国务院2011年发布的《国务院关于开展城镇居民社会养老保险试点的指导意见》(国发〔2011〕18号)，年满16周岁（不含在校学生）、不符合职工基本养老保险参保条件的城镇非从业居民，可以在户籍地自愿参加城镇居民养老保险。2014年国务院常务会决定，在已基本实现新型农村社会养老保险、城镇居民社会养老保险全覆盖的基础上，在全国范围内建立统一的城乡居民基本养老保险制度。另外，没有固定的工作、失业或再就业的人员属于灵活就业人员，可以选择参加职工基本养老保险。五是对特殊身份人群，中央和地方政府提供了特定的养老金项目，主要包括农村村级主职干部的社会养老保险、农村计划生育户的养老保障[①]、农民工养老保险、农场职工养老保险等（表5.1）。此外，由民政部门实施的老年津贴制度、农村五保户制度、优抚制度和城市孤寡老人福利制度等也都具有保障型养老的特征。

表5.1 各类养老保险制度覆盖人群比较

类别	类型	参保对象	参保方式	转移衔接	缴费方式
机关事业单位职工	机关事业单位退休金	政府及事业单位正式在编职工	由财政全额负担在编职工的退休金	已与基本养老保险衔接，目前已经启动改革	全部由财政负担
	自收自支事业单位养老保险[1)]	自收自支事业单位职工，合同制雇员	强制性	部分地区制定了衔接办法	单位+个人缴费
	事业单位养老保险改革试点	新的事业单位在编职工	强制性	还未制定	单位与个人缴费+职业年金
企业职工（含个体工商户户主和灵活就业人员）	职工基本养老保险	所有企业、社团职工、个体工商户户主、灵活就业人员	职工强制参保，其他人员自愿参保	只与机关事业单位养老保险衔接	统筹账户由财政差额补助

---

① 《中共中央 国务院关于加强人口与计划生育工作稳定低生育水平的决定》(中发〔2000〕8号)提出，根据实际情况逐步建立实行计划生育的独生子女户和两女户的养老保险制度；此后四川、甘肃等多个省市开展了农村计划生育户的养老保险项目。2004年开始，国家开始了农村部分计划生育家庭实行奖励扶助制度的试点，以政策性奖励和补偿形式对计划生育家庭中的老年人进行扶持帮助。

续表

类别	类型	参保对象	参保方式	转移衔接	缴费方式
城镇户籍居民	城镇居民社会养老保险	16岁以上不符合职工基本养老保险参保条件的城镇非从业居民	自愿参保	与农村居民养老保险衔接，部分地区可以与职工基本养老保险衔接	财政定额补贴
	灵活就业人员养老保险	没有固定的工作、失业或再就业的人属于灵活就业人员	可以自由选择参保基本养老保险或城乡居民养老保险	—	个人缴费，如果参保基本养老保险，费率较低
农村户籍居民	新型农村居民养老保险 2)	16岁以上未参加基本养老保险的农村户籍居民	自愿参保	与城镇居民养老保险衔接	个人缴费+财政补贴
	农民工养老保险 3)	在城镇就业的农村居民	有雇主的强制参保，无雇主的自愿参保	部分地区与基本养老保险衔接，部分地区可以与职工基本养老保险衔接	个人缴费+单位缴费
特殊身份人群 2)	农村计划生育户的养老保障政策	对年满60周岁、本人及配偶均为农业户口、本人及配偶现有一个子女或两个女孩或子女死亡现无子女的计划生育夫妇每人每年奖励600元。个别地区（绍兴、惠州等）为农村计划生育户提供了具有政府补贴的特殊缴费型养老金项目 1)			
	被征地农民养老保险	参保对象为被征地农民，政府将土地征用收益扣除一部分资金用于养老保险费用的支付，具体实施中，有的政策将被征地农民列入职工基本养老保险，各地不一（代表性的模式包括浙江、重庆、南京等）			
	村级主职干部基本养老保险	针对农村主职干部提供特定的养老保险项目，由个人缴费与政府补助相结合，具体缴费与待遇标准各地不一。新农保政策出台后，多数地区（甘肃等）改为以财政补助形式鼓励村干部参加新农保			
	从事农业生产的农场职工	由农业部门主管，在新疆等部分地区实施，采用统账结合的养老金模式，企业补贴300元给职工			
民政部门养老型救助制度	高龄养老津贴制度	国内大多数省份建立了高龄养老津贴制度，对80岁以上老年人建立普惠型的、具体的补助，标准各地不一，资金来源于财政补贴			
	农村五保户制度	对农村无经济来源的老年人、残疾人和未成年人由财政资金进行供养，经费一般不低于农村居民上一年度人均纯收入的60%			
	城市特困老人救助制度	部分地区（北京等）由财政资金为本地城镇户口"城市特困老人"3) 提供基本生活供养			

1) 例如，绍兴将计划生育户纳入城镇职工养老保险，但在缴费上，将上一年度全省社会平均工资的30%~40%作为缴费基数，每年按照缴费基数的19%~21%费率缴纳保险费

2) 各地政策实施有所不同，一般对不同的年龄段采取不同的缴费比例，按各地的经济发展水平确定缴费数额，并且逐步提高失地农民养老保险的统筹层次

3) 无劳动能力、无生活来源，且无法定赡养、抚养、抚养义务人

注：2014年国务院将"新农保"与"城镇居民养老保险"统一为"城乡居民养老保险"；各地区自收自支事业单位养老保险制度差异比较大，有的地区直接参加企业基本养老保险（如北京等），有的地区实行独立的养老保险制度（如重庆等）

在目前劳动力市场化程度较高的情况下，参保人的身份变化比较频繁，按照

人群、职业、户籍等身份特征设计不同养老金项目，既影响养老保险的透明度，也增加不同制度之间的转移衔接成本；再加上各地方政府在养老保险改革中拥有较大的自主权，加剧了养老保险制度的人群分割，导致养老保险制度不同人群、不同项目之间的"碎片化"。

（2）不同项目之间不能有效衔接。目前不同养老金项目之间转移衔接机制不完善，具体表现如下：一是城乡居民养老保险与职工基本养老保险不能有效衔接，虽然部分地区（天津等）已经出台了居民养老保险制度向职工基本养老保险制度转移的衔接办法，但只允许居民养老保险向其他更高保障水平的养老保险制度转移，没有高级别养老保险制度向低级别养老保险转移衔接的政策（白维军，2009）。2014年《人力资源社会保障部　财政部关于印发〈城乡养老保险制度衔接暂行办法〉的通知》（人社部发〔2014〕17号）只提出了转移衔接的总体思路，对视同缴费年限、统筹账户和个人账户基金转移等关键参数的计算没有明确规定，需要各地方政府出台细则进行规定。二是新旧养老保险制度需要衔接整合。过去许多地区试点了各种形式的农村养老保险制度（老农保制度），新农保制度出台之后，需要将过去老农保制度按照合理方式合并到新农保中，《国务院关于开展新型农村社会养老保险试点的指导意见》（国发〔2009〕32号）对新老农保并轨提出了原则性规定：核对参保人员信息、合并新老农保基金、计发养老金待遇和管理系统接轨，但老农保与新农保政策差异大，特别是不少地区老农保待遇水平高于新农保，导致新老农保整合存在障碍。此外，不少地区曾实行过独立的农民工养老保险、失地农民养老保险等制度，"新农保"政策出台之后，过去试行的各类养老项目都要与职工基本养老保险、城乡居民养老保险整合。三是机关事业单位养老保险具体改革方案有待明确，在"一个统一、五个同步"的改革思路下，机关事业单位与企业职工实行统一的公共养老金制度思路已经明确，因此不再需要建立机关事业单位养老保险与职工基本养老保险、城乡居民养老保险及其他养老金项目之间的转移衔接机制。但在机关事业单位养老保险改革中，新老制度的待遇水平如何过渡、转轨成本由谁承担、目标替代率水平为多少、基金征管是相对独立还是与职工基本养老保险完全合并等一系列具体的改革方案仍未确定。四是养老保险与养老救助项目的衔接整合，养老保险由社保部门负责管理与发放，而养老救助由民政部门负责。养老救助项目中，高龄养老津贴制度具有普惠性质，所以高龄人群都能够享受津贴待遇，而最低生活保障制度、农村"五保户"、城市特困老人救助等主要针对城乡特殊的老年人。而城乡居民养老保险的基础养老金也属于普惠性质。现有制度没有明确同一主体能否同时享受多种待遇，而过多的救助项目、养老项目无疑增加了不必要的管理成本，并且在目前城乡居民养老金待遇低于最低生活保障水平的情况下（胡继晔，2014），不利于激励困难群众参加养老保险，存在逆向选择的可能性。

2. 不同区域之间的碎片化问题

除了按人群设计制度导致不同养老金项目的"碎片化"以外,地方政府在养老保险政策上较大的自主性导致了区域之间的"碎片化"。

(1)各地养老保险项目千差万别。由于地方拥有养老保险制度制定权力,过去10多年,各省市都根据各自情况试点了大量的地方性养老保险项目。在城镇围绕机关事业单位职工、企业职工、城镇居民、农民工建立了职工基本养老保险制度、机关事业单位离退休养老制度、城镇居民养老保险制度、农民工养老保险制度等,这些养老金项目在不同地区之间的制度框架各不相同,难以实现跨地区转移接续。以农民工养老保险为例,现行各地区针对农民工设计的养老保险可以分为五大类(李友根和朱晓菱,2010):以北京为代表的独立型、以上海为代表的综合型、以广州和南京为代表的融入城保型、以杭州为代表的双低城保型和以重庆为代表的个人账户型(表5.2)。而在农村先后针对不同的农民群体建立了农村养老保险、被征地农民养老保险、村主职干部养老保险、农村"五保供养老"制度、农村计划生育户养老保险、新农保等制度。在制度设计中,中央政府只提供了一个制度框架,允许各地方因地制宜地在政策上和标准上"各行其是"。政策大多是"一地一策"甚至"一地多策"(郑秉文,2009),不同县市之间政策都不一样,这使缴费、补贴及享受待遇的标准、基金管理和个人账户记账利率等方面存在极大差异。这些不能有效衔接的政策设计加剧了养老保险制度的区域"碎片化"。

表5.2 各地区农民工养老保险差异比较

类型	独立型	融入型	综合型	双低型	个人账户型
代表地区	北京	广州、南京	上海	杭州	重庆
基本特征	完全独立的农民工养老保险制度	纳入职工基本养老制度体系,部分条款有所区别	将农民工养老、医疗、工伤等合并成综合险种	在基本养老保险框架内实行"低门槛,低标准"模式	缴费全部记入个人账户
缴费比例	单位:19% 农民工:8%	单位:20% 农民工:8%	用人单位12.5%综合保险费,外地施工企业5.5%	单位:14% 农民工:5%	单位:10% 农民工:5%
个人账户记账比例	11%	11%	按7%记入老年补贴凭证	5%	14%
缴费基数	上一年全市职工月最低工资标准	上年度本人月平均工资	上年度全市职工月平均工资的69%	全省上年度在岗职工平均工资	上年度月平均工资,基数下限为全市平均工资的60%,上限为全市平均工资的300%
转移接续	转移养老保险关系时,个人账户随同转移;也可一次性支付给农民工,并终止养老保险关系	按照国家和地方有关规定办理,也可以一次性领取基本养老保险个人账户储存额	按照国家有关规定办理	按职工基本养老保险转移办法办理	先暂时冻结,等国家政策出台后根据规定办理

(2) 同一养老保险项目的实施细则地区差异大。目前，中国基本养老保险制度框架已经全国统一，但在具体实施细则上，各省差异仍然十分显著，以农村居民养老保险制度为例，早在1986年中国就开始在各地陆续进行农村养老保险的试点，但因各种原因，农村养老保险制度并没有在全国推广。2009年全国开始推进农村养老保险试点工作，但国务院的文件只对新农保相关事宜提出了方向性的意见，并没有出台正式的法规，具体的实施细则仍然由各地区根据社会经济发展情况来确定。在各省市所出台的实施办法中，关于缴费水平、财政补贴、待遇水平、与职工养老保险衔接等方面的规定千差万别，基本没有省市是完全一样的，如表5.3所示。同样的，即使是相对比较成熟的职工基本养老保险制度，各省市在费率水平、基本养老金调整办法、基础养老金待遇等方面的政策也没有完全统一，养老保险制度设计甚至成为地方政府进行宏观经济调控与招商引资的政策工具。这种制度设计的区域差异将对未来养老保险制度的全国统一带来障碍。

表5.3　部分地区新农保试点政策比较

项目	北京	天津	重庆
缴费水平	最低缴费标准为上一年度农村居民人均纯收入的9%；最高缴费标准为上一年度城镇居民人均可支配收入的30%	缴费基数为上年度本市农村居民人均纯收入，按年缴费的按照缴费基数的5%、10%、20%、30%四个档次	缴费标准有100元、200元、400元、600元、900元五个档次
财政补贴	财政补贴主要体现在基础养老金上	补贴标准为每人每年30元	每人每年补贴30元，并记入个人账户
待遇水平	基本养老金由基础养老金和个人账户养老金两部分组成 基础养老金：每人每月280元 个人账户养老金：由本人个人账户累计储存额（含利息）除以计发月数	基本养老金由基础养老金和个人账户养老金两部分组成 基础养老金：每人每月150元 个人账户养老金：由本人个人账户累计储存额（含利息）除以139个月	基本养老金由基础养老金和个人账户养老金两部分组成。基础养老金：每人每月80元；个人账户养老金由本人个人账户累计储存额（含利息）除以139个月
与职工养老保险衔接	个人账户分别计入基本养老保险的个人账户和统筹基金。按照自由职业人员的最低缴费标准折算为基本养老保险的视同缴费年限	个人账户储存额的40%转入城镇职工基本养老保险个人账户，60%转入统筹基金。并按灵活就业人员的最低缴费标准折算视同缴费年限	还未出台

注：衔接机制是2014年之前的政策，在《人力资源社会保障部　财政部关于印发〈城乡养老保险制度衔接暂行办法〉的通知》（人社部发〔2014〕17号）出台后，各地方政府对城乡居民养老保险与职工基本养老保险的衔接办法进行完善

(3) 养老保险关系跨地区转移衔接不顺畅。首先，在职工基本养老保险跨区域衔接上，虽然《国务院办公厅关于转发人力资源社会保障部财政部城镇企业职工基本养老保险关系转移接续暂行办法的通知》（国办发〔2009〕66号）规定了参保人员在跨省（自治区、直辖市）流动时养老保险关系转移接续办法。该办法

规定，参保人跨地区转移养老保险关系时，个人账户的基金可随本人养老关系的转移全部转走。但是统筹账户资金按缴费基数的12%转移，而实际上在职职工统筹账户基金的缴费比例是20%，还没有包括统筹账户的利息收入，因此现行职工基本养老保险政策对社保关系的接收地来说比较不利。再加上目前养老保险信息还没有实现全国联网，影响了养老保险关系的顺畅转移，导致了养老保险关系转移操作成本高、效率低。其次，虽然《国务院关于建立统一的城乡居民基本养老保险制度的意见》(国发〔2014〕8号)对城乡居民养老保险关系跨区域转移做了原则性的规定，但在经办管理体制上，原来新农保和"城保"的统筹层次比较低，基本上处于县(市)级统筹层次，导致各地区参保人的信息未能有效对接。人口迁移有跨省、跨市、跨县多种可能性，因此对个人账户基金转移需要在中央、省、市层面进行调剂与结算，但目前的"金保工程系统"和基金管理体制还无法满足这种多层次的结算需求。最后，除了职工养老保险和城乡居民养老保险以外，各地曾推行的农村村级主职干部的社会养老保险、农村计划生育户的养老保险、被征地农民养老保险、农民工养老保险等养老金项目存在地区差异性，如果已参保居民发生流动，社保关系无法随之转移，只能退保。

5.1.2 制度碎片化的后果

针对不同社会群体逐步建立不同的养老保障制度，虽有助于快速扩张养老保险的覆盖面，但"碎片化"的养老保险体系导致不同社会群体养老保障公平性受损(丁建定，2014)，养老保障待遇差别显著、管理成本高，成为中国养老保障制度整合的关键难题。

1. 增加了制度运行成本

制度"碎片化"必然会增加制度设计成本、制度宣传成本、软件设计开发成本、档案管理成本、管理差错率等，这必然带来经办人员业务量的成倍增加。过多的养老保险项目也给经办管理工作带来困难，许多地区针对不同的养老金项目设立机关事业单位养老(人事部门)、社会保险、农保、城保等经办机构或经办窗口，造成管理成本的增加、资源的浪费和效率的低下。此外，养老金项目的交叉重叠进一步加剧了经办机构的工作负担，根据人力资源和社会保障部的数据，2012年社会保障覆盖26.6亿人次，经办机构人均服务参保人次负荷比由2000年的2 757∶1上升到2012年的9 692∶1，明显超出5 000∶1的标准水平，广东人均负荷更是高达21 342∶1。

2. 影响统筹层次提高

制度"碎片化"与统筹层次低之间是相互影响、互为因果的关系。一方面，各地区之间各自为政、基金无法横向调剂，加剧了中国养老保险的"碎片化"程度；另一方面，制度的跨地区分割也阻碍了养老保险统筹层次的提高，如各地区试点的"新农保"制度在缴费档次、待遇水平、身份认证等方面的差异,给跨地区之间的制度统筹带来了障碍。而统筹层次过低,又会导致养老金制度的再分配功能缺失,既降低了制度的抗风险能力,也影响了社保基金的保值增值。

3. 限制劳动力的自由流动

在劳动力市场化条件下,不同职业身份、不同户籍、不同地区之间劳动力自由流动已经成为常态。首先,按人群设计制度阻碍了劳动力的职业转换。机关事业单位人员可能流动到企业,也有可能变成灵活从业人员(或失业),而企业职工也随时有可能变成机关事业单位工作人员或者普通居民。但在多种养老保险制度下,机关事业人员向企业、农民向企业、企业向机关事业单位的社保转移接续都会存在困难;同时由于地区间养老保险制度的差异,当参保人的工作跨统筹区域进行流动时,如由A地区居民向B地区居民转移,即使都参保基本养老保险,也会因两地的政策不同、统筹基金难以调剂等,企业职工养老保险跨区转移阻力较大。制度"碎片化"必然导致劳动力市场的职业分割、城乡分割和区域分割。

4. 降低养老保险吸引力

"碎片化"影响养老保险制度吸引力主要表现如下:一是降低了制度的透明度,郑秉文(2009)认为,越简单的制度越容易被公众接受,越容易普及推广;统账结合的养老保险制度在设计上已经十分复杂,如职工基本养老保险待遇的测算就超出了普通民众的能力;制度的"碎片化"进一步加大了制度的复杂性,不利于信息公开,降低了养老保险制度的透明度和可信度。二是提高了参保成本,"碎片化"导致参保人交易成本上升,特别是在劳动力市场化程度较高的情况下,参保人身份特征变化和跨区域迁移都比较频繁,"碎片化"使制度之间无法有效衔接,或者即使能够衔接也存在较大的交易成本(如身份验证、统筹基金不能转移等),影响了养老项目的便携性和可及性,减少了养老保险制度对参保人的吸引力。

5.1.3 制度碎片化的原因

养老保险"碎片化"的主要原因包括制度改革的历史路径依赖、区域社会经济发展不平衡、制度缺少从上至下的顶层设计等。

1. 制度改革的历史路径依赖

养老保险的"碎片化"是一个历史遗留问题,对改革路径的依赖性是导致中国养老保险制度"碎片化"的重要原因之一。在改革开放前,城乡社会经济的二元结构,导致了城镇与农村养老方式的巨大差异,这一时期制度"碎片化"主要表现为城镇职工实行的是统一的退休养老制度,而农村地区养老保险还是空白。在城镇地区,按照政务院1951年颁布的《中华人民共和国劳动保险条例》,企业实行劳动保险制度,按月缴纳劳动保险金,为企业职工提供养老保障;而机关事业单位职工的养老金分别由国家机关的行政经费和事业单位的事业经费直接支付。1956年出台的《高级农业生产合作社示范章程》规定，对无劳动能力、生活没有依靠的老弱孤寡残疾社员，在生产和生活上给予照顾；1958年颁布的《关于工人、职员退休处理暂行规定》统一了机关事业单位与企业职工两个退休制度。形成了覆盖机关、事业单位、国有企业和集体企业统一的退休金制度。在农村地区，农民没有专门的养老保险制度，主要以土地保障和家庭养老为主，改革开放后，为了适应计划经济向市场经济的转变，城镇企业职工养老保险开始实行社会统筹改革试点，1991年出台的《国务院关于企业职工养老保险制度改革的决定》提出了企业职工养老保险社会化改革的目标，之后国务院又实行了职工养老保险全国并轨，并将企业化管理事业单位职工和城镇个体劳动者纳入参保范围，但机关事业单位还是保持改革开放之前的退休金制度，形成了城镇地区企业职工养老保险与机关事业单位养老保险的"双轨制"。在农村地区，由民政部主导不断推进农村养老保险制度改革试点工作，1986年民政部提出在经济发达地区发展社区型养老保险，并在北京大兴县、山西大云县进行县级农村社会养老保险试点。1989年，全国已有190多个县（市、区）进行了农村社会养老保险方面的探索，800多个乡镇建立了以乡镇或村为单位的养老保障制度（侯海涛和李波，1997）。1991年民政部制订《县级农村社会养老保险基本方案（试行）》，农村社会保险在全国2 123个县（市）和65%的乡（镇）开展试点，但这些试点地区基本都是县级以下统筹，并且各地区的制度没有统一。1999年劳动保障部认为，在全国普遍推行农村社会养老保险尚不具备具体条件，对民政系统原来开展的农村社会养老保险进行清理整顿。2002年党的十六大提出"在有条件地方探索建立农村社会养老保险制度"之后，各地区分别开始进行各类农村养老保险试点，出现了被征地农转非养老保险、农民工养老保险等制度。2009年，发布《国务院关于开展新型农村社会养老保险试点的指导意见》（国发〔2009〕32号），统一了全国农村养老保险制度。虽然已经对各类养老保险制度进行了统一规范，但由于历史原因，"老农保"及针对农民工、被征地人员等各类农村养老保险制度的历史遗留问题一直未能解决。2011年国务院在"新农保"试点基础上出台《国务院关于开展城镇居民社会养老保险试点的指导意见》（国发〔2011〕18号），虽然实现了养老保险制度的全覆盖，但没有改变养老保险制度的城乡"分割"问题，甚至加剧了制度"碎片化"，2014年《人力资源社会保障部 财政部关于印发〈城乡养老保险制度衔接暂行办法〉的通知》提出了城乡养老保险制度衔接方案，促进了养老保险向城乡一体化方向发展。

2. 区域社会经济发展不平衡

地区之间、城乡之间的经济发展差异是养老保险制度难以全国统一的内在原因。社会保障水平一般要与经济发展水平相适应，过高的养老保险水平会给当代居民带来沉重负担，影响经济发展；而过低的保障水平又会降低制度吸引力，无法发挥养老保险的正常功能。

首先,中国各省之间的经济发展极不平衡,人均 GDP 水平最高的天津(93 173 元)是最低地区贵州(19 710 元)的 4.7 倍;城镇居民人均收入水平最高的上海(40 188 元)是最低地区甘肃(17 157 元)的 2.34 倍,而农村居民人均收入水平最高的上海(17 804 元)是最低地区甘肃(4 507 元)的 4.0 倍。人均财政收入最高的北京(16 020 元)是财政收入最低地区甘肃(2 019 元)的 7.9 倍,如表 5.4 所示。地区经济发展水平与居民收入水平的巨大差异,导致各地区居民对养老保险缴费的承受能力存在差异,因而难以在全国层面实施统一的养老金制度,历史原因、人口结构差异等导致各地区养老保险负担不一样,这使财力较好的地区不愿意与财力较差的地区进行统筹,养老负担较轻的地区不愿意和养老负担较重的地区进行统筹,从而给养老保险全国统筹和跨地区转移接续带来困难。

表 5.4　2012 年各地区经济发展水平比较(单位:元)

地区	人均 GDP	城镇人均可支配收入	农村居民人均纯收入	人均财政收入
北京	87 475	36 469	16 476	16 020
上海	85 373	40 188	17 804	15 727
天津	93 173	29 626	14 026	12 455
江苏	68 347	29 677	12 202	7 400
辽宁	56 649	23 223	9 384	7 075
浙江	63 374	34 550	14 552	6 283
内蒙古	63 886	23 150	7 611	6 236
广东	54 095	30 227	10 543	5 880
重庆	38 914	22 968	7 383	5 784
福建	52 763	28 055	9 967	4 739
海南	32 377	20 918	7 408	4 618
陕西	38 564	20 734	5 763	4 265
山西	33 628	20 412	6 357	4 200
山东	51 768	25 755	9 447	4 191
宁夏	36 394	19 831	6 180	4 079
新疆	33 796	17 921	6 394	4 071
吉林	43 415	20 208	8 598	3 786
青海	33 181	17 566	5 364	3 252
湖北	38 572	20 840	7 852	3 155

续表

地区	人均GDP	城镇人均可支配收入	农村居民人均纯收入	人均财政收入
江西	28 800	19 860	7 829	3 046
黑龙江	35 711	17 760	8 604	3 034
四川	29 608	20 307	7 001	2 998
安徽	28 792	21 024	7 160	2 994
贵州	19 710	18 701	4 753	2 911
云南	22 195	21 075	5 417	2 872
河北	36 584	20 543	8 081	2 860
西藏	22 936	18 028	5 719	2 815
湖南	33 480	21 319	7 440	2 684
广西	27 952	21 243	6 008	2 491
河南	31 499	20 443	7 525	2 169
甘肃	21 978	17 157	4 507	2 019

资料来源:《中国统计年鉴2013》

其次,城乡收入差距导致城乡居民养老保险制度的差异,2012年全国城镇居民人均可支配收入为24 565元,而农村居民人均纯收入只有7 917元,前者是后者的3.1倍。城乡居民收入水平、生活成本等巨大差别导致城乡养老保险体系的二元结构,特别是在过去农村养老保险基本属于"空白"的条件下,城乡居民养老保险的统一不可能一步到位。先根据农村居民的承受能力,在农村建立广覆盖、低水平的养老保险体系,再慢慢提高养老保障水平,逐渐实现城乡统一是必然选择。

3. 制度缺少从上至下的顶层设计

养老保险制度缺少从上至下的顶层设计也是制度"碎片化"的重要原因之一。在过去养老保险改革中,中央政府往往以"意见"的方式提出一个总体的改革思路与政策框架,在具体政策设计、经办机构设立、基金收支管理等方面都是地方政府自行负责实施。例如,2009年开始推进的"新农保"制度和2011年的"城保"虽然在制度设计层面进行了更加具体的规定,但在参保对象、缴费档次、统筹层次、转移接续办法、经办机构设置、基金收支管理等方面都给了地方政府较大的自主权,在实施过程中,有地方把"新农保"范围扩大到城镇居民,统称为"城乡居民养老保险";有的地方以户籍人口为参保对象,而有的地方覆盖了常住人口。《人力资源社会保障部 财政部关于印发〈城乡养老保险制度衔接暂行办法〉的通知》(人社部发〔2014〕17号)也只是明确了城乡居民养老保险和职工基本养老保险转移接续的基本思路，具体的政策则由试点地区自行设计。郑秉文（2009）认为，中国养老保险制度既没有基于统一目标的总体设计，也没有进行中长期战略规划与统筹安排，这造成养老保险改革一直处于"头痛医头、脚痛医脚"的局面，政策设计和制定缺少刚性，导致整个养老保险的"破碎"。中央政府过分考虑地区差异与特殊性，所以制定的政策只是一个框架，许多重要的具体条款需要各省级政府来设计，否则就难以操作；而省级政府在制定政策时又会把制度设计细节"甩给"市、县级政府，最终导致整个养老保险制度框架由多个层级的政府文件组成，在省、市、县、街镇不同的行政层级，越往下沉，差异越大，这导致社保制度逐渐地方化、碎片化。另外，在养老保险制度制定与实施过程中，由于各地方政府领导人有不同的社会经济发展理念与目标，作为能够影响区域经济发展的重要政策，社会保险制度往往被"异化"成政府进行宏观经济管理的重要政策工具，甚至成为地方政府招商引资的手段，通过给予社保的"优惠"来吸引一些重点企业与重点项目在本地落户。目标的"异化"导致了地方政府在养老保险制度设计上的偏差，降低了养老保险制度的"硬约束"，加剧了地方之间养老保险制度差异。

5.2 养老保险参保人结构不合理

养老保险覆盖面的结构问题主要表现如下：一是养老保险收费高、替代率低等，导致养老保险制度没有吸引力，制度已覆盖人群的参保积极性低。二是制度设计的内在原因使各类主体参保意愿不同，导致参保人数存在结构性差异。目前中国基本养老保险参保人群存在的结构性矛盾主要体现在以下方面：首先，参保人年龄结构不合理，年轻人参保的积极性比较低，特别是城乡居民养老保险参保人的年龄普遍偏大；其次，不同所有制职工参保率差异较大，非公有制经济的参保率要远远低于公有制经济；最后，制度设计上过于强调公平，对效率的兼顾不足，导致在参保人的收入结构上，高收入群体参保意愿更低。

5.2.1 参保人年龄结构不合理

图 5.1 给出了不同年龄组职工基本养老保险参保率。根据 2011 年调查数据，在剔除了机关事业单位职工后，城镇所有在职或失业人员中，50 岁以上从业人员参保率达到 78.2%，40~50 岁人群的参保率达到 68.6%；30~40 岁人群的参保率为 66.9%；20~30 岁人群的参保率达到 60.0%；20 岁以下人群的参保率只有 53.2%，职工基本养老保险参保率随着年龄的增大而逐渐提高。

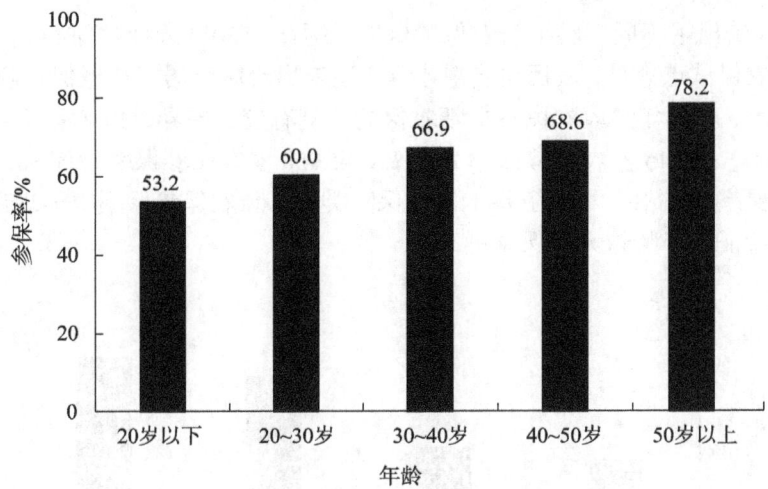

图 5.1 不同年龄组职工基本养老保险参保率

图 5.1 表明，年龄越大的职工参保意愿越强，这一现象与中国职工基本养老保险制度设计具有密切关系，假设有一个代表性职工，参加工作年龄为 20 岁[①]，其收入水平等于全国城镇在岗职工社会平均工资水平，预期退休年龄按目前男女平均法定退休年龄 57 岁计算，预期寿命为 77.3 岁（胡英，2010），图 5.2 给出了随着参保人参保年龄变化，其参加职工基本养老保险预期收益的变化（具体计算过程参考附件 A：基本养老保险参保模型）。从图 5.2 可以看出，随着职工参保年龄的增大，参加职工基本养老保险的收益率逐渐提高，这必然导致年龄越大的职工参保的积极性越高。

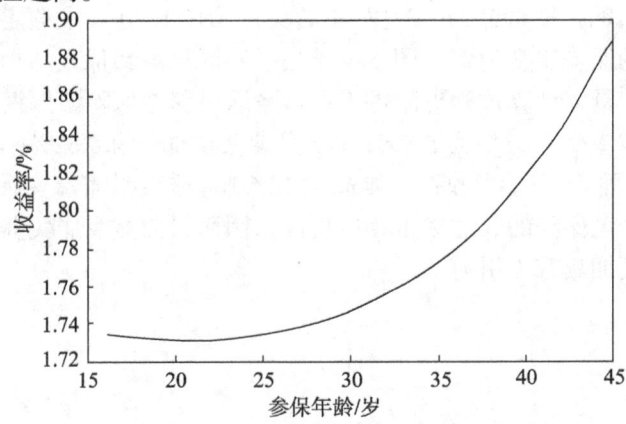

图 5.2 不同年龄段参加职工基本养老保险的收益率

---

① 根据《中国发展报告 2009》数据，中国 20~25 岁独生子女的平均受教育年限是 12.1 年，而平均入学年龄为 7 岁，相当于平均参加工作时间为 19.1 岁，考虑到年轻人从学校毕业后有一段待业时间，所以这里假定参保人平均 20 岁参加工作。

图 5.3 给出了不同年龄组新农保参保率（调查于 2011 年年底进行，当时国家出台了新农保试点意见，农民可自愿参保，还未出台城镇居民养老保险政策）。调查数据显示，不同年龄段农民参加新农保的比例有较大差异，30 岁以下年龄组参保率为 38%，30~45 岁农民参保率为 41%，45~60 岁农民参保率为 57%，60 岁以上农民参保率为 61%；与职工基本养老保险类似，新农保参保率也体现出显著的年龄梯度特征，年龄越大参保率越高。

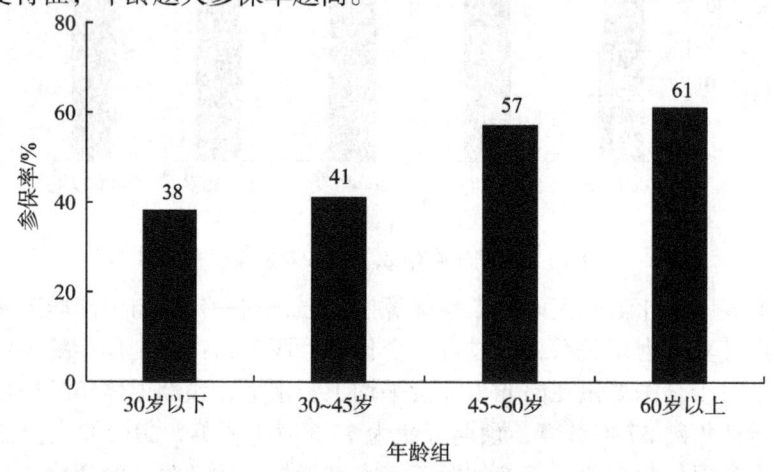

图 5.3　不同年龄组新农保参保率

与职工基本养老保险一样，城乡居民养老保险参保人年龄结构也与制度设计具有较强的相关性。假定参保人选择 100 元/年的缴费档次，个人账户记账利率为 2.75%[1]，参保人的预期寿命为 73 岁[2]（胡英，2010）。在以上假定条件下，以重庆城乡居民养老保险制度为例，图 5.4 给出了不同年龄参保人参加城乡居民养老保险的收益率（具体计算过程见附件 B：城乡居民养老保险参保模型）。从图 5.4 可以看出，16 岁参保收益率为 5.89%，30 岁参保收益率为 8.62%；40 岁参保收益率达到 13.40%；而 45 岁参保收益率则高达 18.50%。这表明随着参保年龄的提高，参加城乡居民养老保险的收益率也相应提高，因而目前城乡居民养老保险制度对大龄参保人员更加具有吸引力。

---

[1] 2012 年度城乡居民养老保险个人账户年记账利率为 2.75%。
[2] 根据国家统计局胡英（2010）计算，2009 年中国农村居民预期寿命为 72.29 岁，城镇居民预期寿命为 77.33 岁，考虑到少部分城镇居民参保，所以参保人员预期寿命取 73 岁。

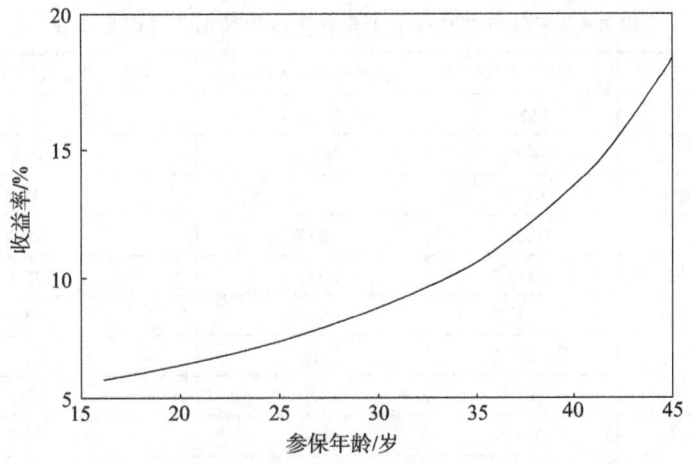

图 5.4　不同年龄段参加城乡居民养老保险的收益率

5.2.2　参保人所有制结构不合理

世界银行报告指出，中国养老保险覆盖率主要集中在正式部门，而私营经济、个体户的参保率非常低[①]。职工基本养老保险参保情况调查数据也支持这一结论，这里将被调查者的单位性质分为私营经济和非私营经济两大类，非私营经济包括国有企业、机关事业单位、企业化管理事业单位，以及其他事业单位、机关、社会团体；而私营经济包括集体企业、股份有限公司、有限责任公司、股份合作企业、联营企业、私营企业、个体户、民办非企业、港澳台资企业和外商投资企业及其他单位。根据调查结果，私营经济从业者参保比例为 51.8%，而非私营经济参保比例达到 82.7%。这一结果显示出正规经济与非正规经济参保率的显著差异：国有企业、股份制企业的参保率相对较高，而私营经济与个体工商户的参保率很低。

另外，工会部门公布的统计资料也进一步验证了不同所有制结构参保率的差异，表 5.5 给出了《中国工会统计年鉴 2012》所统计的不同所有制结构与公司形式的工会会员参保数据，2011 年所有工会成员（不包括机关事业单位会员但包括农民工会会员）的养老保险参保职工人数为 9 865 万人，参保率约 49.2%。其中，国有企业的参保率达到 94.3%，外资企业（含港澳台）达到 63.1%，集体企业参保率为 46.0%，私营企业为 32.3%，联营企业为 29.9%，个体经济组织只有 15.0%。不同所有制的参保率差异显著。国有及国有控股企业的参保率最高，而私营经济的参保率相对较低，特别是个人经济组织参加基本养老保险的比例很低。

---

① 世界银行报告. 中国经济季报.第 2 季，2010.

表 5.5 不同所有制单位工会会员参加基本养老保险情况

登记注册类型分	工会会员人数/万人	参加养老保险人数/万人	参保率（参保人数/工会会员数）/%
国有企业	3 987.8	2 679.9	67.2
集体企业	905.1	416.4	46.0
股份合作制企业	644.6	334.6	51.9
联营企业	122.6	36.7	29.9
有限责任公司	1 735.7	1 271.5	73.3
股份有限公司	1 298.8	1 095.7	84.4
私营企业	8 257.2	2 666.2	32.3
其他内资企业	163.5	37.1	22.7
个体经济组织	994.2	149.1	15.0
外资企业（含港澳台）	1 867.4	1 177.5	63.1
合计	19 976.9	9 864.7	49.4

资料来源：根据 2014 年出版的《中国工会统计年鉴 2012》数据计算得到，更新的数据尚未公布

5.2.3 参保人缴费结构不合理

参保人的缴费结构是指制度所规定的不同参保人缴费水平，或者参保人自愿选择的缴费档次。由于特殊身份人员养老保险制度地区差异极大，未来需要进一步整合，所以这里重点分析机关事业单位退休金制度、职工基本养老保险制度和城乡居民养老保险制度缴费结构问题。

1. 机关事业单位历史缴费积累不足

2015 年以前，机关事业单位职工退休金实行现收现付制下的单位养老模式，以财政拨款作为支撑，机关事业单位退休金制度没有建立合理的分担机制，全部由单位负担，个人不用缴费。中国老龄化加剧，机关事业单位退休人员增加，一方面给国家的财政造成了越来越重的负担；另一方面，机关事业单位退休金制度与职工基本养老保险的"双轨制"使中国整个养老保障体系的公平性受到质疑。2015 年 1 月，正式发布了《国务院关于机关事业单位工作人员养老保险制度改革的决定》(国发〔2015〕2 号)，国务院决定改革机关事业单位工作人员养老保险制度，对机关事业单位在编人员实行社会统筹与个人账户相结合的基本养老保险制度，从制度上实现职工养老保险的统一。但由于机关事业单位没有历史缴费积累，"老人"和"中人"[①]的隐性债务负担问题有待解决。

---

① 在养老保险改革中，"老人"是指改革时已经退休正在领取旧体制下养老金的职工；"中人"是指改革时已经参加工作，但还未退休领取养老金的职工。

2. 职工基本养老保险缴费结构存在问题

目前，不同身份参保人参加职工基本养老保险所承担费率不相同，对受雇于企、事业单位的在职职工，由单位和个人分担，国务院规定基本养老保险缴费单位费率为20%，个人缴费8%，单位与个人的总费率水平为28%，将个人缴费的8%记入个人账户。但是对自由职业者，个体工商户户主等，现行政策允许其以个人的身份参加职工基本养老保险，其缴费费率水平一般要低于以职工身份参保，如北京和重庆以个人身份参保的总费率为20%，天津为22%；而记入个人账户的比例仍然是8%。各地区不同身份参保基本养老保险费率比较如表5.6所示。

表5.6 各地区不同身份参保基本养老保险费率比较（单位：%）

类型	缴费主体	北京	天津	重庆	上海
职工身份参保	单位	20	20	18	22
	职工	8	8	8	8
	合计	28	28	26	30
个人身份参保	个人	20	22	20	30

注：上海对本市郊区用人单位及本市户籍从业人员的单位缴费费率为19%。

除了缴费水平之外，职工养老保险的个人账户记账比例也不合理。从统账结合养老金制度设计的初衷看，设置个人账户的目的是激励职工参保，个人账户有强制储蓄的功能，能够提高养老金的效率（体现为对个体的激励效应）；而统筹账户则是为了实现收入再分配功能，体现公平效应。显然，个人账户记账比例越高，养老金制度对个体的激励作用越强，但收入再分配功能就会减弱，养老金制度设计要兼顾公平与效率。公平与效率权衡的基本原则如下：在保证对所有参与人激励的效率前提下，实现公平的最大化目标；养老保险制度最优的公平与效应的组合应该是以实现制度公平最大化为目标，并满足个体激励的效率条件约束。在缴费率为28%、缴费基金上下限分别为60%和300%等政策设计下，基于随机动态规划方法进行的数值分析结果表明，只有个人账户最优记账比例为12%左右，才能达到制度与公平的最优组合（具体计算参见附件C：最优个人账户记账比例模型）。

3. 城乡居民养老保险缴费结构不合理

城镇与农村居民养老保险采用定额缴费的方式，将缴费标准划分为100~1 000元/年不同的定额，在实际运行过程中，2012年基金征缴的收入只有594亿元，缴费人数为34 987.3万人，人均缴费金额只有170元/年，绝大多数的参保人选择了每年100元和200元的低缴费档次。国内许多调查研究也证实了当前城乡居民养老保险存在低缴费档次的困境，邓大松和董明媛（2013）的研究发现，湖北试点的"新农保"制度中，有94.72%的农民缴费档次为每年100~

500 元；金刚和柳清瑞（2012）调查发现，在东北地区有 89.11% 的参保人选择了每年 100 元的最低缴费档次。参保人选择低缴费档次的主要原因如下：一是农村居民收入水平较低，缴费过高会对居民当期的生活消费造成影响；二是居民对养老保险政策的可持续性存在疑虑，不少居民是因为有财政补贴，所以抱着"试一下"的心态参保，不愿意选择高缴费档次，以避免风险；三是政策对高缴费档次激励不足，由于财政对居民参保实行定额补贴，只要参保了，不论缴费档次高低都得到同样的补贴，这使选择低缴费档次能够获得更高的收益率，虽然合并后的城乡居民养老保险制度提出"选择较高档次标准缴费的，对个人账户适当增加补贴金额"的原则，但目前效果仍不明显。

5.3 本章小结

本章重点考察了当前中国养老保险覆盖面扩大所面临的两大挑战，即制度"碎片化"和参保结构不合理。

（1）养老保险制度"碎片化"表现为按照人群来设计各项养老保险制度，同时各地区政府拥有过大的自主权导致区域"碎片化"。养老保险制度"碎片化"的不良后果包括增加制度运行成本、影响统筹层次提高、限制劳动力自由流动和降低养老保险吸引力。而养老保险制度"碎片化"的原因包括社会经济发展的区域不平衡、养老保险制度缺乏顶层设计以及地方政府在政策上拥有太大的自主权。

（2）养老保险参保结构不合理具体表现如下：一是机关事业单位个人不用缴费，影响制度公平性；二是在缴费型养老保险项目中，参保人年龄结构不合理，年轻人参保意愿低，而老年人参保意愿较高，这将给养老保险基金支付带来压力；三是职工基本养老保险的正式部门参保率高，而非正式部门参保率低，在所有制结构上，国有企业与外资企业的参保率显著高于私营企业和个体工商户；四是城乡居民养老保险大多数参保人选择最低的缴费档次，不利于发挥制度的养老保障功能。

第6章 恰当性的挑战：保障不充分与待遇结构不合理

恰当性是指提供防止老年贫困的绝对水平与相对替代率水平的养老金保障（Holzmann and Hinz，2005），并使受益者保持合理消费水平。ILO 颁布的第131条建议性公约将替代率提高到 55% 以上，OECD 等组织建议典型参保人的替代率达到 60% 左右，过高的替代率会使缴费率成为社会不能承受的负担，进而导致制度不可持续。

6.1 居民养老保险恰当性的挑战

居民养老保险恰当性的挑战主要表现为养老金替代率水平过低、养老金缴费与待遇水平缺乏动态调整机制，以及对财政补贴的过度依赖。而居民养老保险待遇不合理的直接原因是居民养老保险制度设计问题，根本原因是城乡居民收入水平较低，养老保险负担能力有限。

6.1.1 养老金替代率过低

2009 年 9 月，国务院发布了《国务院关于开展新型农村社会养老保险试点的指导意见》（国发〔2009〕32 号），决定按照"保基本、广覆盖、有弹性、可持续"的原则，开展新农保试点。2009 年试点覆盖全国 10% 的县（市、区、旗），以后逐步扩大试点，2020 年之前基本实现对农村适龄居民的全覆盖。对新农保政策，国务院只出台基本指导原则，各地区结合实际情况，自行制定具体实施办法。这里以重庆城乡居民养老保险①的实施办法为例，对城乡居民养老保险预期的保障水平进行分析。假设典型参保人的参保年龄 $A=20$ 岁，选择缴费标准为 100 元/

---

① 重庆在实施过程中，把城镇居民也纳入了参保范围，统称为居民养老保险，本书中新农保与居民养老保险不做具体区分。

年的档次，个人账户记账利率取 $i = 2.75\%$ [1]，参保人的预期寿命 $Z = 73$ [2]。在以上参数假定条件下，基于重庆城乡居民养老保险制度设计，图 6.1 给出了参保人缴费现值（P_I）与养老金待遇现值（P_O）随着贴现率（θ）变化的趋势图（具体计算参见附件 B：城乡居民养老保险参保模型）。从图 6.1 可以看出，随着贴现率的提高，缴费现值与养老金待遇现值都呈现递减的趋势，在 $\theta = 6.44\%$ 处缴费现值与养老金待遇现值相等。如果把居民参加养老保险视为一项投资行为，净现值为 0 的贴现率就相当于投资的年化收益率，则在当前制度框架下，20 岁开始参保并选择 100 元/年缴费档次的年度收益率为 6.44%。

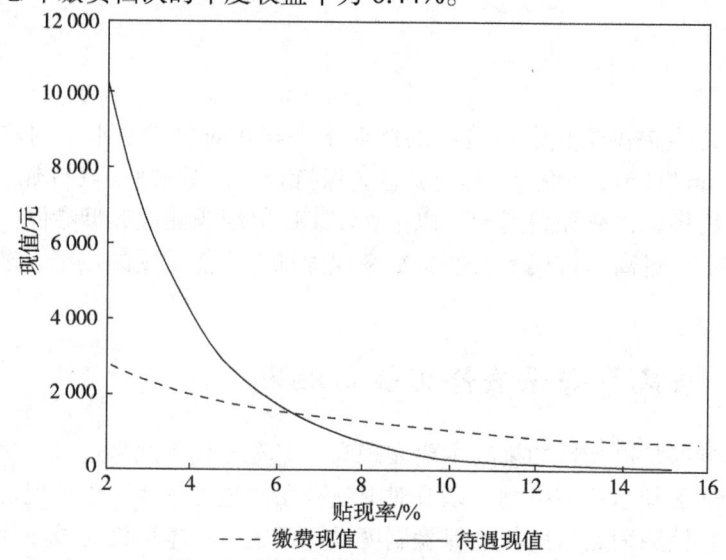

图 6.1　重庆城乡居民养老保险参保收益率

缴费档次：100 元/年

表 6.1 给出了参保人选择不同缴费档次情况下，达到领取养老金年龄后每年能够领取的养老金待遇。对一个 20 岁就开始参保、中间连续不间断缴费的参保人，如果选择的是最低缴费档次 100 元/年，其在 60 岁后，可领取的养老金待遇为 1 575 元/年，按 2012 年重庆农村居民人均纯收入计算[3]，替代率为 18.7%，如果收入水平按 3% 的速度增长，则替代率只有 5.73%。若参保人选择的是重庆城乡居民养老保险最高缴费档次 900 元/年，其 60 岁后可领取的养老金待遇为 6 497 元/年，以当年农村居民人均纯收入计算的替代率为 77.15%，如果收入水平按 3%

---

[1] 2012 年度重庆城乡居民养老保险个人账户年记账利率为 2.75%。
[2] 根据国家统计局胡英（2010）计算，2009 年中国农村居民预期寿命 72.29 岁，城镇居民预期寿命 77.33 岁，考虑到少部分城镇居民参保，所以参保人员预期寿命取 73 岁。
[3] 考虑到目标城乡居民养老保险的参保主体是农村居民，所以这里以农村居民人均纯收入计算替代率水平。

增长，则替代率下降为23.65%。因此，如果考虑到工资增长，即使选择最高的缴费档次，对农村居民也无法实现ILO和世界银行提出的目标替代率水平。而如果按照城镇居民人均可支配收入计算替代率，城乡居民养老保险的替代率会更低。

表6.1 重庆城乡居民养老保险各缴费档次替代率水平

序号	缴费档次/(元/年)	待遇水平/(元/年)	替代率/%	
			收入不变	收入年均增长3%
1	100	1 575	18.70	5.73
2	200	2 191	26.02	7.98
3	400	3 421	40.62	12.45
4	600	4 652	55.24	16.93
5	900	6 497	77.15	23.65

注：2012年重庆农村居民人均总收入是8 421.52元。

表6.2给出了中国城乡居民养老保险的养老金待遇统计情况。从表6.2中可以看出，2010年中国城乡居民养老保险人均养老金待遇水平为699元/年，农民人均纯收入水平为5 919元/年，养老保险平均替代率为11.8%；2011年城乡居民养老保险的平均替代率只有9.9%；2012年城乡居民养老保险的平均替代率为11.1%；与ILO、OECD等组织提出的50%~60%目标差距极大。

表6.2 中国城乡居民养老保险平均替代率水平

年份	人均养老金待遇/(元/年)	农民人均纯收入/(元/年)	替代率/%
2010	699	5 919	11.8
2011	690	6 977	9.9
2012	880	7 917	11.1

6.1.2 缺乏动态调节机制

现行城乡居民养老保险制度设计中，采用定额缴费与定额补贴的方式，参保人的缴费水平和待遇水平不会与参保人的收入水平同步增长，未来居民收入的增加与物价的上涨必然导致城乡居民养老保险替代率水平逐年下降。

首先，城乡居民养老保险采取定额缴费的方式。中央提出的新的缴费标准设为每年100元、200元、300元、400元、500元、600元、700元、800元、900元、1 000元、1 500元、2 000元12个档次，地方人民政府可以根据实际情况增设缴费档次。定额缴费方式存在的主要问题是养老金缴纳缺乏动态调整机制，不能随着居民收入水平的提高和物价的上涨而变化；可以预见，随着未来居民收入水平的提高，居民养老保险的保障能力将逐渐下降，导致居民养老保险制度吸引力减弱。

其次，城乡居民养老保险的养老金待遇由基础养老金和个人账户养老金组成，"新农保"和城镇居民养老保险中央确定的基础养老金为每人每月55元，个人账户养老金的月计发标准为个人账户全部储存额除以139。同样，未来居民收入水平提高和物价上涨，基础养老金待遇并不会随其自动调整，如果没有政策外生干预，养老金替代率水平必然会逐年下降。

6.1.3 对财政补贴过度依赖

由于居民养老保险难以通过强制方式实施，所以其制度本身的吸引力对制度可持续性具有重要的影响。近年中国城乡居民养老保险参保人群快速扩张，主要依靠中央和地方的财政补贴，但从长远来看，财政补贴资金可持续性存在挑战。2012年，城乡居民养老保险达到领取养老金条件的有13 075万人，按照中央人均660元/年的补贴标准测算，中央财政负担为863亿元[①]，占2012年中央财政收入的1.5%。对地方而言，按照政策规定的人均不少于480元/年的标准，地方财政最少要负担628亿元，占2012年地方财政收入的1.1%。虽然目前财政补贴支出占比还比较小，但未来存在两个方面的风险：一是在基本养老保险空账规模不断扩大的情况下，对城乡居民养老保险的补贴将加重财政的社保负担，而且目前的财政补贴资金来源缺乏稳定的政府预算安排；二是随着养老金保障水平的提高，财政的补贴标准势必相应提高，中央与地方的财政负担将会越来越重。

6.2 基本养老保险恰当性的挑战

当前中国基本养老保险恰当性的主要矛盾在于：一是职工基本养老保险的替代率水平只有44.69%，与居民收入水平不匹配，离50%~60%的国际标准有一定差距；二是养老金待遇与职工的养老金缴费负担不匹配，高缴费与低待遇严重影响了职工参保的积极性。

6.2.1 养老保险费率过高

当前基本养老保险政策，如果以职工身份参加基本养老保险，雇主与雇员总的法定费率达到28%，而如果以个人身份或者灵活从业人员身份参保，则总的费率只有20%左右（不同地区略有差异）；部分城市如上海等总费率水平甚至达到30%；养老保险费率占社保缴费的60%以上。现在中国社保支出占GDP的比例还

---

① 考虑到中央财政对东部地区基础养老金实际按50%补贴，则中央财政支出较少一些,地方财政支出会较多一些。

比较低，但单位和个人缴费比例已经很高，给雇主和工人带来了沉重负担[①]，高费率大大降低了养老保险制度的吸引力。根据 ILO 的 SECSOC 数据库统计[②]，中国养老负担远远超过智利、墨西哥等发展中国家，与日本接近，面临"未富先老"困境（各国公共养老金项目费率比较可参考第 3 章表 3.5）。

中国从传统现收现付制向统账结合的养老保险体制转变时，没有采取专门方式处理转轨成本，而是希望通过加大企业统筹费率的方式逐步将转轨成本消化（宋晓梧等，2000）。在这种情况下，一个从未有过的问题凸显在我们面前（孙祁祥，2001）：现有企业和在职职工既要建立职工的个人账户（新体制下的义务），缴纳保险费，又要为已退休的职工提供养老金（现收现付体制下的义务——转轨成本）。为此，新体制必须设计相当高的费率以实现这一计划目标；然而，高费率必然影响人们加入新体制的动力和缴费的积极性。即使政府采取了一些行政、法规措施，强制更多的企业加入养老保险计划和强制征缴保险费，但私营经济部门往往抵制这些措施[③]，最后必然以"高费率"开始，以"低收入"终结。另外，高费率必将提高劳动力成本或者导致劳动力的非正式雇佣，其动因在于雇主希望减少其工资性支出以避免沉重的养老保险负担，但这将大大降低劳动生产率。国外有关研究显示（Corsetti，1994；Corsetti and Hebbel，1997），15%的工薪税将引起 30%的劳动力的非正式雇佣，由此每年将降低 1%的 GDP。

2012 年中国主要城市养老保险费率水平如表 6.3 所示。

表 6.3　2012 年中国主要城市基本养老保险费率水平（单位：%）

序号	城市名称	人员缴费类别	单位部分	个人部分
1	北京	企业所有参保人员	20.0	8.0
		个人身份参保	—	20
2	天津	企业所有参保人员	20.0	8.0
		个人身份参保	—	22
3	上海	企业所有参保人员	22.0	8.0
		郊区用人单位及其本市户籍从业人员	19	8
		个人身份参保	—	30
4	重庆	城镇户口	18~20	8
		个人参保	12	8
5	南京	企业所有参保人员	20	8

[①] 世界银行. 中国经济报. 第 2 季，2010.
[②] http://www.ilo.org/dyn/ilossi/ssimain.home?P_lang=en.
[③] 许多私营企业通过非正式用工，或者给雇员以"社保补贴，职工自行参保"的方式减少养老金负担。

续表

序号	城市名称	人员缴费类别	单位部分	个人部分
6	武汉	企业所有参保人员	20	8
7	合肥	企业所有参保人员	20	8
8	杭州	企业所有参保人员	14	8
9	成都	外地、本地城镇职工，本地2011年4月1日后参保的本地农村户口	20	8
9	成都	原综保的本市户籍劳动者	12	8
9	成都	非本市户籍农民工（包括2011年4月1日前后参保的人员）	12	8
10	苏州	企业所有参保人员	20	8
11	徐州	企业所有参保人员	21	8
12	镇江	企业所有参保人员	21	8
13	南通	企业所有参保人员	20	8
14	芜湖	企业所有参保人员	20	8
15	马鞍山	企业所有参保人员	20	8
16	蚌埠	企业所有参保人员	20	8
17	郑州	企业所有参保人员	20	8
18	济南	企业所有参保人员	21	8
19	西安	企业所有参保人员	20	8
20	广州	本地户口	20	8
20	广州	外地户口	12	8
21	长春	企业所有参保人员	20	8

6.2.2 待遇与费率不匹配

对基本养老保险待遇与费率之间的不匹配问题，本书从两个方面进行分析：一是将中国基本养老保险缴费率、替代率、替代率与缴费率之比进行跨国比较；二是将参保基本养老保险视为一项长期投资，从参保人角度计算参加养老保险的回报率。

1. 缴费率与替代率横向比较

表6.4给出了中国基本养老保险制度与世界主要国家/地区强制养老保险项目缴费率与替代率的比较。根据OECD的 *Pensions at a Glance 2011* 提供的数据，2011年OECD成员强制养老保险项目的平均缴费率为19.6%，平均替代率水平为57.3%；而EU27的平均缴费率为22.5%，平均替代率为61.6%。从表6.4可以看出，2011年中国基本养老保险的缴费率为28.0%，而替代率只有43.8%，中国养老保险的缴费率水平要高于OECD成员、EU27，但替代率水平却比这些国家低。由于缴

费率和替代率都是以工资水平为基数进行计算,所以将替代率除以缴费率构造一个待遇水平与缴费率相对比指标,中国基本养老保险待遇相对缴费的比率是 1.56,而其他国家都远远高于中国;OECD 平均相对比指数是 2.92,接近中国的 2 倍,EU27 是 2.74,美国是 3.18,最高的沙特阿拉伯达到 5.56。因此,从这种横向的比较就可以看出,目前中国养老保险的待遇水平与缴费的费率不匹配,存在费率偏高而待遇偏低的问题。

表 6.4 2011 年中国与世界主要国家/地区强制养老保险缴费率和替代率比较

国家/地区	强制养老保险项目缴费率/%	替代率/%	相对比指数（替代率/缴费率）
中国	28.0	43.8	1.56
OECD 平均	19.6	57.3	2.92
EU27	22.5	61.6	2.74
阿根廷	23.7	78.1	3.30
巴西	31.0	85.9	2.77
印度	24.0	65.2	2.72
俄罗斯	26.0	62.7	2.41
沙特阿拉伯	18.0	100	5.56
美国	12.4	39.4	3.18

注:中国基本养老保险替代率由作者估算
资料来源:OECD. Pensions at a Glance 2011

2. 基本养老保险投入产出分析

如果将参加养老保险的行为看做一项投资行为,我们可以通过分析参加养老保险投入(缴费)与产出(养老金待遇)之间的关系来评价待遇与缴费是否匹配。按照《国务院关于完善企业职工基本养老保险制度的决定》(国发〔2005〕38 号)的有关政策,对月工资水平为 W 的参保人员,利用年金现值方法计算参保人所缴纳的保费的现值总和为(具体计算参考附件 A:基本养老保险参保模型)

$$P_\mathrm{I} = 28\% \times W \times \frac{1-(1+\theta/12)^{-(R-A)\times 12}}{\theta/12} \qquad (6.1)$$

式中,参保人养老保险的费率水平为 28%(其中单位费率 20%,个人费率 8%),P_I 为参保人所缴纳的养老保费的现值;W 为参保人的月收入水平;θ 为贴现率;R 为退休年龄;A 为参加养老保险的初始年龄。

按照现行"统账结合"的制度设计,个人负担的 8% 全部记入个人账户,假定记账利率为 i,则退休时养老金个人账户累计金额为

$$V_{R+1} = 8\% \times W \times \frac{(1+i/12)^{(R-A)\times 12} - 1}{i/12} \quad (6.2)$$

式中，V_{R+1} 为领取养老金第 1 年期初个人账户累计储存额。

根据《国务院关于完善企业职工基本养老保险制度的决定》(国发〔2005〕38号)的规定，对参保人退休后所领取的养老金待遇，计算公式如下：①月度养老金水平=（退休时上年度职工月平均工资+指数化月平均缴费工资）÷2×（缴费年限×1%）+个人账户累计储存额÷计发月数；②指数化月平均缴费工资=（员工参加工作至退休时缴费年限的每月缴费指数之和÷缴费年限的月数）×员工退休时上年度职工月平均工资；③员工每月缴费指数=员工每月缴费工资÷缴费时当年度本市在岗职工月平均工资。

假定社会平均工资水平与参保人的工资同步增长，则月度养老金水平计算公式可简化为

$$\text{月度养老金水平} = \frac{1}{2} \times (\overline{W} + W) \times (\text{缴费年限} \times 1\%) + \frac{\text{个人账户累计储存额} V}{\text{计发月数}} \quad (6.3)$$

式中，$\overline{W}$ 为社平工资水平，由式(6.3)得到参保人退休后 t 岁时月度养老金水平：

$$Q_t = \frac{1}{2} \times (\overline{W}_t + W_R) \times (R-A) \times 1\% + \frac{V_t}{N} \quad (6.4)$$

式中，Q_t 为 t 岁月度养老金水平；N 为退休年龄 R 所对应个人账户养老金计发月数。第 t 年年初个人账户累计储存额 $V_t = V_{t-1} + I_{t-1}$，I_{t-1} 为第 $t-1$ 年领保人员个人账户利息，可以采用"年度计算法"[①]计算：

个人账户年利息 I =（本年个人账户年初余额–当年支付养老金总额）
×本年记账利率+当年支付养老金总额
×本年记账利率×1.083×1/12

本年个人账户年初余额=上年个人账户期初余额–上年支付养老金总额
+上年个人账户利息

通过迭代方法可计算退休后各年个人账户利息 I_t 及各年个人账户累计储存额 V_t，并据以计算参保人未来所获得的养老金现值[②]：

$$P_O = \sum_{t=R+1}^{Z-R} \frac{Q_t \times \frac{(1+\theta/12)^{12} - 1}{\theta/12}}{(1+\theta)^{t-A}} + \frac{V_t}{(1+\theta)^{Z-A}} \quad (6.5)$$

---

① 该方法假定支付年度内各月养老金等额支付。

② 由于各地区政策差异，本书没有考虑退休人员死亡的丧葬费及死亡后一次性退休金，只考虑了死亡后结余养老金一次性退回。

式中，Z 为预期寿命；P_O 为养老保险待遇在参保年龄 A 时刻的价值。

最后，参保人通过比较式（6.1）缴费现值 P_I 与式（6.5）收益现值 P_O 决定是否参保：

$$\text{行为} = \begin{cases} \text{参保,} & P_O > P_I \\ \text{不参保,} & P_O \leq P_I \end{cases} \quad (6.6)$$

在前文分析框架基础上，假设一个代表性职工，参加工作年龄 $A = 20$ 岁[①]，其收入水平为全国城镇在岗职工社平工资水平，预期退休年龄按男女平均法定退休年龄 57 岁计算；考虑到目前各省基本养老保险个人账户的记账利率在 2%~4% 水平，所以记账利率取 3% 的中间水平；参保人预期寿命为 77.3 岁（胡英，2010）。图 6.2 给出了参保人不同贴现率水平下缴费现值与待遇现值，两个曲线的交点即为参加基本养老保险项目的收益率。从图 6.2 中可以看出，贴现率为 1.73% 水平时，缴费现值与待遇现值相等，即当前制度设计下，参加基本养老保险的年度收益率仅为 1.73%，低于一年期银行定期存款利息；说明中国基本养老保险养老金制度设计中待遇水平与其缴费负担极不匹配，不利于提高职工和单位参保的积极性。这说明目前的制度吸引力还不够，不利于提高职工参保意愿。

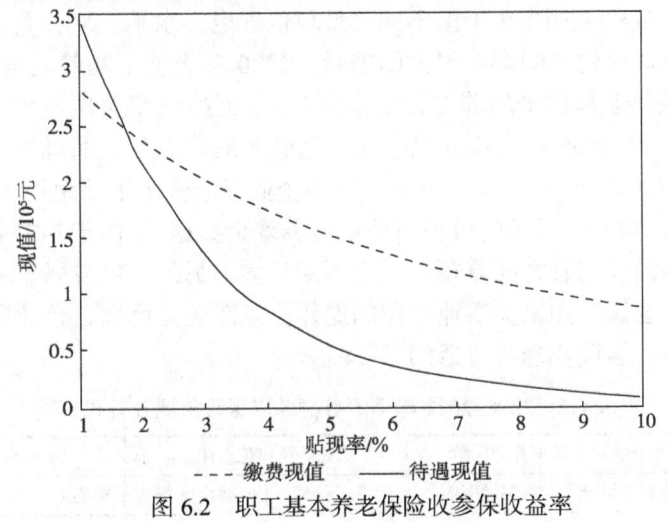

图 6.2 职工基本养老保险收参保收益率

6.3 养老保险待遇结构不合理的挑战

当前养老保险待遇结构的不合理主要体现在以下三个方面：一是不同养老金

[①] 根据《中国发展报告 2009》数据，中国 20~25 岁独生子女的平均受教育年限是 12.1 年，而平均入学年龄为 7 岁，相当于平均参加工作时间 19.1 岁，考虑到年轻人从学校毕业后有一段待业时间，所以这里假定参保人平均 20 岁参加工作。

项目之间待遇不公平，特别是机关事业单位养老保险与企业职工基本养老保险之间待遇不合理；二是由于社会经济发展差异，不同地区之间待遇差距较大；三是同一种养老保险制度中，不同参保人之间的待遇不公平。

6.3.1 不同养老金项目的待遇结构不合理

郑秉文（2014）认为当前养老保险制度不公平主要体现在以下方面：一是不同人群之间的不公平，如农民工和城镇职工；二是不同部门之间的不公平，如公共部门和私人部门。随着各地农民工养老保险的撤销合并，不同项目之间的待遇差异主要体现在城乡居民养老保险、企业职工基本养老保险和机关事业单位退休金之间。

1. 不同养老金项目待遇的比较

目前，按国发〔1997〕26号文和国发〔2005〕38号文规定，企业职工基本养老保险金由基础养老金、个人账户养老金、缴费型养老金和调节金组成。而机关事业单位养老金却仍然沿用国发〔1978〕104号文及国办发〔1993〕85号文规定的办法执行，即根据工龄长短，按退休前月工资的一定比例来计发退休金，最低50%，最高可达90%。个人缴费不与养老待遇挂钩，没有体现权利与义务相统一。表6.5给出了2000~2012年中国不同类型单位养老金水平。从养老金水平来看，企业与机关事业单位之间存在很大的差距，2000年企业平均养老金水平为6 142元/年，而机关事业单位平均养老金水平为9 563元/年，机关事业单位养老金是企业的1.56倍；到2005年企业养老金水平达到8 565元/年，而机关事业单位平均养老金达到16 815元/年，机关事业单位与企业养老金水平差距扩大到1.96倍；虽然没有公布2006年以后的机关事业单位养老金数据，但由于养老金体制没有变化，所以可以预计二者之间差距还是在不断扩大。另外，城乡居民养老保险与企业职工基本养老保险和机关事业单位的退休金差距更是巨大，企业职工基本养老保险待遇是城乡居民养老金待遇的近24倍。

表 6.5 2000~2012 年中国各类养老保险待遇及替代率

年份	企业职工基本养老保险		机关事业单位退休金		城乡居民养老保险	
	待遇/(元/年)	替代率/%	待遇/(元/年)	替代率/%	待遇/(元/年)	替代率/%
2000	6 142	65.81	9 563	102.46	—	—
2001	6 373	58.82	11 283	104.14		
2002	7 364	59.52	12 505	101.07		
2003	7 732	55.35	14 188	101.57		
2004	7 831	49.19	15 224	95.63		
2005	8 565	47.06	16 815	92.39		
2006	9 984	47.87	—	—		

续表

年份	企业职工基本养老保险		机关事业单位退休金		城乡居民养老保险	
	待遇/(元/年)	替代率/%	待遇/(元/年)	替代率/%	待遇/(元/年)	替代率/%
2007	11 364	45.97	—	—	—	—
2008	13 452	46.55	—	—	—	—
2009	14 952	46.37	—	—	—	—
2010	16 560	45.32	—	—	699	11.8
2011	18 336	43.87	—	—	690	9.9
2012	20 900	44.69	—	—	880	11.1

注：企业职工基本养老保险和机关事业单位退休金替代率用养老金待遇除以城镇非私营单位就业人员年平均工资计算得到；城乡居民养老保险用养老金除以农村居民人均纯收入计算得到

资料来源：根据《中国人力资源和社会保障年鉴（工作卷）2012》整理计算

从替代率水平来看，2000年企业养老金替代率为65.81%，机关事业单位养老金替代率为102.46%；2000年之后企业养老金替代率大幅下降，2005年企业养老金替代率下降到47.06%，而机关事业单位替代率下降到92.39%，机关事业单位替代率水平接近企业的2倍。2006年之后企业替代率水平维持在44%~46%，虽然没有公布机关事业单位的退休金数据，但由于原来的机关事业单位退休金制度并没有改革，所以替代率水平变化不大。人力资源和社会保障部社保研究所金维刚（2014）认为，中国目前机关事业单位养老金平均替代率为70%~90%，杨燕绥（2014）认为，机关事业单位养老金的平均替代率约为80%。所以，企业与机关事业单位养老金替代率差距并没有缩小。2009年中国才开始试点城乡居民养老保险制度（包括新农保与城镇居民养老保险），2010~2012年城乡居民养老保险替代率（以农村居民人均纯收入计算）只有11%左右。因此，中国养老金待遇结构的基本特征是机关事业单位退休金大大高于基本养老保险的养老金水平，而城乡居民养老保险的待遇水平最低。ILO《社会保障最低标准公约》规定，养老金的最低替代率为55%[①]；OECD则认为养老保险合理替代率水平约为60%，这一水平既可以保障老年人生活，又可以让老年人享受经济发展成果。OCED成员2011年公共养老金项目（不包括企业年金等非政府养老金项目）平均替代率为57.3%，考虑到中国私营性单位养老金项目的缺乏，公共养老金目前替代率合理水平应该为50%~60%。按照这一标准，中国机关事业单位的养老金待遇偏高，而基本养老保险待遇偏低，城乡居民养老保险项目还不具有基本的养老保障功能。

2. 不同养老金项目待遇差异的原因

除了特殊身份人群养老金项目以外，国内现行机关事业单位退休金、企业职

---

① ILO于1967年颁布的第128条公约将养老金替代率提高到45%；之后颁布的第131条建议性公约将替代率提高到55%以上。

工基本养老保险、城乡居民养老保险三大体系待遇差距巨大既有历史因素影响，也有现行制度设计不合理的原因。首先，城乡居民养老保险与企业职工基本养老保险待遇差异根本原因在于缴费负担的不同。城乡居民养老保险的缴费划分为 100~1 000 元的不同档次定额缴费，在实际运行过程中，绝大多数的参保人选择 100 元的最低缴费标准，2012 年基金征缴的收入只有 594 亿元，缴费人数为 34 987.3 万人，人均缴费金额只有 170 元/年。而企业职工基本养老保险的缴费基数为社会平均工资水平①的 60%~300%，2012 年企业职工基本养老保险的基金征缴收入为 16 467 亿元，在职参保人数为 22 981.1 万人，人均缴费金额为 7 165.5 元，企业职工基本养老保险的人均缴费是城镇及农村居民养老保险人均缴费的 42.15 倍。并且企业职工基本养老保险缴费金额会随着工资增长而同步增长。职工基本养老保险与居民养老保险缴费模式、缴费金额差异巨大，无论是从公平还是从效率角度考虑，都必然造成两种养老保险待遇存在显著差别。其次，机关事业单位养老保险与企业职工基本养老保险待遇的差别则是历史原因造成的。改革开放以来，为了适应市场经济体制劳动力流动，以及提高养老金抗风险能力，企业职工养老保险制度在 1990 年之后加速推进，逐步建立了企业、个人和国家分担社会化统筹的部分积累制养老金体系，养老保险的统筹层次与参保范围不断扩展，但由于历史负担及养老金制度设计原因，企业职工养老金的替代率水平存在较为明显的下降趋势，由改革开放前的 80% 以下逐渐下降到 2012 年的 45%。而机关事业单位在编职工没有参与养老金社会化改革，一直沿袭计划经济时期的退休金制度，退休费依据职工退休时的工资与实际工龄，分档次、按比例计算，确保了养老金水平与工资水平的同步增长。机关事业单位的养老保险制度经费完全依赖于财政拨款，每年直接由国家财政预算根据实际需要的退休费进行拨款。1993 年机关、事业单位工作人员工资制度改革和 2006 年机关、事业单位工资制度改革，两次对离退休费计发基数和计发比例进行了相应调整。公务员退休费根据工作年限按照本人退休前基本工资的 50%~90% 计发，事业单位工作人员退休费根据工作年限按照本人退休前基本工资的 70%~90% 计发②。正是机关事业单位与企业职工养老保险改革的不同步，导致职工基本养老保险替代率与机关事业单位退休金替代率水平差距逐步拉大。另外，目前机关事业单位退休金水平整体上要显著高于企业职工，这与机关单位过去实行的低工资、高福利的薪酬制度有关。对"老人"和"中人"来说，现行的高退休费制度相当于在入职前的一种承诺，如果政府强行把在职和已退休的机关事业单位养老金待遇与企业看齐，反而不公平。

---

① 过去一直把非私营单位就业人员的平均工资作为缴费基数，所以本章也以非私营单位平均工资为基础计算。
② 《人事部　财政部关于印发〈关于机关事业单位离退休人员计发离退休费等问题的实施办法〉的通知》(国人部发〔2006〕60 号)。

6.3.2 同种养老金项目内部待遇结构不合理

同种养老保险项目内部待遇不合理表现如下：基本养老保险过度强调公平，效率不足；而城乡居民养老保险对年轻人和高档次缴费人群不利。

1. 基本养老保险个人账户记账比例不合理

如果将参保养老保险视为一种投资，则同一养老保险项目不同特征的参保人参加保险的收益率差别很大。在现行的基本养老保险制度设计中，由于统筹部分的缴费为20%，而个人账户缴费比例只有8%，统筹比例过高使高收入群体的养老金待遇被"平均化"，高收入人群的回报率低于低收入人群，不利于提高高收入人群参保的积极性。图6.3给出了在其他条件不变时，随着参保人收入水平变化，职工参加基本养老保险的收益率水平的变化趋势（具体计算过程及方法参考附件A：基本养老保险参保模型）。从图6.3中可以看出，随着参保人收入水平的提高，参加职工基本养老保险的收益率不断下降。计算结果显示，1 000元/月的收入水平参保收益率为2.86%，5 000元/月的收入水平参保收益率为1.34%，10 000元/月的收入水平参保收益率下降到1.08%。

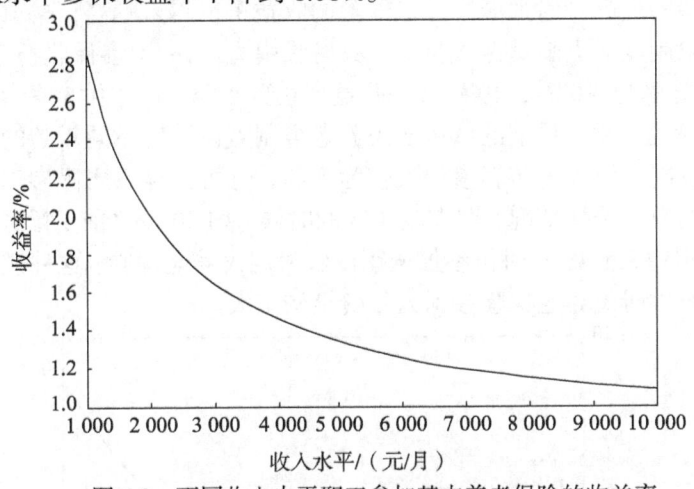

图6.3 不同收入水平职工参加基本养老保险的收益率

职工收入水平越高参保回报率越低的根本原因在于，职工基本养老保险制度设计具有收入再分配功能，高收入职工所缴纳的20%费率用于社会统筹，这使高收入职工在再分配中受损，而低收入职工可以获益。这种统账结合养老金制度具有促进公平的作用，但不利于提高高收入职工参保积极性，影响效率。因此，养老保险制度个人账户记账比率的设计需要在公平与效率两个目标之间进行权衡。如果把"公平"理解为参保人的养老金待遇均等化，把效率定义为对个体的激励（Barr and Whynes，1993），则养老保险公平与效率最优组合的目标是在保证所有职工参加养老保险都可以改善福利的基本前提下，实现公平最大化的目标。基于以上假定，这里采用了随机动态最优化方法对中国职工基本养老保险的最优个人记账比例进行数值分析（具体计算过程参考附件 B：城乡居民养老保险参保模型），研究结果表明，当前中国养老金缴费中只有 8% 记入个人账户，过于关注公平而忽视效率，由于社会统筹比例过高，不利于提高职工参保的积极性。

2. 城乡居民养老保险对不同年龄和缴费档次的参保人不公平

在城乡居民养老保险制度设计上，年轻参保人的收益率要低于年长的职工，这导致城镇和农村居民养老保险的参保人年龄较大；同时，选择低缴费档次的收益率大大高于选择高缴费档次的收益率，这导致多数的参保人选择较低缴费档次，影响了城乡居民养老保险的保障能力。

（1）不同年龄参保人收益不公平。由于城乡居民养老保险各省不一，这里以重庆的城乡居民养老保险试点政策为例（具体的计算过程参考附件 B：城乡居民养老保险参保模型），假定参保人年龄为 20 岁，选择缴费标准为 100 元/年的档次，预期寿命为 73 岁，且不考虑集体经济组织的额外补助，图 6.4 给出了参保年龄在 16~45 岁变化过程中，参加城乡居民养老保险的收益率。从图 6.4 中可以看出，随着参保年龄的提高，参加居民养老保险的收益率也越来越高，也就是说目前的居民养老保险制度对大龄参保人员更加具有吸引力。16 岁参保收益率为 5.89%，30 岁参保收益率为 8.62%；40 岁参保收益率达到 13.40%；而 45 岁参保收益率则高达 18.50%。这表明，目前的城乡居民养老金制度设计对不同年龄的参保人是不公平的，现行制度设计对年轻参保人较为不利，这可能导致居民参加养老金项目时存在一定的逆向选择情况，即在较年轻的时候（如 40 岁之前）暂时不参加养老保险，而等到快接近 45 岁时再参加城镇或农村居民养老保险；这种逆向选择将会导致城镇与农村居民养老保险参保人年龄结构偏大。

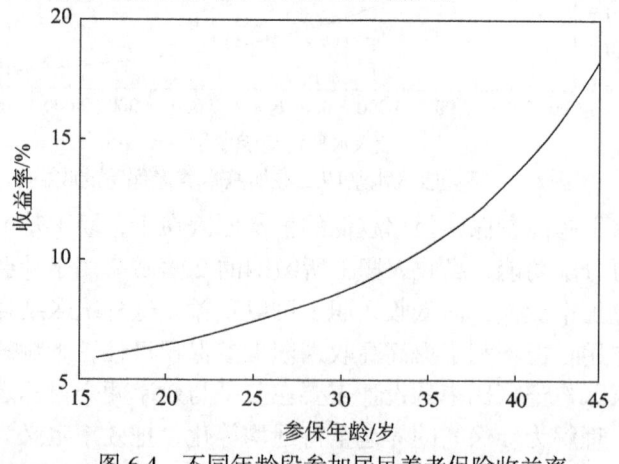

图 6.4　不同年龄段参加居民养老保险收益率

（2）不同缴费档次参保人待遇差距。在居民养老保险中，政府对符合待遇领取条件的参保人全额支付基础养老金。中央确定的基础养老金标准为每人每月 55 元，地方政府补贴标准不低于每人每月 30 元。目前从新农保实施情况看，大多数农民选择了 100 元或者 200 元的低缴费档次（邓大松和刘昌平，2012），这一方面反映了农民对新农保试点方案的顾虑，另一方面也反映出制度设计对农民选择高缴费档次的激励性不足。由于城乡居民养老保险政策区域差异较大，这里以重庆的城乡居民养老保险试点政策为例（假定条件及计算过程参考附件 B：城乡居民养老保险参保模型），分析了从 20 岁开始参保的居民，分别选择 100~1 000 元缴费档次所对应的年化收益率。从表 6.6 中可以看出，随着所选的缴费档次的提高，居民养老保险的收益率不断下降。计算结果显示，100 元/年档次的参保收益率为 6.44%，500 元/年档次的参保收益率为 4.15%，1 000 元/年档次的参保收益率下降到 3.70%。不同缴费档次参保人收益存在差别的根本原因在于政府补贴与基础养老金都是定额的，与缴费档次没有关系，所以在现行财政补贴机制下，居民参加低缴费档次养老保险能获得更高的收益率。

表 6.6　参保人选择不同缴费标准的参保收益率

序号	缴费档次/（元/年）	收益率/%	序号	缴费档次/（元/年）	收益率/%
1	100	6.44	6	600	4.01
2	200	5.22	7	700	3.90
3	300	4.67	8	800	3.82
4	400	4.36	9	900	3.76
5	500	4.15	10	1 000	3.70

注：数据以重庆的试点政策为基础，假定参保年龄为 20 岁，预期寿命为 73 岁，且不考虑集体经济组织的额外补助（计算过程参考附件 B：城乡居民养老保险参保模型）

6.3.3　不同地区养老金项目待遇差异

除了不同养老金项目之间待遇差异、同种项目内部不同参保人待遇差异外，中国养老金待遇结构不合理还表现为不同区域之间的差异过大，影响了统筹层次提高与跨区域整合衔接。

1. 职工基本养老保险待遇的区域差距

假定领取养老金人数在某个年度内是均匀的，用当年领取养老金人数的年初数与年末数的平均值来近似计算当年领取养老金人数规模：

$$平均领取养老金人数 = \frac{期初领取养老金人数 + 期末领取养老金人数}{2} \quad (6.7)$$

在表 6.7 中，将当年职工基本养老金支出金额除以当年平均领取养老金人数来反映各地区职工基本养老保险的待遇水平。从表 6.7 中可以看出，2012 年全国职工基本养老保险人均领取养老金 21 808 元/年，平均待遇水平最高的是西藏，达到 36 192 元/年，而排名最低的吉林只有 16 574 元/年，最高地区人均养老金待遇是最低地区的 2.2 倍。

表 6.7　2012 年中国各地区职工基本养老保险平均待遇水平

排名	地区	年初领取养老金人数/万人	年末领取养老金人数/万人	当年平均领取养老金人数/万人	养老金支出/亿元	人均待遇/(元/年)
—	全国	6 826.2	7 445.7	7 136.0	15 561.8	21 808
1	西藏	3.2	3.5	3.3	12.0	36 192
2	北京	201.2	210.7	205.9	640.2	31 087
3	上海	406.5	423.8	415.2	1 127.7	27 164
4	山东	373.1	416.3	394.7	1 059.0	26 832
5	浙江	253.4	347.8	300.6	783.5	26 064
6	青海	25.2	26.2	25.7	65.0	25 319
7	河北	285.3	312.3	298.8	723.5	24 213
8	陕西	155.5	177.1	166.3	401.1	24 115
9	山西	158.9	168.9	163.9	391.6	23 896
10	天津	148.8	156.9	152.9	365.0	23 877
11	内蒙古	136.6	153.0	144.8	343.6	23 729
12	新疆	131.9	139.0	135.5	320.5	23 657
13	广东	372.6	390.2	381.4	900.9	23 620
14	海南	47.8	52.5	50.1	114.4	22 803
15	宁夏	36.4	39.9	38.1	86.2	22 595
16	福建	118.2	125.5	121.8	273.3	22 433
17	江苏	483.1	547.0	515.0	1 142.1	22 176
18	甘肃	85.1	93.7	89.4	193.2	21 607
19	辽宁	486.5	510.4	498.4	1 052.6	21 117
20	河南	287.9	306.0	297.0	612.0	20 610
21	贵州	71.3	77.7	74.5	153.1	20 539
22	安徽	191.5	205.4	198.4	406.7	20 493
23	云南	104.2	110.7	107.4	211.3	19 670
24	广西	151.5	163.6	157.5	297.1	18 858
25	黑龙江	380.0	401.6	390.8	717.2	18 351
26	湖北	341.7	367.3	354.5	647.8	18 273
27	四川	495.4	541.7	518.6	927.7	17 890
28	重庆	220.1	247.0	233.5	412.7	17 671
29	湖南	277.9	300.4	289.1	502.8	17 389

续表

排名	地区	年初领取养老金人数/万人	年末领取养老金人数/万人	当年平均领取养老金人数/万人	养老金支出/亿元	人均待遇/(元/年)
30	江西	168.7	189.1	178.9	297.0	16 598
31	吉林	221.1	234.6	227.8	377.6	16 574

资料来源：《中国统计年鉴》（2012年和2013年）

2. 居民养老保险待遇的区域差距

在表6.8中，将当年新农保（现在统称居民养老保险）养老金支出金额除以当年平均领取养老金人数来反映各地区新型农村社会养老保险的待遇水平。从表6.8中可以看出，2012年全国人均领取养老金1 031元/年，人均待遇水平最高的是上海，达到6 924元/年，是全国平均水平的6.7倍。而排名最低的吉林只有542元/年，只有全国平均水平的53%；最高地区人均养老金待遇是最低地区的12.8倍。

表6.8 2012年中国各地区新型农村社会养老保险平均待遇水平

排名	地区	年初领取养老金人数/万人	年末领取养老金人数/万人	当年平均领取养老金人数/万人	养老金支出/亿元	人均待遇/(元/年)
—	全国	8 921.8	13 382.2	11 152.0	1 149.7	1 031
1	上海	39.6	45.4	42.5	29.4	6 924
2	北京	22.1	27.1	24.6	13.6	5 511
3	重庆	347.7	372.4	360.1	86.7	2 408
4	天津	67.0	69.8	68.4	14.0	2 046
5	浙江	360.1	572.6	466.3	80.3	1 722
6	内蒙古	71.7	184.9	128.3	19.7	1 535
7	江苏	632.2	888.7	760.5	109.1	1 435
8	贵州	310.7	404.8	357.7	48.9	1 368
9	青海	33.1	38.1	35.6	4.5	1 279
10	新疆	84.7	94.4	89.5	11.4	1 278
11	广东	182.2	727.2	454.7	54.8	1 205
12	西藏	20.1	21.9	21.0	2.4	1 139
13	海南	43.6	65.7	54.7	5.6	1 032
14	黑龙江	74.7	191.5	133.1	13.3	1 001
15	陕西	283.5	383.5	333.5	32.9	987
16	山东	988.1	1 257.5	1 122.8	106.8	951
17	宁夏	33.7	35.7	34.7	3.2	915

续表

排名	地区	年初领取养老金人数/万人	年末领取养老金人数/万人	当年平均领取养老金人数/万人	养老金支出/亿元	人均待遇/(元/年)
18	广西	275.6	488.8	382.2	34.3	897
19	四川	623.1	1 027.5	825.3	69.0	836
20	福建	182.6	358.8	270.7	22.1	818
21	辽宁	213.9	347.9	280.9	22.4	796
22	河南	747.9	1 153.8	950.8	74.2	781
23	山西	214.4	326.2	270.3	21.0	775
24	安徽	572.7	805.5	689.1	53.1	771
25	湖北	402.9	580.5	491.7	37.7	767
26	河北	511.3	789.7	650.5	49.1	755
27	湖南	617.0	857.0	737.0	54.6	740
28	江西	288.9	394.9	341.9	24.6	719
29	云南	253.3	419.7	336.5	24.2	719
30	甘肃	159.1	252.4	205.7	14.1	687
31	吉林	264.2	198.1	231.1	12.5	542

资料源：《中国统计年鉴》(2012年和2013年)

3. 养老保险待遇存在区域差距的原因

养老保险待遇存在区域差距的根本原因有两个：一是各地区养老金政策的差异与较低的统筹层次导致养老保险基金无法调剂互助；二是区域之间的经济发展水平不平衡导致各地区养老保险负担能力存在差距。

（1）养老保险统筹层次低的影响。首先表现在养老保险基金的跨省统筹上，一方面各地居民收入水平差距巨大，在现行政策下，养老保险制度具有缩小收入差距的特点，制度对低收入参保人更有吸引力，这使发达地区不愿意与欠发达区合并统筹；另一方面，地区间养老保险负担差异，使养老保险负担较轻的新型工业区不愿意与老工业地区合并统筹。其次表现在地区之间对养老保障水平的承担能力上，特别是新农保，各地区农村居民缴费能力存在差别，在定额缴费模式下，很难实行全国统一的政策，甚至在省级区域内部实行统一的居民养老保险政策都存在很大的困难，加上政策的非强制性，制度设计只能在效率优先的情况下兼顾公平，先扩大覆盖面，再提高养老保险保障水平。最后，各地区之间财力状况、集体补贴力度存在差异，实行差别化的制度，有利于调动地方政府积极性，充分挖掘各地区的潜力，提高制度吸引力与居民参保意愿。

（2）社会经济发展差异的影响。社会保障建立在经济发展的基础上，养老保险也不例外，养老保险发展水平由社会经济发展水平决定，地区之间发展的非均衡性导致了各地区养老金制度及待遇的差异。从表 6.7 可以看出，在各地区城乡居民养老保险的待遇比较中，经济较为发达的上海、北京等地区，居民养老保险的待遇水平相对较高。将各地区城乡居民养老金待遇水平与该地区的人均 GDP 进行 Pearson 相关性检验，结果表明，各地区新农保待遇与人均 GDP 水平之间存在显著的相关性，相关系数达到 0.669；新农保待遇与农村居民人均纯收入同样存在显著的相关性，相关系数达到 0.722；这一结果验证了社会经济发展水平决定养老金待遇水平的分析。职工基本养老保险的待遇区域差距，除了经济发展水平的原因外，在省级统筹下，地区间养老负担不均衡也是重要原因之一。一般来说，经济发达地区和新兴工业区的大量劳动力流入使养老负担较轻；而欠发达地区、老工业地区则养老负担较重。这里以职工基本养老保险退休参保人员占在职参保人员比例来反映该地区的养老负担，表 6.9 给出了中国各地区养老负担的差异。从表 6.9 中可以看出，全国职工基本养老保险平均养老负担为 31.7%，养老负担最重的是黑龙江、吉林、重庆等老工业基地，而广东、浙江、福建等新兴工业地区则养老负担较轻。养老负担最重的黑龙江为 63.2%；而负担最轻的广东只有 10.9%，前者是后者的 5.80 倍。正是区域之间养老负担的显著差别，导致各地区养老养老金待遇不平衡，并阻碍了养老保险基金的全国统筹。

表 6.9　各地区基本养老保险负担比较（单位：%）

地区	养老负担	地区	养老负担	地区	养老负担
全国	31.7	新疆	44.0	山西	34.2
黑龙江	63.2	云南	43.6	贵州	33.9
吉林	55.8	内蒙古	43.3	河南	32.7
重庆	51.5	宁夏	42.9	海南	31.4
四川	49.6	上海	41.6	江苏	27.7
天津	48.0	西藏	39.9	山东	24.3
甘肃	47.8	湖南	39.1	北京	22.6
广西	45.6	河北	36.8	福建	20.5
辽宁	45.5	陕西	35.9	浙江	15.2
青海	44.6	安徽	35.6	广东	10.9
湖北	44.3	江西	34.8		

资料来源：根据《中国统计年鉴》（2013 年）计算整理

6.4　本章小结

本章重点研究了当前中国养老保险恰当性的主要矛盾。

一是职工基本养老保险缴费率与替代率水平不匹配，降低了企业与职工参保的积极性，特别是私营经济职工参保率较低；基本养老保险费率水平偏高，影响了参保积极性与企业用工成本，加剧了劳动力市场的非正式用工及低报酬工资的做法。

二是城乡居民养老保险的待遇水平过低是其面临的主要矛盾，过低的替代率与保障水平影响了制度的功能；并且养老金待遇缺乏动态调节机制，随着居民收入水平的提高和物价的上涨，养老金替代率将逐年下降；此外，居民养老保险对财政补贴依赖性过大，面临政府财政补贴可持续性的风险。

三是待遇结构性矛盾突出，首先，不同养老金项目待遇差距过大，机关事业单位退休金替代率超过80%，职工基本养老保险替代率只有40%~50%，而城乡居民养老保险的替代率只有10%左右。其次，在职工基本养老保险与城乡居民养老保险制度设计中，不同身份特征的人员参保回报率存在差别，影响制度公平性。最后，由于经济发展水平与养老负担的区域差异，不同统筹地区养老金待遇差距较大，职工基本养老保险待遇最高地区西藏是最低地区吉林的2.2倍，而城乡居民养老保险待遇最高地区上海是最低地区吉林的12.8倍。

第7章 可持续性的挑战：财务收支不平衡

可持续性是评价养老保险改革成败的关键，我国养老保险制度从现收现付制向基金积累制转轨根本目的是提高基金支付能力。本章重点分析当前及未来一段时期内中国养老保险基金所面临的挑战，并对未来养老保险基金的收支进行预测，以评估养老金制度的财务可持续能力。

7.1 人口老龄化的挑战

人口出生率下降和预期寿命的延长使老龄化问题成为世界各国面临的共同难题。受20世纪70年代开始实行的计划生育政策的影响，中国老龄化问题尤为突出，老龄人口的比重在不断上升。2010年的第六次人口普查数据显示，中国60岁以上人口占人口总数的13.26%，65岁以上人口占人口总数的8.87%，超过了国际上10%和7%的标准，这表明中国已经进入老龄化社会。人口老龄化使养老金缴费人数减少，而领取养老金人数大幅增加，人口赡养比率上升，养老保险基金支出压力不断增大。

7.1.1 人口增长预测方法

已有文献关于人口增长的预测方法分为两类，即分要素预测法和数学模型预测法。分要素预测法就是指在对出生率、死亡率、性别比等关键要素进行设置与估计的基础上，预测未来人口的发展趋势；数学模型法包括平均增长率法、灰色模型法、Logistic曲线模型法、Malthus人口模型法、人工神经网络预测法、非线性动力学模型预测法等。与数学模型法相比，分要素预测法对数据要求比较高，但预测结果更加精确。Leslie模型是经典的分要素预测法，本书以Leslie模型为基础，在对未来总和生育率、死亡率、出生婴儿性别比等关键参数进行估计的基础上，借鉴刘昌平（2008）的"'乡-城'人口迁移预测模型"，建立跨区域的人口增长预测模型。

假定某地区性别为s的人口在t年的存活概率矩阵为

$$\boldsymbol{P}^s(t) = \begin{bmatrix} 0 & 0 & \cdots & 0 & 0 \\ p_0^s(t) & 0 & \cdots & 0 & 0 \\ 0 & p_1^s(t) & \cdots & 0 & 0 \\ \vdots & \vdots & & \vdots & \vdots \\ 0 & 0 & \cdots & p_{i-1}^s(t) & p_i^s(t) \end{bmatrix} \tag{7.1}$$

式中，$p_i^s(t)$ 表示性别为 s 的 i 岁年龄人口在 t 年的生态概率。在统计中，由于年龄大于等于 100 岁的人全部归于一个年龄段，所以 100 岁以上人口存活下来后还是处于同一年龄段内。基于死亡均匀变化的假定，0~1 岁间隔存活概率为（刘昌平，2008）

$$p_i^s(t) = \frac{2 - d_i^s(t)}{2 + d_i^s(t)} \tag{7.2}$$

式中，$d_i^s(t)$ 为性别为 s 的 i 岁人口在 t 年的死亡概率。

关于人口出生率的设定，由于总和生育率比育龄妇女的生育率更加稳定，更适合进行长期预测，所以对未来育龄妇女的生育率可以在总和生育率基础上进行预测。令 $b_i(t)$ 表示年龄为 i 的育龄妇女在 t 年的生育率水平，则 t 年各年龄段育龄妇女生育率矩阵为

$$\boldsymbol{B}(t)^j = \boldsymbol{\beta}(t)^j \begin{bmatrix} 0 & \cdots & 0 & h_{15}(t) & \cdots & h_{49}(t) & 0 & \cdots & 0 \\ 0 & \cdots & 0 & 0 & \cdots & 0 & 0 & \cdots & 0 \\ \vdots & & \vdots & \vdots & & \vdots & \vdots & & \vdots \\ 0 & \cdots & 0 & 0 & \cdots & 0 & 0 & \cdots & 0 \end{bmatrix} \tag{7.3}$$

式中，$h_i(t)$ 表示 i 岁育龄妇女在 t 年的生育率。

构建 t 年性别为 s 的 Leslie 矩阵为

$$\boldsymbol{L}^s(t) = \begin{bmatrix} 0 & \cdots & 0 & p_{15}(t) & \cdots & p_{49}(t) & 0 & \cdots & 0 \\ p_0^s(t) & \cdots & 0 & 0 & \cdots & 0 & 0 & \cdots & 0 \\ \vdots & & \vdots & \vdots & & \vdots & \vdots & & \vdots \\ 0 & \cdots & 0 & p_{15}^s(t) & 0 & 0 & 0 & \cdots & 0 \\ \vdots & & \vdots & & \vdots & & \vdots & & \vdots \\ 0 & \cdots & 0 & 0 & 0 & p_{49}^s(t) & 0 & \cdots & 0 \\ \vdots & & \vdots & \vdots & \vdots & & \vdots & & \vdots \\ 0 & \cdots & 0 & 0 & 0 & \cdots & 0 & p_{i-1}^s(t) & \cdots & p_i^s(t) \end{bmatrix} \tag{7.4}$$

根据 Leslie 矩阵可以由上一年度的人口数据推算出下一年度的数据：

$$\boldsymbol{n}^s(t+1) = \boldsymbol{L}^s(t) \times \boldsymbol{n}^s(t) \tag{7.5}$$

式中，$\boldsymbol{n}^s(t)$ 为 t 年性别为 s 的分年龄人口向量。根据式（7.5），用迭代的方式对未

来人口发展趋势进行预测，得到 t 年性别为 s 的人口按年龄分布的人口总数向量。

$$\boldsymbol{n}^s(t) = \begin{bmatrix} n_0^s(t) & n_1^s(t) & \cdots & n_{99}^s(t) & n_{100}^s(t) \end{bmatrix}^{\mathrm{T}} \quad (7.6)$$

由式（7.6）计算出 t 年总人口数以及人口的年龄性别结构：

$$N(t)^j = \sum_{s=0}^{1} \sum_{i=0}^{100} n_0^s(t)^j \quad (7.7)$$

也可由式（7.6）计算得到劳动年龄人口、退休年龄人口、每年死亡人口等相关数据。

如果在开放的环境下，考虑人口存在跨区域转移问题。令 $\boldsymbol{m}^s(t)$ 表示该地区 t 年性别为 s 的分年龄人口净迁移数量向量：

$$\boldsymbol{m}^s(t) = \begin{bmatrix} m_0^s(t) & m_1^s(t) & \cdots & m_{100}^s(t) \end{bmatrix}^{\mathrm{T}} \quad (7.8)$$

式中，$\boldsymbol{m}^s(t)$ 大于 0 表示该地区为人口净迁入，$\boldsymbol{m}^s(t)$ 小于 0 表示人口净迁出。则考虑迁移因素情况下的分性别年龄人口结构为

$$\tilde{\boldsymbol{n}}^s(t) = \boldsymbol{n}^s(t) + \boldsymbol{m}^s(t) \quad (7.9)$$

考虑跨区域迁移情况下，未来各期分性别年龄人口结构可以采用如下公式进行迭代计算：

$$\boldsymbol{n}^s(t+1) = \boldsymbol{L}^s(t) \times \boldsymbol{n}^s(t) \quad (7.5)$$

7.1.2 参数设置

根据前文所说的预测方法对未来人口发展进行预测，还需要对出生性别比、死亡率、生育率、迁移率等参数进行合理设定。本书以 2010 年第六次人口普查数据为基础，预测 2011~2050 年的人口规模及结构。

1. 出生人口的性别比

联合国（United Nations, 1955）的 Methods of Appraisal of Quality of Basic Data for Population Estimates（Manual Ⅱ）认为，通常每 100 名女婴出生，对应的男婴出生数为 102~107 名。因此，男女出生性别比为 102~107 被公认为合理值。2010 年中国人口普查出生人口的性别比是 118.06，比 2000 年普查的出生人口性别比 116.86 提高了 1.2，但是比 2005 年人口抽样调查的 118.59 下降了 0.53，这说明中国目前人口出生性别比已经开始呈现下降的趋势。假设 2050 年中国出生人口性别比达到正常均值 105，在 2011~2050 年，人口出生性别比是稳定下降的。

2. 人口死亡率

在全国第六次人口普查中，给出了分性别年龄的人口死亡率的数据（表 7.1），这里假定未来分性别年龄的人口死亡率不变。

表 7.1 分性别年龄人口死亡率（单位：‰）

年龄/岁	平均	男	女	年龄/岁	平均	男	女
0	3.82	3.73	3.92	31	0.77	1.05	0.48
1	1.11	1.16	1.06	32	0.81	1.11	0.49
2	0.63	0.67	0.57	33	0.83	1.15	0.50
3	0.45	0.50	0.39	34	0.94	1.28	0.60
4	0.37	0.42	0.32	35	1.03	1.42	0.62
5	0.33	0.37	0.29	36	1.06	1.45	0.66
6	0.32	0.37	0.26	37	1.14	1.55	0.70
7	0.28	0.35	0.21	38	1.21	1.64	0.75
8	0.28	0.34	0.21	39	1.34	1.84	0.82
9	0.28	0.35	0.20	40	1.51	2.04	0.96
10	0.30	0.37	0.23	41	1.55	2.10	0.98
11	0.29	0.35	0.22	42	1.82	2.47	1.15
12	0.30	0.37	0.22	43	1.89	2.57	1.18
13	0.29	0.36	0.22	44	2.07	2.77	1.32
14	0.30	0.39	0.21	45	2.31	3.10	1.49
15	0.34	0.45	0.23	46	2.36	3.18	1.51
16	0.35	0.46	0.23	47	2.54	3.39	1.64
17	0.39	0.52	0.25	48	3.11	4.19	2.01
18	0.41	0.55	0.26	49	3.28	4.42	2.13
19	0.43	0.59	0.25	50	3.64	4.80	2.41
20	0.47	0.65	0.28	51	3.75	4.92	2.52
21	0.47	0.66	0.28	52	3.98	5.23	2.64
22	0.50	0.69	0.30	53	4.41	5.80	2.97
23	0.54	0.75	0.33	54	4.98	6.51	3.41
24	0.56	0.79	0.34	55	5.18	6.76	3.54
25	0.58	0.82	0.35	56	5.64	7.36	3.88
26	0.57	0.80	0.35	57	6.09	7.92	4.23
27	0.59	0.81	0.37	58	6.81	8.86	4.73
28	0.61	0.86	0.36	59	7.67	9.89	5.40
29	0.68	0.94	0.41	60	8.54	10.87	6.08
30	0.70	0.95	0.44	61	9.38	11.96	6.70

续表

年龄/岁	平均	男	女	年龄/岁	平均	男	女
62	10.38	13.10	7.55	82	85.81	99.70	74.93
63	11.12	13.99	8.16	83	93.52	108.36	82.29
64	13.01	16.34	9.64	84	103.63	120.34	91.66
65	14.21	17.66	10.67	85	111.00	129.19	98.58
66	14.74	18.30	11.07	86	118.88	138.55	106.23
67	17.23	21.28	13.07	87	130.07	149.46	117.93
68	18.64	23.02	14.20	88	144.18	163.94	132.22
69	21.91	26.89	16.82	89	156.87	180.52	143.39
70	25.57	31.28	19.83	90	176.52	202.26	162.55
71	26.73	32.29	21.15	91	185.24	206.56	174.37
72	30.94	37.30	24.56	92	202.11	223.86	191.52
73	33.59	40.47	26.90	93	207.35	222.70	200.13
74	37.44	45.35	30.04	94	208.91	221.91	202.99
75	41.51	50.49	33.31	95	220.01	225.36	217.55
76	42.19	50.54	34.51	96	220.99	221.00	220.99
77	50.97	61.01	41.99	97	204.84	187.73	213.19
78	56.20	66.93	46.72	98	198.13	179.42	207.34
79	62.12	73.20	52.47	99	257.65	255.11	258.77
80	74.28	87.27	63.40	100以上	454.35	507.28	436.34
81	77.91	91.17	67.25				

资料来源：2010年人口普查数据

3. 总和生育率

人口总和生育率是估计未来人口总量变化趋势的最关键参数。2010年的《世界人口数据表》显示，2010年全球总和生育率为2.5，发达国家为1.7，欠发达国家为2.7，最不发达国家为4.5。中国2000年人口普查的总和生育率为1.22，2005年国家统计局公布的抽样调查的总和生育率为1.33，但国家卫生和计划生育委员会《2006年人口和计划生育统计公报》公布的2005年总和生育率为1.74，二者结果差别较大；而《中国2010年人口普查资料》显示，全国总和生育率为1.18。比较2010年与2000年人口普查数据可以发现，27岁以下育龄妇女的生育率在下降，而27岁以上育龄妇女的生育率在上升，如图7.1所示。

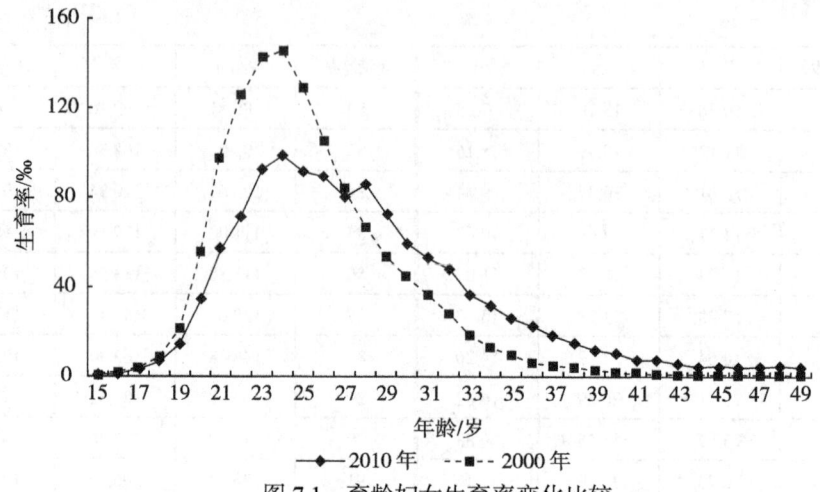

图 7.1 育龄妇女生育率变化比较

表 7.2 给出了各地区 2010 年第六次人口普查的总和生育率水平，总和生育率最低的北京只有 0.71，而总和生育率最高的广西达到 1.79，总体上看东部发达地区的生育率较低，而西部地区生育率水平较高。在计划生育政策不变的前提下，本书假定全国和各地区 2010~2050 年总和生育率保持 2010 年的低生育水平。

表 7.2 各地区 2010 年人口总和生育率水平

地区	总和生育率	地区	总和生育率	地区	总和生育率
北京	0.71	内蒙古	1.07	青海	1.37
上海	0.74	四川	1.08	江西	1.39
辽宁	0.74	山西	1.10	云南	1.41
黑龙江	0.75	福建	1.12	湖南	1.42
吉林	0.76	重庆	1.16	安徽	1.48
天津	0.91	山东	1.17	海南	1.51
浙江	1.02	甘肃	1.28	新疆	1.53
西藏	1.05	河南	1.30	贵州	1.75
江苏	1.05	河北	1.31	广西	1.79
陕西	1.05	湖北	1.34		
广东	1.06	宁夏	1.36		

7.1.3 人口跨省迁移

区域经济发展差距带来的劳动力跨区域流动与人口大规模迁移，使人口迁移成为影响区域人口规模与人口结构的重要因素，特别是在目前养老保险基金还处于省级统筹（城乡居民养老保险项目甚至更低）的情况下，引入人口迁移的区域人口预测模型,有助于深入分析各地区人口老龄化的差异,也有利于测算人口迁移带来的跨区域养老保险基金的转移与结算规模。目前考虑迁移因素的区域人口预测理论模型比较多(胡华清和李南,1998),但受统计资料限制,进行实际测算的文献较少。张冬敏(2009)在假定人口迁移率不变的情况下,预测了陕西省2010~2050年的人口规模。张靖(2011)采用了灰色GM预测模型对省级人口迁移进行预测。但从历史数据看,中国省际人口跨省迁移并非完全随机,而是与社会经济发展密切相关(李树茁和杨有社,1993),所以马尔可夫模型或灰色GM模型不适合进行长期预测。

本书认为,中国人口迁移主要是城乡差距和收入差距导致了居民从农村地区向城市转移、由欠发达地区向发达地区转移,因此影响人口迁移的主导因素是城镇化率与经济发展水平。从表7.3可以看出,城镇化水平和经济发展水平较高的地区(如天津、北京、上海等)是主要的人口净流入地,而经济发展较慢和城镇化率较低的地区(如河南、安徽、江西等)是主要的人口净流出地区。

表7.3 2012年各地区人口净迁移数、城镇化率与人均GDP

地区	人口净迁移数/万人	人均GDP/元	城镇化率/%	地区	人口净迁移数/万人	人均GDP/元	城镇化率/%
天津	54.6	9.317 3	81.55	河北	0.2	3.658 4	46.8
北京	41.1	8.747 5	86.2	新疆	0.1	3.379 6	43.98
上海	23.1	8.537 3	89.3	吉林	0.0	4.341 5	53.7
广东	16.1	5.409 5	67.4	湖南	0.0	3.348	46.65
重庆	14.3	3.891 4	56.98	云南	-0.6	2.219 5	39.31
辽宁	7.7	5.664 9	65.65	内蒙古	-0.9	6.388 6	57.74
四川	2.3	2.960 8	43.53	甘肃	-2.2	2.197 8	38.75
宁夏	2.0	3.639 4	50.67	陕西	-4.0	3.856 4	50.02
福建	1.9	5.276 3	59.6	黑龙江	-4.9	3.571 1	56.9
江苏	1.8	6.834 7	63	贵州	-6.5	1.971	36.41
海南	1.5	3.237 7	51.6	湖北	-6.6	3.857 2	53.5
西藏	1.2	2.293 6	22.75	浙江	-11.1	6.337 4	63.9
广西	0.4	2.795 2	43.53	江西	-17.4	2.880 0	47.51
山西	0.3	3.362 8	51.26	安徽	-20.9	2.879 2	46.5
青海	0.3	3.318 1	47.44	河南	-30.4	3.149 9	42.43
山东	0.3	5.176 8	52.43				

注:表中人口净迁移数根据各地区2011年人口自然增长率数据,再结合2012年实际常住人口数据进行计算,正数表示人口净流入、负数表示人口净流出。

从表7.3可以看出,中国城乡二元结构导致了农村人口向城镇转移的人口流动特征,所以人口迁移主要表现为城镇化水平较低地区的农村人口向城镇化水平较高的地区流动,所以本书基于各地区的"超前城镇化率"指标来预测人口的跨区域迁移。"超前城镇化率"是指该地区城镇化率超过全国平均水平的幅度。在表 7.4 中,对各地区人口净迁移与"超前城镇化率"、人均 GDP 之间的关系进行相关性分析,可以看出,各地区人口净迁移与"超前城镇化率"、人均 GDP 之间存在显著的正相关关系,这验证了,中国人口的流向是由城镇化率低的地区向城镇化率高的地区流动,由经济发展水平低的地区向经济发展水平高的地区流动。

表 7.4 人口净迁移与城镇化率、人均 GDP 的 Pearson 相关性

变量	净迁量	"超前城镇化率"	人均 GDP
净迁量	1	0.689*** (0.000)	0.709*** (0.000)
"超前城镇化率"	0.689*** (0.000)	1	0.844*** (0.000)
人均 GDP	0.709*** (0.000)	0.844*** (0.000)	1

***表示在 1%的水平(双侧)上显著相关
注:括号内为显著性水平检验的 p 值

考虑到未来各地区经济发展水平难以预测,且随着国家西部大开发等区域均衡发展战略的实施,未来区域之间的差距会有所缩小;同时,经济发展水平与城镇化之间也具有密切的相关性(表 7.4 中二者相关系数达到 0.844),所以本书以"超前城镇化率"为基础建立人口迁移预测模型,基于 2000~2012 年各地区人口迁移的面板数据,建立如下的二次回归方程模型:

$$M = -2.113 + 0.533 \times S + 0.019 \times S^2$$
$$(-0.966)\ (3.466)^{***}\ (3.035)^{***} \quad (7.10)$$
$$R^2 = 0.777 \quad F = 21.39$$

式中,括号内为 t 统计量;***表示在 1%水平上显著;M 为人口净迁移;S 为"超前城镇化率"水平;R^2 和 F 统计量表明方程拥有较好的估计效果;t 统计量表明常数项上显著,而一次项和二次项都达到了 1%的显著性水平。

由于城镇化水平比较有规律,所以参考兰海强等(2014)的研究成果,对各地区未来城镇化水平采用趋势外推法的 Logistic 模型进行预测,这里以全国 1978~2012 年的城镇化水平的历史数据为例进行预测,考虑到国外城镇化进程先快后缓的变化趋势,将 Logistic 模型中城镇化率的上限值设为 90%,用 1978~2012 年历史样本对时间进行回归分析的结果为

$$U_t = \frac{1}{1/90 + 0.049 \times 0.952^t} \quad (7.11)$$
$$R^2 = 0.982,\ F = 1697.85$$

式中，U 为城镇化率；t 为时间虚拟变量。用式（7.11）对中国 2013~2050 年城镇化进程进行预测，结果如图 7.2 所示。

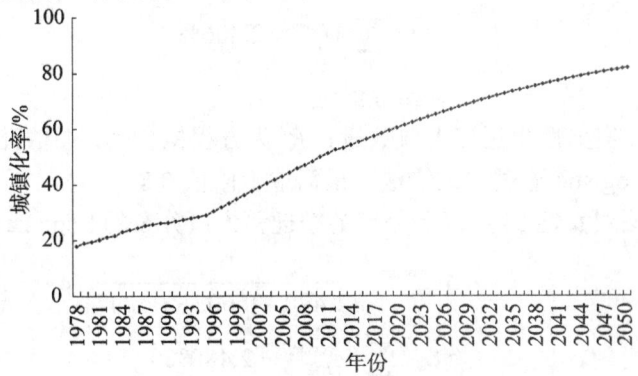

图 7.2　中国历年城镇化率及预测

采用同样的方法，分别以各地区历年城镇化水平，对各地区 2013~2050 年的城镇化率进行预测 U_{it}（i 表示地区，t 表示年份），然后计算各地区的"超前城镇化率"：

$$S_{it} = U_{it} - \frac{\sum_{i=1}^{31} U_{it}}{31} \qquad (7.12)$$

再将各地区的"超前城镇化率"代入式（7.10）得到预计各地区迁移人口。考虑到分区域进行预测可能存在各省人口迁出与迁入不平衡问题，因此根据各地区计算出来的净迁入总数和净迁出总数，通过取"中间值"对总迁移量进行调整，再按比例分配到各省的净迁移人口中，以保证各地区净迁移人口总和为 0（即各省净迁入数与净迁出数相等）。

对迁移人口性别年龄结构，2010 年普查数据中给出跨省迁移人口的年龄性别结构，本书假定未来迁移年龄人口结构不变。由于普查数据没有给出 65 岁以上人口具体的分年龄迁移率数据，基于 50 岁以上人口年龄越大迁移概率越低的规律，采用 Logistic 曲线模型对 65 岁以上分年龄人口迁移率进行估计[1]，并在预测中加入 65 岁以上迁移人口占比合计数男性为 2.406%、女性为 2.480%的约束条件[2]。由于现有的 SPSS 等软件无法完成对预测值有约整的曲线模型参数估计，所以 Logistic 曲线模型采用了 Matlab 软件进行迭代试错的方法进行拟合，得到男性 65 岁以上分年龄净迁移人口分布的 Logistic 模型：

---

[1] 以 50 岁以上人群迁移率为基础进行预测。
[2] 之所以加入该约束条件，是因为 2010 年普查数据给出了 65 岁以上迁移人口男性占比为 2.406%，女性占比为 2.480%。

$$M_t^{\text{man}} = \frac{1}{1.25 + 0.306 \times 1.162^t}$$

$$\text{s.t.} \sum_{65}^{100+} M_t^{\text{man}} = 2.406\% \qquad (7.13)$$

$$R^2 = 0.829$$

式中，M_t^{man} 为 t 岁男性净迁移人口数量；R^2 为方程拟合度，在估计中，按照拟合度最高原则，Logistic 通过"试错法"最后取上限值 0.8。

用同样方法对女性 65 岁以上分年龄净迁移人口分布的 Logistic 模型进行估计：

$$M_t^{\text{woman}} = \frac{1}{1.420 + 0.602 \times 1.124^t}$$

$$\text{s.t.} \sum_{65}^{100+} M_t^{\text{woman}} = 2.480\% \qquad (7.14)$$

$$R^2 = 0.840$$

式中，M_t^{woman} 为 t 岁女性净迁移人口数量，R^2 为方程拟合度，与前文一样在估计中，按照拟合度最高原则对 Logistic 的上限值取 0.7。图 7.3 给出了 2010 年男性和女性分年龄性别迁移人口的数据，由于普查数据没有给出各区域的分性别年龄迁移人口具体数据，所以假定各地区都与全国一样。

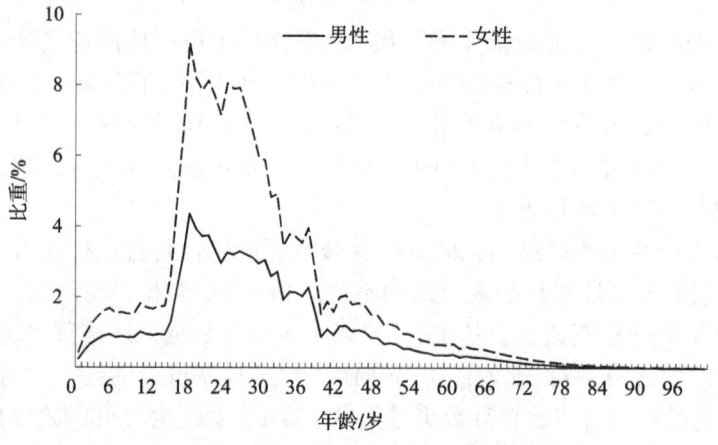

图 7.3 分性别年龄人口迁移结构

7.1.4 人口老龄化预测

以第六次人口普查数据为基础，并基于前文关于出生率、死亡率、出生人口性别比等参数设置，采用经典的 Leslie 模型对中国未来人口进行预测，进而测算和评估未来老龄化趋势（具体见附件 D：部分基金收支的预测数据）。

1. 全国人口老龄化趋势

受 20 世纪 70 年代以来计划生育政策的影响,中国一直保持较低的生育率水平,随着人口预期寿命的延长，老龄化问题日益凸显。图 7.4 给出了 2011~2050 年全国总人口、劳动年龄人口、60 岁以上人口和 65 岁以上人口的预测数据。首先从人口总量看，在 2011~2050 年呈现先增后减的趋势，到 2021 年左右达到人口高峰期（13.7 亿人），之后人口总量逐年减少，到 2050 年人口总数为 11.2 亿人左右。从劳动年龄人口看，2012 年左右是人口红利最大的时期，16~60 岁劳动年龄人口在 2012 年左右处于高峰期（9.34 亿人），之后开始逐年减少，到 2050 年劳动年龄人口下降到 5.58 亿人，只有 2012 年的 60%。从老龄人口占比看，2010 年中国 60 岁以上年龄人口占比为 13.32%，65 岁以上年龄人口占比达到 8.92%；已经进入老龄化社会，但未来老龄化比重将不断增加，预计到 2050 年，60 岁以上退休年龄人口规模约 4.5 亿人，占总人口比例达到 40.0%；65 岁以上人口规模约 3.3 亿人，占比达到 29.8%。

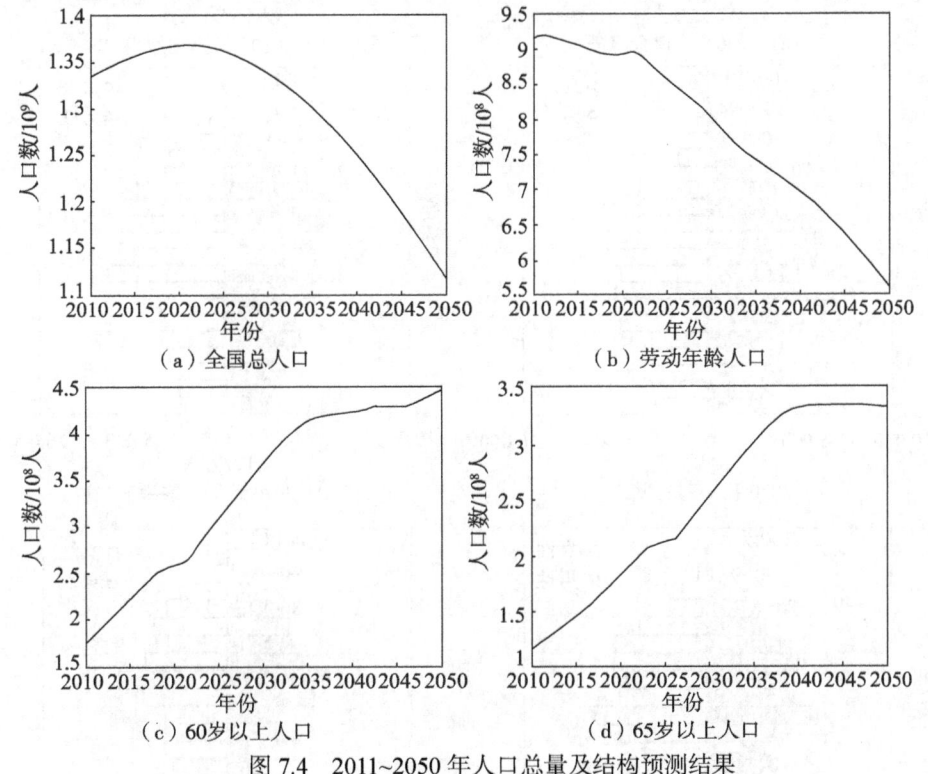

图 7.4 2011~2050 年人口总量及结构预测结果

2010 年是普查数据，2011~2050 年为预测数据

在图 7.5 中，根据人口普查数据和预测数据值画出 2000~2050 年各时期的人口金字塔，从图 7.5 中可以看出，中国人口的年龄结构在 2000 年呈现上小下大的塔形结构；但由于出生率较低，新出生的人口逐渐减少，年轻人和儿童的数量递减，老龄化问题日渐突出，到 2030 年人口呈丰字形结构；到 2040 年之后，随着老龄化的加剧，人口年龄结构变成了伞形。

98 中国养老保险发展评价及现实挑战

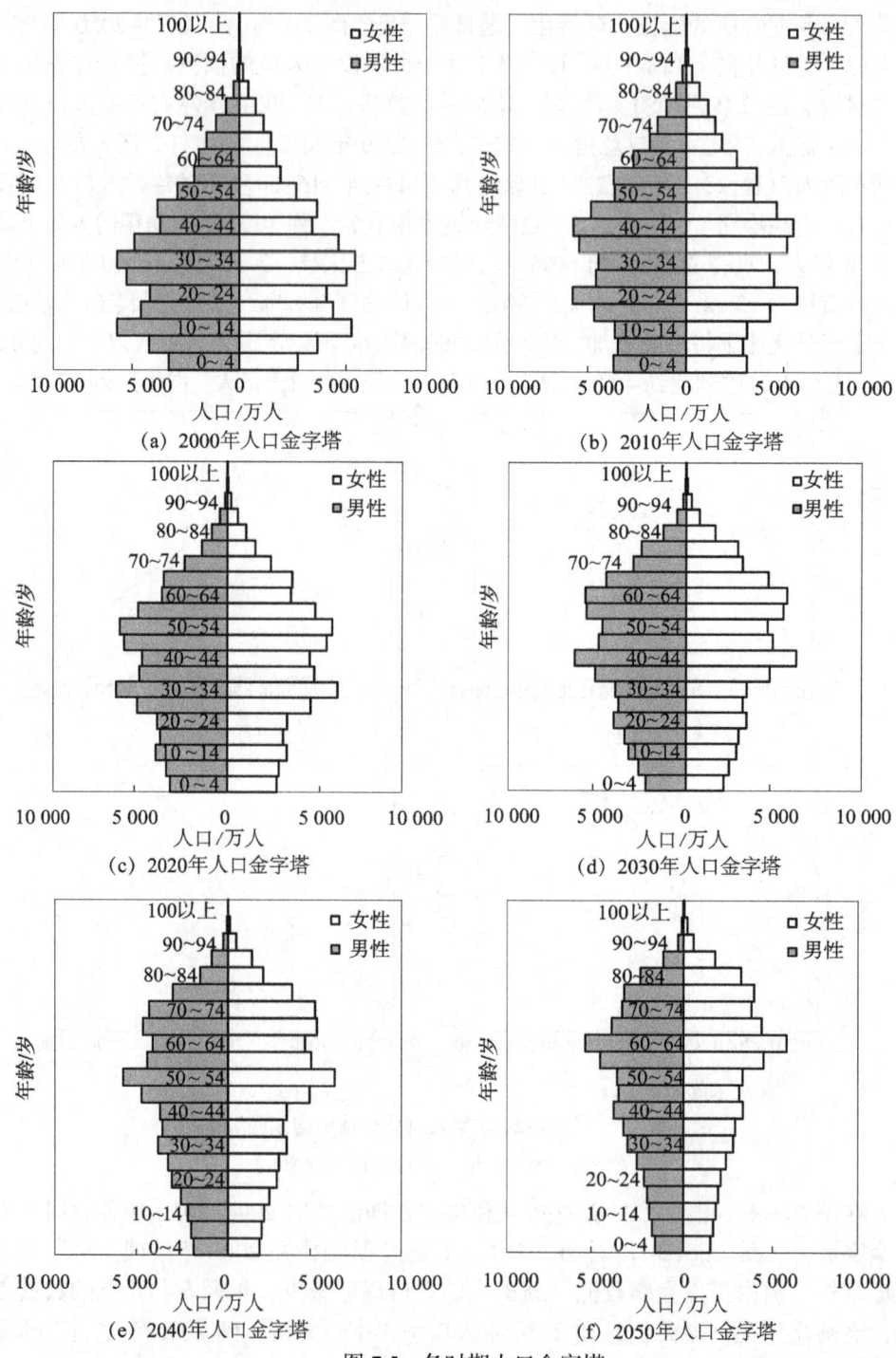

图 7.5　各时期人口金字塔

2. 各地区人口结构预测

图 7.6 给出了考虑人口迁移情况下各地区未来人口总数的趋势预测结果,从图 7.6 中可以看出,各地区未来人口的变化趋势差异较大,部分地区(如北京、天津、新疆等)未来人口呈先增后减的趋势,但也有一些地区(如江苏、浙江、安徽等)未来人口呈递减的趋势。但总体而言,在 2035 年以后基本上所有地区的总人口数都呈下降趋势。

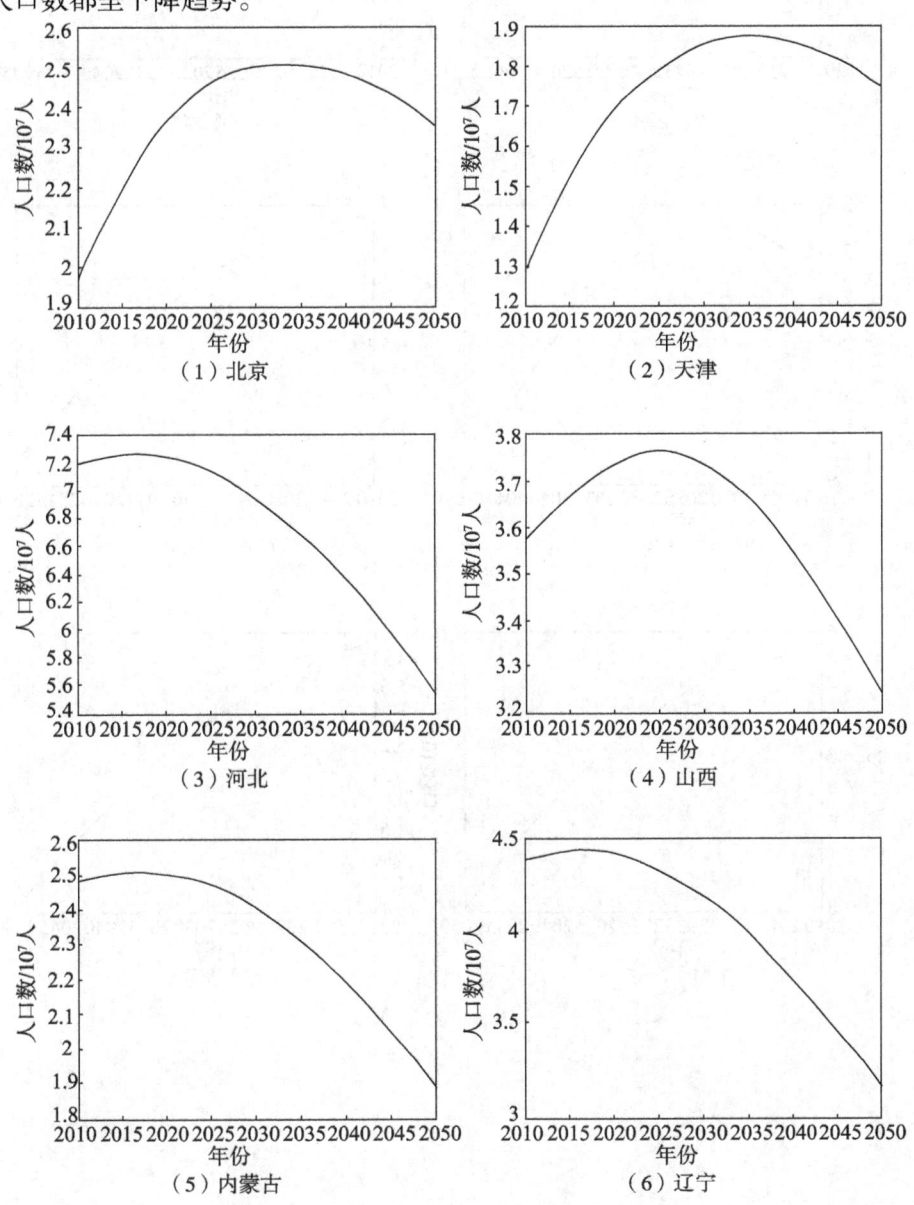

(1)北京　　(2)天津　　(3)河北　　(4)山西　　(5)内蒙古　　(6)辽宁

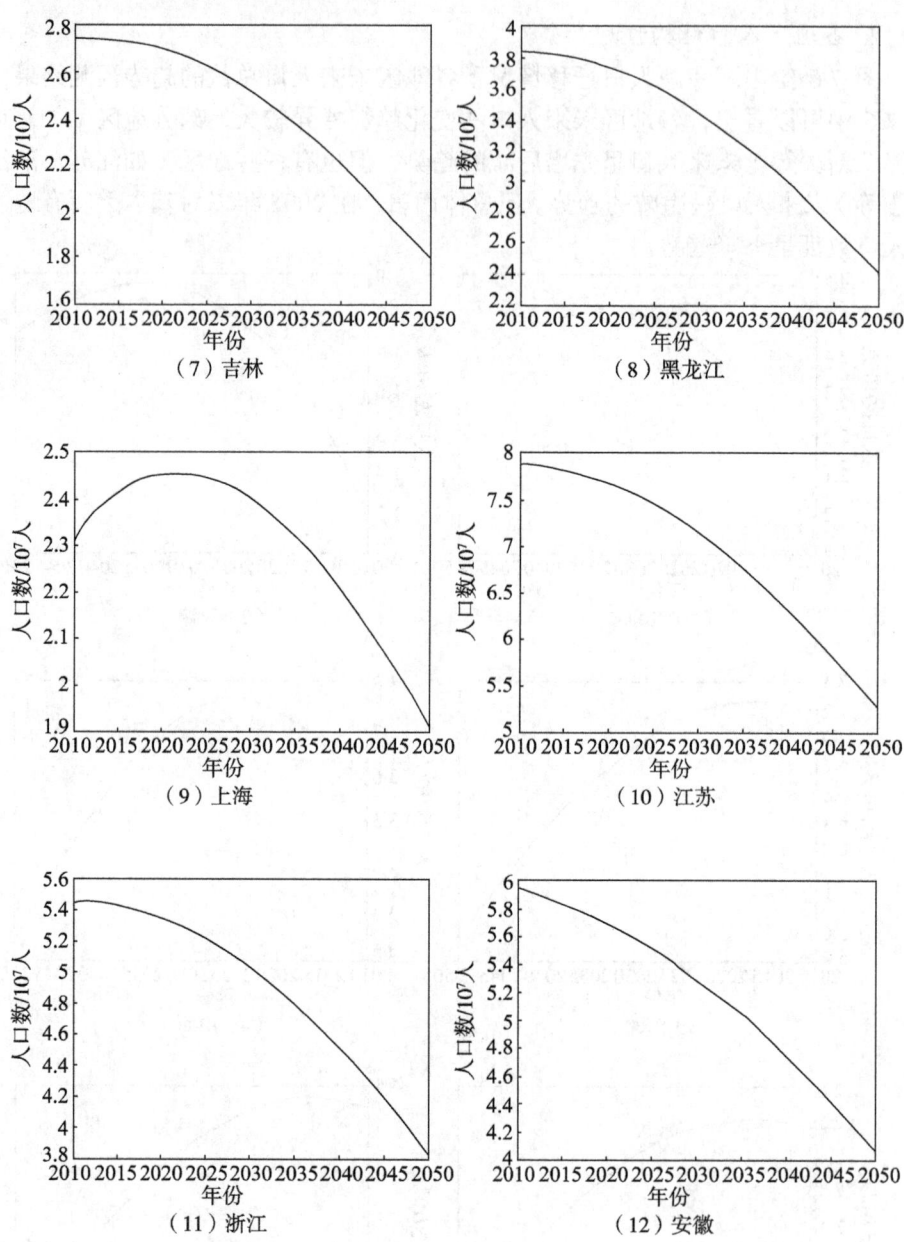

(7)吉林　　(8)黑龙江　　(9)上海　　(10)江苏　　(11)浙江　　(12)安徽

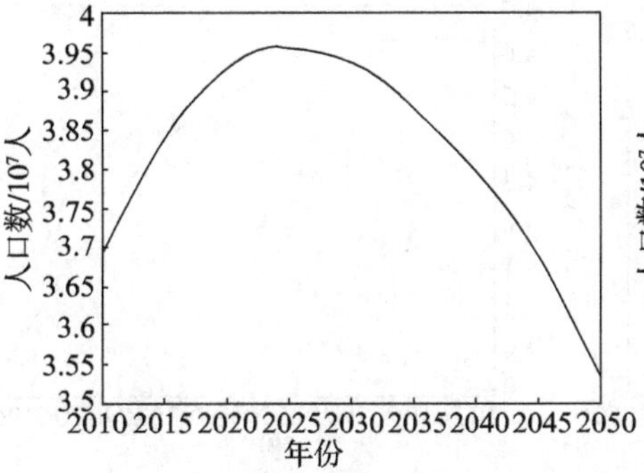

第7章 可持续性的挑战：财务收支不平衡 101

（13）福建

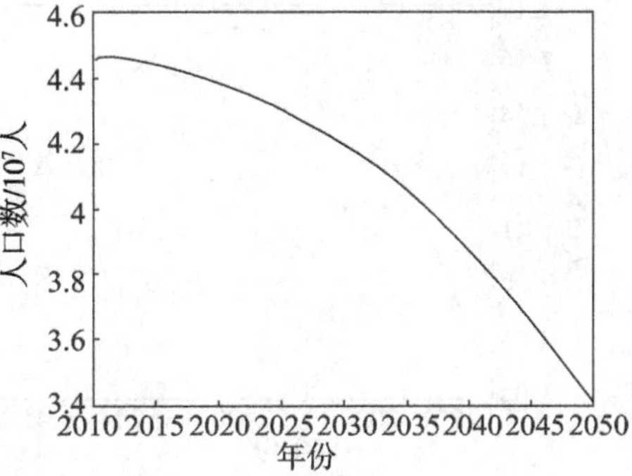

（14）江西

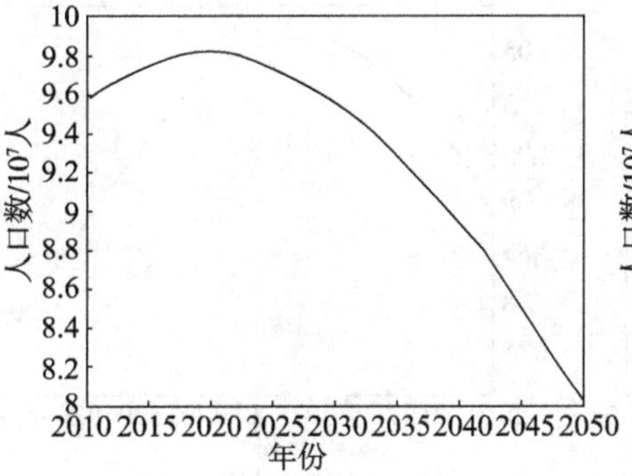

（15）山东

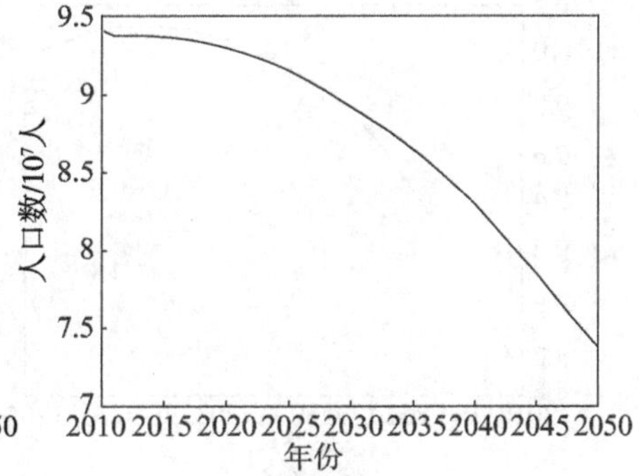

（16）河南

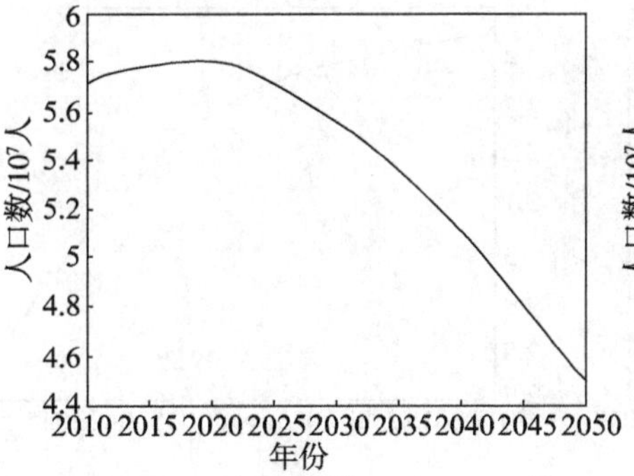

（17）湖北

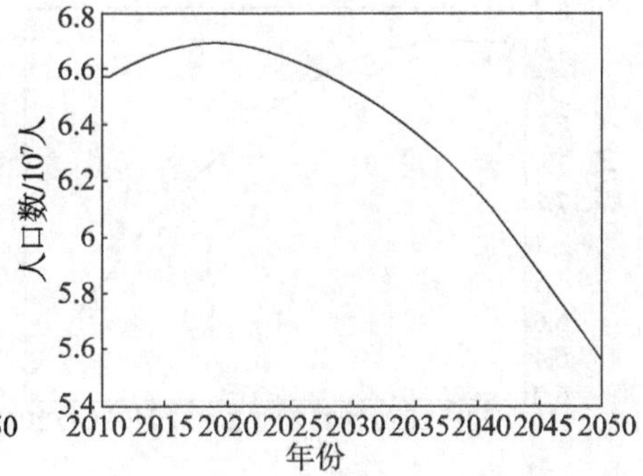

（18）湖南

102　中国养老保险发展评价及现实挑战

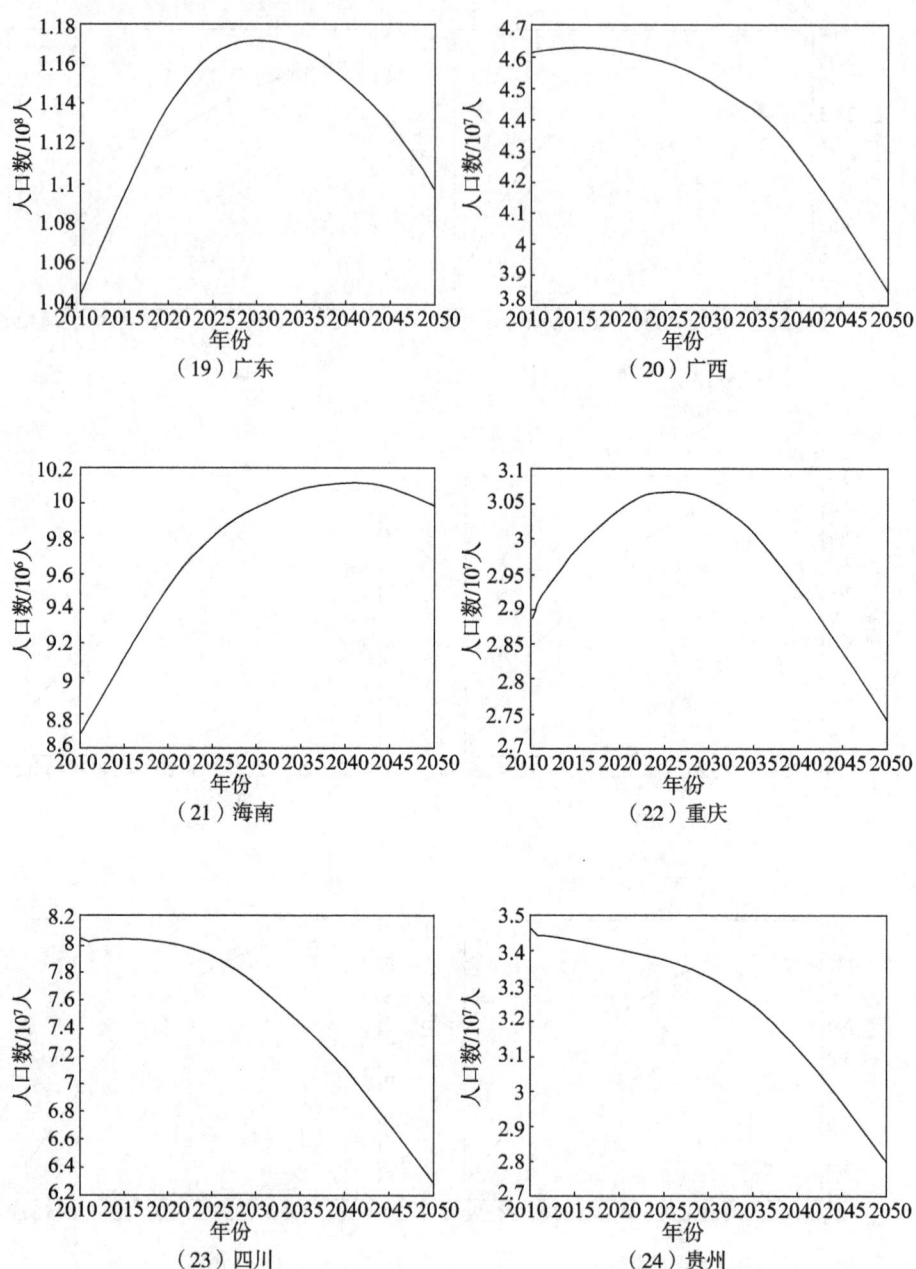

（19）广东　（20）广西　（21）海南　（22）重庆　（23）四川　（24）贵州

第 7 章 可持续性的挑战：财务收支不平衡 103

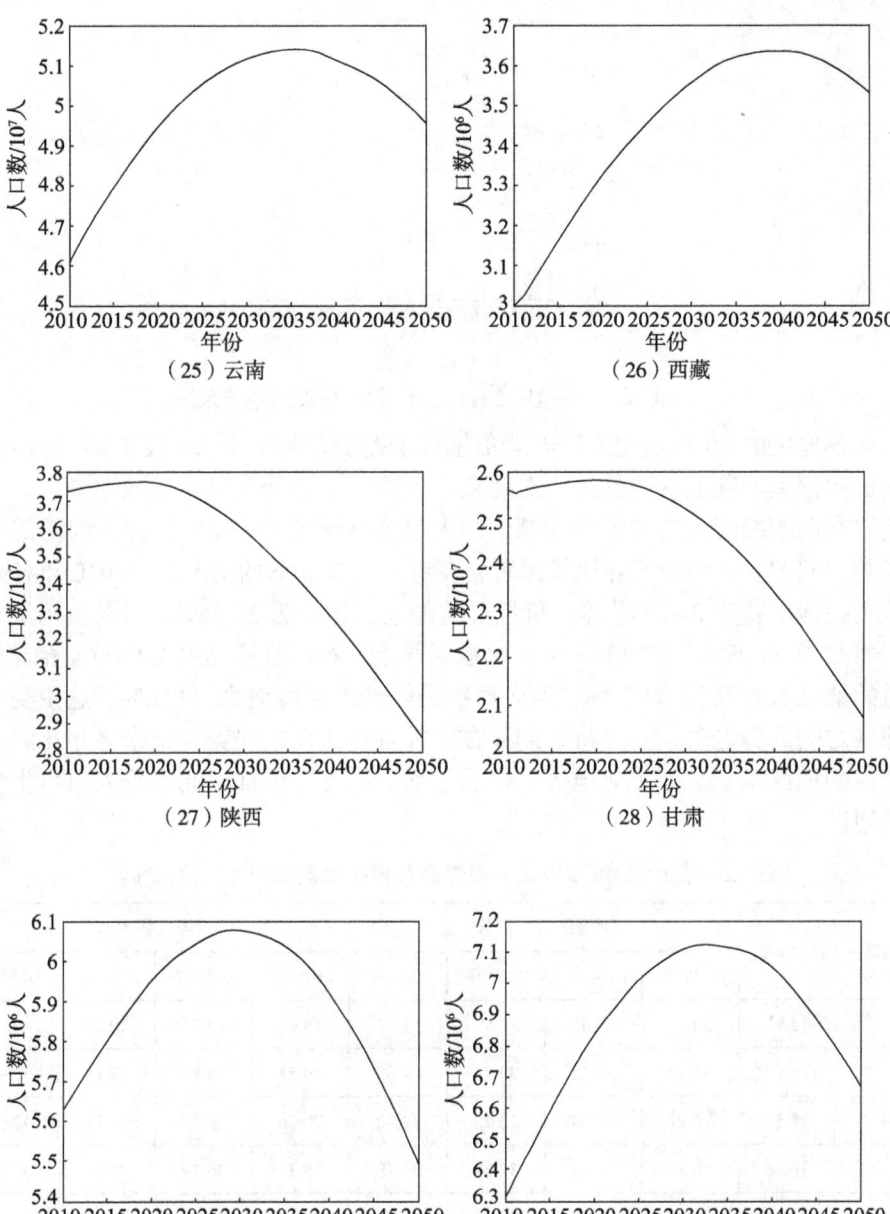

（25）云南

（26）西藏

（27）陕西

（28）甘肃

（29）青海

（30）宁夏

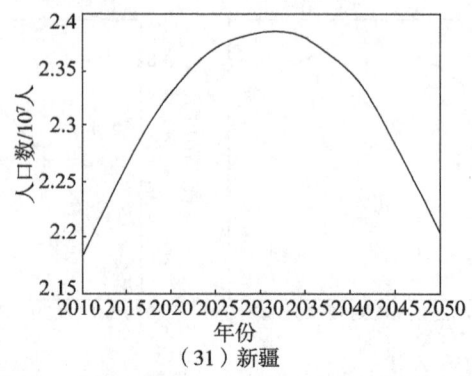

（31）新疆

图 7.6　各地区 2011~2050 年人口发展趋势预测

从各地区的 60 岁以上人口养老负担标准差变化趋势来看（表 7.5），各地区的养老负担都呈不断加重的趋势，对北京、天津、上海等人口净迁入地来说，人口的迁移有利于减缓人口老龄化问题，而人口迁移加剧了安徽、江西、河南等地区的老龄化问题。从区域差异比较来看，在考虑人口迁移的情况下，2010 年各地区养老负担标准差为 3.43%，养老负担最重的地区重庆为 26.56%，养老负担最轻的地区西藏为 11.29%。到 2050 年，各地区养老负担标准差达到 6.66%，养老负担最重的地区黑龙江为 54.22%，养老负担最轻的地区海南为 29.16%。这说明我国各地区之间的养老负担差异将长期存在，并且有扩大的趋势。未来老年化问题特别突出的地区是东北老工业地区，以及上海、江苏、浙江、北京等人口出生率较低的地区。

表 7.5　各地区 60 岁以上人口养老负担标准差预测（单位：%）

地区	2010 年	不考虑人口迁移				考虑迁移人口			
		2020 年	2030 年	2040 年	2050 年	2020 年	2030 年	2040 年	2050 年
北京	15.91	20.25	28.66	36.59	51.14	18.04	23.72	29.23	40.72
天津	16.87	24.38	33.53	39.74	54.38	19.58	23.89	27.18	37.97
河北	18.53	20.97	29.59	33.72	42.92	20.96	29.59	33.71	42.91
山西	16.16	18.39	26.43	31.68	35.79	18.37	26.39	31.64	35.76
内蒙古	15.42	20.21	31.21	39.19	44.73	20.26	31.38	39.47	45.08
辽宁	21.10	25.97	36.46	42.33	47.33	25.67	35.72	41.24	46.12
吉林	17.66	23.42	35.88	44.20	52.23	23.42	35.88	44.20	52.23
黑龙江	17.37	23.22	35.53	45.06	52.58	23.47	36.28	46.35	54.22
上海	19.75	24.07	32.40	41.71	58.91	22.54	29.16	36.65	51.38

续表

地区	2010年	不考虑人口迁移				考虑迁移人口			
		2020年	2030年	2040年	2050年	2020年	2030年	2040年	2050年
江苏	22.51	23.36	33.96	40.37	49.49	23.31	33.85	40.22	49.33
浙江	19.05	20.23	30.76	38.98	46.20	20.57	31.79	40.70	48.35
安徽	22.33	20.03	29.39	34.42	38.01	20.68	31.17	37.05	40.60
福建	15.62	17.06	25.24	31.99	37.82	17.00	25.10	31.78	37.60
江西	17.17	17.35	24.89	31.86	36.40	17.88	26.35	34.26	38.90
山东	21.22	21.64	30.53	34.37	39.19	21.64	30.52	34.36	39.18
河南	19.21	18.34	26.08	29.93	35.42	18.90	27.50	31.85	37.36
湖北	19.31	21.75	31.32	35.24	39.19	21.94	31.87	36.05	40.09
湖南	21.44	20.62	29.23	33.13	37.28	20.66	29.30	33.19	37.29
广东	13.26	13.41	20.71	27.86	36.78	13.32	20.45	27.44	36.24
广西	20.12	18.88	26.10	31.20	35.67	18.87	26.08	31.18	35.64
海南	16.44	14.43	21.24	25.57	29.57	14.31	20.92	25.13	29.16
重庆	26.56	24.25	30.50	33.03	32.47	23.41	28.79	30.91	30.93
四川	24.43	22.82	30.37	35.45	37.35	22.84	30.35	35.38	37.23
贵州	20.74	17.93	24.71	30.19	31.94	18.33	25.56	31.35	32.67
云南	16.22	15.08	22.10	28.09	30.39	15.09	22.14	28.15	30.45
西藏	11.29	11.06	17.90	24.82	32.12	10.91	17.41	24.01	31.17
陕西	17.74	20.57	29.15	34.49	41.96	20.77	29.66	35.25	42.85
甘肃	17.92	17.75	27.71	33.11	37.41	17.92	28.15	33.71	37.91
青海	13.58	13.73	23.04	31.14	35.09	13.69	22.91	30.95	34.91
宁夏	14.03	14.54	22.47	29.50	33.48	14.32	21.86	28.54	32.58
新疆	13.82	13.42	21.92	29.20	34.72	13.42	21.90	29.18	34.70

7.1.5 人口老龄化后果

老龄化导致的一个最直接问题就是养老负担不断加重。表7.6给出了2013~2050年中国养老负担的变化情况，2010年全国60岁以上老龄人口占总人口比重为12.30%，从表7.6中可以看出，未来老龄人口负担将呈递增的趋势，到2050年全国60岁以上老龄人口负担将达到33.85%，是2010年的2.75倍。

表 7.6　2013~2050 年养老负担预测（单位：%）

年份	60 岁以上人口比例	年份	60 岁以上人口比例	年份	60 岁以上人口比例	年份	60 岁以上人口比例
2013	13.98	2023	18.96	2033	27.71	2043	31.26
2014	14.58	2024	20.09	2034	28.39	2044	31.43
2015	15.27	2025	20.94	2035	28.97	2045	31.61
2016	15.92	2026	21.82	2036	29.41	2046	31.79
2017	16.50	2027	22.67	2037	29.79	2047	32.16
2018	17.15	2028	23.32	2038	29.97	2048	32.74
2019	17.66	2029	24.33	2039	30.23	2049	33.22
2020	17.89	2030	25.17	2040	30.49	2050	33.85
2021	18.26	2031	26.15	2041	30.67		
2022	18.86	2032	26.96	2042	30.88		

按照联合国 60 岁以上老人达到总人口的 10%（或 65 岁以上老年人口占 7%）即视为老龄化社会的标准，中国已经进入老龄化社会。表 7.7 给出了 2014 年主要国家/地区养老负担和抚养比的数据。从表 7.7 中可以看出，目前许多发达国家已经进入人口老龄化的阶段，特别是日本、意大利、德国等 65 岁以上人口超过 20%。从发达国家的经验来看，进入老龄化社会时一般人均 GDP 达到 1 万美元左右；而中国 2012 年人均 GDP 只有 38 459 元（约 6 093 美元），与发达国家有较大差距，面临着"未富先老"的困境。过早进入老龄化社会将会给中国社会养老保险发展带来一系列的挑战：一方面是人口老龄化必然带来养老金支付的快速增长，而按照目前养老保险基金的结余将无法应对未来养老金的支付风险；另一方面是人口老龄化造成的劳动年龄人口减少和缴费人群的下降，导致养老保险基金收入减少，未来养老保险基金收支缺口将会扩大。

表 7.7　2014 年主要国家/地区养老负担和抚养比（单位：%）

国家/地区	65 岁以上人口占比	抚养比	国家/地区	65 岁以上人口占比	抚养比
世界	8.1	53.6	中国内地	9.1	37.4
中国香港	14.5	35.5	埃及	5.9	58.4
中国澳门	8.6	26.6	尼日利亚	2.7	89.2
孟加拉国	4.8	52.2	南非	5.6	53.9
文莱	4.6	41.8	加拿大	15.6	47.2
柬埔寨	5.5	57.6	墨西哥	6.6	52.7
印度	5.4	51.8	美国	14.3	51.0
印度尼西亚	5.3	51.0	阿根廷	11.1	54.1
伊朗	5.4	41.5	巴西	7.8	45.8
以色列	10.8	63.1	委内瑞拉	6.4	52.9

续表

国家/地区	65岁以上人口占比	抚养比	国家/地区	65岁以上人口占比	抚养比
日本	25.8	63.3	捷克	17.2	47.7
哈萨克斯坦	6.7	48.7	法国	18.3	57.4
韩国	12.6	37.1	德国	21.3	52.1
老挝	3.8	62.6	意大利	21.5	55.0
马来西亚	5.6	45.5	荷兰	17.6	52.8
蒙古	3.8	45.5	波兰	14.9	42.6
缅甸	5.3	42.5	俄罗斯联邦	13.1	41.3
巴基斯坦	4.4	60.4	西班牙	18.0	50.3
菲律宾	4.0	60.7	土耳其	7.5	48.9
新加坡	10.7	35.8	乌克兰	14.9	42.0
斯里兰卡	8.7	51.3	英国	17.8	54.8
泰国	10.1	38.6	澳大利亚	14.7	51.0
越南	6.7	41.3	新西兰	14.3	52.5

注：抚养比是指 0~14 岁和 65 岁及以上人口与 15~64 岁人口之比
资料来源：《国际统计年鉴 2015》

7.2 历史遗留问题的挑战

企业职工养老保险改革产生了老国企职工参保、隐性债务等遗留问题，目前，这些"历史包袱"仍然没有完全解决，在人口结构迅速老化情形下，增加了未来基本养老保险基金支付压力。现在人们已经开始担心政府可能采取一些不利于参保人的措施来解决财务困难[①]，如推迟退休年龄、降低养老金待遇水平，以及制定更加严格的支付条件等；这种预期将影响制度的可信度及公众参保积极性。

7.2.1 制度转轨产生的隐性债务问题

隐性债务与转轨成本概念界定是进行测算评估的前提，关于养老保险改革的隐性债务与转轨成本的界定，目前理论界还没有完全统一，不同的研究者会给出不同的定义标准。国外许多研究对隐性债务进行了定义（Hagemann and Nicoletti，1989；Noord and Herd，1993；World Bank，1997；Holzmann et al.，2004），其中世界银行（World Bank，1997）的观点比较有代表性，认为隐性债务是指在养老金制度进行改变时，在原来制度下需要支付给转制前已退休人员的养老金的现值与在职职工已积累并必须予以偿付的养老金权益的现值之和，与原来养老金制度下已积累的基金的现值之差。Holzmann（1998）将各种隐性债务的定义分为以下

[①] 世界银行报告. 中国经济报. 第 2 季, 2010.

三类：①计划终止时债务。计划终止时债务等于如果现收现付养老金计划在某一时刻终止，所有必须支付给当前退休人员的未来养老金精算现值加上在职职工已经积累、未来必须予以偿付的养老金精算现值。如果有基金余额，还需减去基金余额。②当前参保人员（包括在职职工和退休人员）的债务。不考虑新加入者，假设现收现付养老金计划继续运行，直到最后一个参保人口死亡，其金额等于计划终止时债务加上当前参保在职职工未来所积累的养老金权益的精算现值与未来缴费的精算现值之差。③开放系统债务。考虑新加入者未来的缴费和养老金收益情况，其金额等于当年参保人口的债务加上新加入者未来所积累的养老金权益的精算现值与未来缴费的精算现值之差。养老金隐性债务在世界上是一个普遍现象，中国在原来企业职工养老保险制度改革中也存在规模巨大的隐性债务问题，这些问题亟待解决。表 7.8 给出了国外学者对部分国家养老保险隐性债务占 GDP 比重的估算结果，从表 7.8 中可以看出意大利、波兰等欧洲福利国家的隐性债务规模比较庞大，而塞内加尔、委内瑞拉等养老福利水平较低的国家隐性债务规模较小。

表 7.8 部分国家养老保险隐性债务占 GDP 比重（单位：%）

序号	国家	隐性债务占 GDP 比重	序号	国家	隐性债务占 GDP 比重
1	塞内加尔	27	13	加拿大	121
2	马里	26	14	乌克兰	141
3	委内瑞拉	30	15	德国	157
4	刚果	30	16	日本	162
5	秘鲁	37	17	英国	184
6	哥伦比亚	40	18	巴西	187
7	喀麦隆	44	19	荷兰	188
8	土耳其	72	20	丹麦	189
9	阿根廷	86	21	瑞典	210
10	智利	100	22	法国	216
11	美国	113	23	波兰	220
12	澳大利亚	115	24	意大利	242

资料来源：Jams（1998）

中国职工基本养老保险的隐性债务也是由体制转轨而产生的。在计划经济时期，企业职工的退休养老资金由企业从当期的收益中筹集，并列入企业的营业外支出，实质上是一种现收现付的养老金筹资体系。但在市场经济条件下，单位无法抵御市场风险的冲击，企业存在破产倒闭的可能；同时计划经济时期的养老模式会限制劳动力的自由流动，与市场经济条件下的劳动力市场不匹配。而且随着人口老龄化的加速，过去退休金制度的弊端和问题日益凸显，在岗职工的养老负担越来越重、不同职工年龄结构的企业负担不均（翟文，2009）。为适应市场经济体制的需要、应对人口老龄化的挑战，中国从 1993 年开始针对企业职工建立统账结合的社会化发放的养老金体系，养老保险筹资方式从现收现付制向社会统筹和个人账户相结合的部分积累制转变；1997 年国务院出台了《国务院关于建立统一的企业职工基本养老保险制度的决定》（国发〔1997〕26 号），确立了养老金的计发"新人"[①]新办法、"老人"老办法的原则，继续实施现收现付制，实行养老金的发放"中人"过渡办法，除发放个人账户养老金和基础养老金以外，同时发放现收现付制度下以工龄系数计算的过渡性养老金；"新人"新办法，新人的养老金由来自个人储蓄的个人账户养老金和来自社会统筹的基础养老金构成。由于"老人"和"中人"过去没有养老保险基金积累，当现收现付体制转轨为部分或完全的积累制时，养老保险隐性债务就会显性化。大量文献对中国养老保险转轨产生的隐性债务进行了测算，具体方法又可以分为匡算法和精算法（何平，2001b）。房海燕（1998）采用匡算法计算出中国 1994 年的隐性债务占 GDP 比例为 44%~66%，同时用精算法估算出 1997 年的隐性债务规模为 1.80 万亿元。世界银行（World Bank，1996）按照隐性债务为当期养老金支付金额 20~30 倍的国际经验，匡算出中国的隐性债务规模为 2.01 万~3.02 万亿元。同时在对人口、劳动力、工资增长和 GDP 等指标预测的基础上，精算出 1994 年年末隐性养老金债务规模为 1.92 亿元，其中，"老人"的隐性债务为 0.68 亿元，"中人"的隐性债务为 1.24 亿元。国务院体改办（2000）得出的债务规模为 6.7 万亿元。王晓军（2002）以 1996 年为测算点，假定利率为 4%、指数化退休金增长率为 5%，计算出隐性债务规模约为 3.67 万亿元。原劳动与社会保障部何平（2001b）将隐性债务定义如下："中人"过渡性养老金、"中人"和"新人"个人账户补偿，以及"老人"现收现付债务的现值之和，并以 1996 年为测算时点，得到隐性债务规模为 2.88 万亿元。总体上讲，隐性债务测算结果差异较大，主要原因在于不同研究文献所选择的测算时间、参数假设存在较大差别，隐性债务最小为 1.8 万亿元，最大超过 10 万亿元。

7.2.2 基本养老保险的空账问题

根据劳动和社会保障部的数据，2005 年年底中国个人账户空账规模达到 8 000 亿元，2005~2035 年养老金的缺口约为 6 万亿元；对历年中国社会科学院发布的《中国养老金保险发展报告》、人力资源和社会保障部发布的《人力资源和社会保障事业发展统计公报》所提供的相关资料进行测算的结果显示（表 7.9），2007 年中国养老保险个人账户记账金额为 11 743 亿元，做实的个人账户基金规模只有

[①] "新人"是指改革后参加工作的职工。

786亿元，个人账户空账规模达到10 957亿元，个人账户空账比例（空账规模/记账金额）达到93.3%。虽然国家从2001年开始启动做实个人账户试点，全国已有13个省、市、区开展试点，但截至2014年基本养老保险个人账户记账金额达到40 974亿元，而做实个人账户基金只有5 001亿元，空账规模达到35 973亿元，空账比例仍然达到87.8%。

表7.9 2007~2014年个人账户空账规模

年份	个人账户记账金额/亿元	做实个人账户基金规模/亿元	个人账户空账规模/亿元	空账比例/%
2007	11 743	786	10 957	93.3
2008	13 837	1 100	12 737	92.1
2009	16 557	1 569	14 988	90.5
2010	19 596	2 039	17 557	89.6
2011	24 859	2 703	22 156	89.1
2012	29 543	3 396	26 147	88.5
2013	35 109	4 154	30 955	88.2
2014	40 974	5 001	35 973	87.8

注：个人账户空账比例=个人账户空账规模/个人账户记账金额

资料来源：《中国养老金保险发展报告》（2007~2015年）（中国社会科学院）、《人力资源和社会保障事业发展统计公报》（2007~2015年）（人力资源和社会保障部）等

中国基本养老保险个人账户空账既有隐性债务等历史原因，也有基金管理不当等现实原因。

一是制度转轨中隐性债务显性化导致了个人账户空账，自1997年养老金制度改革以来，养老保险的隐性债务问题一直未解决。在历史债务没有明确的主体来负担的时候，只能依靠当前在职参保人员的缴费积累来支付已退休职工的养老金，透支社会统筹基金和在职参保人的个人账户基金，从而造成养老金空账运行。世界银行（World Bank，1997）认为："中国几乎所有的养老保险费用都被用于支付现期退休金，支付给养老保险金的结余利息率也是名义的，在目前制度下设立的个人账户多是空账户，账户中几乎没有什么实际资产，这样的空账根本不能满足积累养老金的目标。"所以说，"隐性债务"是个人账户"空账"的根本原因，解决"隐性债务"是解决个人账户空账的前提。

二是养老保险基金管理不规范是空账的内在原因。由于制度设计的欠缺，自1997年养老金制度改革以来，"老人"和"中人"的个人账户从创建之初就是空账（张映芹和校飞，2011）。改革后采用的是统账结合的养老保险制度，统筹账户和个人账户由养老保险经办机构统一管理，采取的是"混账管理"模式，统筹基金与个人账户基金混账管理、相互调剂使用，当社会统筹账户的基金远远不足以

支付退休金支出时，地方政府直接挪用"中人"和"新人"个人账户资金来保证"老人"养老金的支付，导致个人账户出现"空账"问题。同时，相关的法律法规没有对个人账户的继承权、收益权等基本权利进行明确的划归（刘璐婵，2013），导致个人账户管理不严、权责不清，这种不明确的产权关系，使统筹账户与个人账户区分不明，统筹账户向个人账户"借用"资金现象普遍，最终导致中国养老保险制度名义上是基金积累制，而实质上仍是现收现付制。

三是养老基金逃费、冒领现象仍然突出。首先，养老保险逃费现象依然突出，一些单位和个人为了减轻养老缴费负担，拖欠、拒缴、逃避缴纳职工的养老保险金的现象仍然突出，导致养老保险基金收缴困难，社会统筹基金收入不足，部分企业通过低报工资额、少报职工人数等方式来逃避养老金缴费。根据历年《全国社会保险情况》的统计（表 7.10），2007 年共清理收回企业欠缴养老保险费 242 亿元，稽查人数 11 020 万人，查出少报漏报人数 861 万人，少报漏报人数占全部稽查人数的 7.81%，少缴漏缴社会保险费 54.0 亿元。2013 年共清理收回企业欠缴养老保险费 560 亿元，是 2007 年的 2.3 倍，稽查人数 17 515 万人，查出少报漏报人数 816 万人，少报漏报人数占全部稽查人数的 4.66%，少缴漏缴社会保险费 34.2 亿元，虽然近年来，逃费人数占全部稽查人数的比例有所下降，但清理收回企业欠缴养老保险费金额大幅增加，说明企业欠缴养老保险问题仍然普遍存在。其次，养老金冒领现象仍然突出，根据 2007~2013 年人力资源和社会保障部《全国社会保险情况》公布的数据，查出 3.5 万人冒领社保待遇 1.27 亿元，人均冒领 3 629 元。养老保险金冒领的根本原因是社会保险经办机构未能及时掌握离退休人员的生存状况。目前，各地都在采取一些举措防止冒领养老金行为发生，但对退休人员身份验证工作量大，许多地区对身份验证仅局限于每年一次，甚至只能在个人申报基础上进行抽样检查，导致不少违法人员存在侥幸心理，再加上违法成本低[①]和经办机构财务上缺乏激励[②]等问题，造成冒领养老金现象屡禁不止。养老保险逃费不仅仅影响了养老保险基金的积累，还会导致养老保险制度的不公平，以及人们对制度的不信赖。

表 7.10　2007～2013 年全国基本养老保险欠费统计

年份	稽查人数/万人	少报漏报人数/万人	逃费占比/%	清理收回企业欠缴养老保险费/亿元	少缴漏缴社会保险费/亿元
2007	11 020	861	7.81	242	54.0

---

① 《劳动保障监察条例》规定对冒领行为给予 1~3 倍的罚款。

② 现行财务体制下，开展各种防止冒领基金工作的相关开支用的是经办机构的办公经费，而收回的基金损失要统一缴存到社保基金专户中，缺少激励机制导致经办机构对查处基金冒领行为的积极性受影响。

续表

年份	稽查人数/万人	少报漏报人数/万人	逃费占比/%	清理收回企业欠缴养老保险费/亿元	少缴漏缴社会保险费/亿元
2008	11 982	1 301	10.86	289	50.0
2009	11 137	775	6.96	473	37.0
2010	14 185	676	4.77	422	27.0
2011	16 287	667	4.10	468	35.0
2012	17 515	816	4.66	500	35.0
2013	21 451	779	3.63	560	34.2

资料来源：人力资源和社会保障部《全国社会保险情况》（2007~2013年）

四是基金贬值导致"名义账户制"变成"无奈选择"。积累制的主要缺陷之一是基金贬值风险，如何实现基金增值是基金积累制筹资模式运行的主要挑战。近年来较高的通货膨胀率，导致人们对基金积累制下养老保险制度可持续性产生质疑[①]。Aaron（1966）认为，如果人口增长率和工资增长率高于市场利率，则养老保险的现收现付制可以实现代与代之间的"帕累托"配置。保罗·萨缪尔森（Paul A. Samuelson）于1975年进一步证明，即使在一个工资增长率和市场利率都是内生的封闭经济中，现收现付的养老金计划仍然能够实现帕累托有效配置。针对中国的实际情况，不少学者认为现行的养老保险体制有国家财政兜底，只要政府承诺到期支付养老金，就不必担心空账，这样反而有利于解决养老金保值增值问题。袁志刚（2001）认为，中国资本市场不具备养老金投资的条件，且从人口老龄化与现收现付制的定量关系上分析，中国的现收现付制仍然是可持续的。郑秉文（2003a）提出采用"名义账户制"是当前应对基金贬值的有效方案。王新梅（2005）认为，中国资本市场存在较高的投资风险，很难保证养老基金的收益，积累制并不能解决老年人实际得到的保障水平不下降的问题，反而加大了支付风险。李济广（2007）认为，由于存在着极大的通货膨胀风险和工资增长风险，养老保险个人账户的预筹积累制是不必要的。龙朝阳和申曙光（2011）认为，基金积累制不是养老金制度改革的真正目的，名义账户制模式才是养老金制度改革的目标归宿，是实现部分积累制的最优选择。虽然已有文献普遍认为在通货膨胀率较高情况下，个人账户的"空账"运行是减少基金贬值的一种有效策略；但是，统账结合的基本养老金制度设计的初衷在于兼顾公平与效率，调动参保人积极性的同时，减少财政转移支付的压力（赵耀辉和徐建国，2001；郭树清，2002）。中国20世纪90年代养老金制度改革的基本初衷就是通过由现收现付制向基金积累

---

① 根据武汉大学社会保障研究中心、中华全国总工会、人民出版社联合出版的《2011中国社会保障改革与发展报告》，在2004年、2007年、2008年和2010年，中国的通货膨胀率在数值上部分或全部超过了同期银行定期存款利率，在2004年和2008年，社会保险基金即使全部以五年期定期存款的方式存在银行，也是缩水的。

制转变来应对未来人口老龄化的问题,如果采用的是"名义账户制",等于又回到当初的现收现付制,那么如何应付未来老龄化社会庞大的养老金支出则是"现收现付制"必须考虑的新挑战。

7.3 区域基金财力水平不均衡

劳动力自由流动和全国统一的劳动力市场的形成需要建立全国统筹的养老保险制度,实现养老保险跨区域有序衔接;而区域财力不均衡是制约养老保险基金全国统筹的重要原因。

7.3.1 区域基金结存不均衡

目前基本养老保险还处于省级统筹阶段,没有实现全国统筹;而居民养老保险更是处于县(市)级的统筹层次,这是导致不同地区养老保险基金收支"苦乐不均"的重要原因。表7.11给出了各地区基金收入、基金支出、基金结余、人均结余等统计数据,从表7.11中可以看出,2012年基本养老保险基金结余最高的是广东,当年基金结余780.1亿元,基金累积结余3 879.6亿元,基金结余比率(累积结余/当年基金支出)达到430.7%。而养老保险基金结余比率最低的三个地区分别是天津(76.5%)、上海(72.8%)和黑龙江(65.5%),基金结余不足以支付一年的养老保险基金支出;基金结余比率最高地区的广东是结余比率最低地区黑龙江的6.58倍。从人均结余基金看,全国平均人均结余基金是7 868元,其中人均基金结余最高的地区是西藏,达到18 449元,而人均结余最低的地区是福建,只有2 990元,最高地区人均结余基金是最低地区的6.17倍。

表7.11 2012年各地区职工基本养老保险基金结余

地区	基金收入/亿元	基金支出/亿元	当年结余/亿元	累计结余/亿元	结余比率/%	人均结余/元
广东	1 680.9	900.9	780.1	3 879.6	430.7	9 617
浙江	1 227.2	783.5	443.7	1 963.9	250.6	8 995
山西	563.1	391.6	171.5	963.3	246.0	14 850
西藏	18.2	12.0	6.2	24.6	203.9	18 449
云南	298.5	211.3	87.2	423.0	200.2	11 606
贵州	216.9	153.1	63.9	293.4	191.7	9 484
北京	995.1	640.2	354.9	1 224.8	191.3	10 153
江苏	1 629.9	1 142.1	487.8	2 145.8	187.9	8 839

续表

地区	基金收入/亿元	基金支出/亿元	当年结余/亿元	累计结余/亿元	结余比率/%	人均结余/元
宁夏	90.7	86.2	4.5	158.5	183.9	12 077
新疆	401.3	320.5	80.8	547.0	170.7	11 923
四川	1 132.0	927.7	204.3	1 464.3	157.8	9 065
山东	1 316.6	1 059.0	257.6	1 639.5	154.8	7 946
甘肃	233.9	193.2	40.7	288.3	149.2	10 394
广西	326.2	297.1	29.1	443.1	149.1	8 642
安徽	515.7	406.7	109.0	594.0	146.1	7 579
湖南	607.8	502.8	105.1	685.9	136.4	6 545
青海	71.8	65.0	6.8	78.8	121.3	9 160
内蒙古	405.8	343.6	62.2	405.9	118.1	8 600
河南	728.8	612.0	116.7	717.7	117.3	5 648
湖北	764.3	647.8	116.5	754.6	116.5	6 442
江西	382.9	297.0	85.9	332.2	111.9	4 696
重庆	535.8	412.7	123.2	458.1	111.0	6 390
吉林	390.6	377.6	13.0	407.1	107.8	6 439
河北	793.0	723.5	69.5	755.1	104.4	6 708
辽宁	1 212.3	1 052.6	159.7	1 054.9	100.2	6 555
陕西	480.6	401.1	79.5	338.9	84.5	5 267
福建	322.0	273.3	48.7	226.2	82.8	2 990
海南	123.0	114.4	8.7	94.1	82.3	4 393
天津	420.5	365.0	55.5	279.2	76.5	5 695
上海	1 391.6	1 127.7	263.9	821.5	72.8	5 798
黑龙江	720.2	717.2	2.9	469.9	65.5	4 639

注：各地区按照结余比率排序，结余比率=累计结余/当年基金支出，人均结余=基金累计结余/全部参保人数
资料来源：《中国统计年鉴2013》

表7.12分析了各地区城乡居民养老保险基金结余情况，2012年城乡居民养老保险结余比率最高的是北京，当年基金收入26.8亿元、基金支出13.6亿元，基金累计结余是88.7亿元，结余比率达到654.2%；而城乡居民养老保险基金结余比率最低的重庆，当年基金收入112.3亿元、基金支出86.7亿，基金累计结余是40.5亿元，结余比率只有46.7%。贵州和重庆的城乡居民养老保险基金结余都不足以支付一年的养老保险基金支出；基金结余比率最高的北京是最低地区重庆的14.0倍。从人均结余看，全国城乡居民养老保险人均结余基金是476元，其中人均基

金结余最高的地区上海达到 8 947.1 元，而人均结余最低的地区湖南只有 218.2 元，最高地区人均结余基金是最低地区的 41.0 倍。

表 7.12　2012 年各地区城乡居民养老保险基金结余

地区	基金收入/亿元	基金支出/亿元	当年结余/亿元	累计结余/亿元	结余比率/%	人均结余/元
北京	26.8	13.6	13.3	88.7	654.2	5 015.7
天津	31.1	14.0	17.1	73.1	522.0	8 182.1
甘肃	30.0	14.1	15.8	51.3	362.8	436.0
山西	41.5	21.0	20.5	62.8	299.6	423.6
广东	95.3	54.8	40.6	163.4	298.2	724.5
江苏	145.9	109.1	36.8	294.7	270.1	1 255.8
宁夏	5.8	3.2	2.6	8.5	268.7	473.2
山东	169.7	106.8	62.9	286.0	267.8	649.9
上海	30.6	29.4	1.2	72.3	245.7	8 947.1
四川	114.2	69.0	45.2	161.3	233.8	570.2
黑龙江	28.9	13.3	15.6	30.1	225.9	397.2
新疆	19.8	11.4	8.4	24.9	217.7	460.8
福建	40.3	22.1	18.2	46.2	208.7	319.7
云南	47.2	24.2	23.1	48.7	201.6	231.7
江西	48.0	24.6	23.4	49.3	200.6	283.8
陕西	58.5	32.9	25.6	64.5	195.9	378.1
青海	7.8	4.5	3.2	8.9	194.6	429.6
湖北	73.5	37.7	35.8	73.0	193.6	322.3
内蒙古	33.1	19.7	13.4	38.1	193.2	503.5
河北	91.0	49.1	41.9	93.3	189.9	279.8
海南	8.9	5.6	3.3	9.9	174.9	366.1
河南	116.6	74.2	42.3	129.6	174.6	274.6
吉林	24.3	12.5	11.7	20.6	164.6	367.1
安徽	96.1	53.1	42.9	84.5	159.0	252.1
浙江	92.4	80.3	12.1	112.8	140.5	846.8
辽宁	36.0	22.4	13.6	30.5	136.3	291.2
湖南	94.3	54.6	39.7	68.1	124.8	218.2
西藏	4.2	2.4	1.8	2.9	122.7	218.8
广西	46.5	34.3	12.2	35.7	104.0	226.9
贵州	58.5	48.9	9.6	28.1	57.4	222.6
重庆	112.3	86.7	25.6	40.5	46.7	357.7

注：结余比率=累计结余/当年基金支出，人均结余=基金累计结余/全部参保人数

资料来源：《中国统计年鉴 2013》

7.3.2 区域养老负担不均衡

除了基金结余差异外,各地区的养老负担差异也是导致养老保险基金财务不平衡的重要因素。用缴费人数除以领取养老保险金人数计算赡养系数指标(即多少个缴费职工负担一个退休人员)反映各地区基本养老保险负担水平。2012 年全国职工基本养老保险缴费人数 22 981.1 万人,领取养老金的退休职工有 7 445.7 万人,基本养老保险赡养系数为 3.09,即每 3.09 个在职人员缴费赡养 1 个退休人员。表 7.13 给出了各地区基本养老保险的赡养系数,2012 年养老负担最轻的是广东,由 9.34 个在职职工赡养 1 个退休职工;而养老负担最重的是黑龙江,只有 1.52 个在职职工负担 1 个退休人员的养老金;广东的赡养系数是黑龙江的 6.14 倍。养老负担最重的三个地区分别为黑龙江、吉林和重庆;养老保险负担最轻的三个地区分别为广东、浙江和福建;总体而言,改革开放后发展起来的东部沿海地区和新兴工业区养老负担较轻,而中西部劳务输出地、原来老工业基地的基本养老保险负担重。

表 7.13 2012 年各地区基本养老保险负担比较

地区	缴费人数/万人	领取养老金人数/万人	赡养系数	地区	缴费人数/万人	领取养老金人数/万人	赡养系数
广东	3 643.8	390.2	9.34	上海	993.1	423.8	2.34
浙江	1 835.5	347.8	5.28	新疆	319.8	139.0	2.30
福建	631.0	125.5	5.03	云南	253.8	110.7	2.29
北京	995.7	210.7	4.73	宁夏	91.4	39.9	2.29
山东	1 646.9	416.3	3.96	青海	59.9	26.2	2.29
江苏	1 880.6	547.0	3.44	湖北	804.1	367.3	2.19
河南	964.6	306.0	3.15	辽宁	1 098.8	510.4	2.15
海南	161.6	52.5	3.08	广西	349.1	163.6	2.13
贵州	231.7	77.7	2.98	天津	333.4	156.9	2.12
西藏	9.9	3.5	2.86	内蒙古	319.0	153.0	2.09
山西	479.8	168.9	2.84	四川	1 073.7	541.7	1.98
安徽	578.4	205.4	2.82	甘肃	183.6	93.7	1.96
江西	518.3	189.1	2.74	重庆	469.9	247.0	1.90
陕西	466.4	177.1	2.63	吉林	397.6	234.4	1.69
河北	813.3	312.3	2.60	黑龙江	611.4	401.6	1.52
湖南	747.6	300.4	2.49				

注:赡养系数=缴费人数/领取养老金人数
资料来源:《中国统计年鉴 2013》

2012年全国城乡居民养老保险缴费人数为34 987.4万人,达到领取待遇年龄的参保人数为13 382.2万人,城乡居民养老保险缴费人数与领取养老金人数比为2.61,即每2.61个年轻人赡养1个老人。表7.14给出了各地区城乡居民养老保险的赡养系数,2012年缴费人数与领取养老金人数比最高的是北京,缴费人数与领取养老金人数比5.52;而最低的是天津,只有0.28;北京的赡养系数是天津的19.7倍。各地区城乡居民养老保险缴费人数与领取养老金人数比虽然差异极大,但并没有表现出明显的规律,这可能与各地区城乡居民养老保险政策设计的详细方案相关。

表7.14　2012年各地区城乡居民养老保险负担比较

地区	缴费人数/万人	领取养老金人数/万人	赡养系数	地区	缴费人数/万人	领取养老金人数/万人	赡养系数
北京	149.7	27.1	5.52	黑龙江	566.4	191.5	2.96
西藏	112.2	21.9	5.13	湖北	1 685.7	580.5	2.90
新疆	446.2	94.4	4.73	湖南	2 263.3	857.0	2.64
青海	168.0	38.1	4.41	山东	3 143.6	1 257.5	2.50
宁夏	144.6	35.7	4.05	广西	1 083.5	488.8	2.22
云南	1 683.5	419.7	4.01	贵州	856.0	404.8	2.11
甘肃	924.2	252.4	3.66	广东	1 527.9	727.2	2.10
山西	1 155.9	326.2	3.54	重庆	758.6	372.4	2.04
陕西	1 321.9	383.5	3.45	辽宁	698.2	347.9	2.01
江西	1 342.6	394.9	3.40	吉林	363.2	198.1	1.83
河北	2 544.9	789.7	3.22	四川	1 800.9	1 027.5	1.75
安徽	2 545.0	805.5	3.16	江苏	1 458.5	888.7	1.64
海南	203.8	65.7	3.10	浙江	759.7	572.6	1.33
河南	3 565.9	1 153.8	3.09	上海	35.4	45.4	0.78
内蒙古	571.2	184.9	3.09	天津	19.5	69.8	0.28
福建	1 087.2	358.8	3.03				

注:赡养系数=缴费人数/领取养老金人数
资料来源:《中国统计年鉴2013》

7.4　养老保险基金保值增值的挑战

中国养老保险基金存在管理主体多、投资渠道窄、收益水平低等问题,在通货膨胀和工资增长的情况下,面临着贬值的风险,未来基金的支付能力面临挑战。

7.4.1 通货膨胀的冲击

通货膨胀对养老保险基金的冲击主要表现在以下两个方面：一方面，通货膨胀导致退休人员生活成本上升，进而"倒逼"政府要相应提高已退休人员的养老金水平，从而在不增加养老保险基金收入的情况下使养老保险基金支出增加，进而影响基金收支平衡；另一方面，在实行基金积累制的养老金体系下，通货膨胀导致过去积累的养老保险基金不断贬值，这会增加未来养老金的财务压力与支付风险，在通货膨胀特别严重的情况下甚至可能导致整个养老金体系崩溃。

1. 通货膨胀"倒逼"养老金待遇提升

通货膨胀将使退休职工的生活成本上升，消费能力下降。考虑到食品支出是老年人口最主要的生活开支，表 7.15 列出了 2000~2012 年中国城镇居民消费价格指数（consumer price index，CPI）、人均食品支出和恩格尔系数 3 个指标数据。从表 7.15 中可以看出，2000~2012 年城镇居民人均食品支出在不断增长，年均增长率达到 9.78%；城镇居民恩格尔系数年均下降 0.25%，城镇居民平均 CPI 为 102.3%。在城镇居民 CPI 较低[①]的 2000~2006 年，城镇居民人均食品支出平均增长率为 7.9%，城镇居民恩格尔系数年均下降 0.57%；而在城镇居民 CPI 较高[②]的 2007~2012 年，城镇居民人均食品支出平均增长率为 11.69%，城镇居民恩格尔系数不仅没有下降，反而略有上升。

表 7.15 城镇居民生活成本与 CPI 关系比较

年份	城镇居民 CPI/%	城镇居民人均食品支出/元	城镇居民恩格尔系数/%
2000	100.8	1 971	39.2
2001	100.7	2 014	37.9
2002	99.0	2 272	37.7
2003	100.9	2 417	37.1
2004	103.3	2 710	37.7
2005	101.6	2 914	36.7
2006	101.5	3 112	35.8
2007	104.5	3 628	36.3
2008	105.6	4 260	37.9
2009	99.1	4 479	36.5
2010	103.2	4 805	35.7
2011	105.3	5 506	36.3
2012	102.7	6 041	36.2

---

① 2000~2006 年城镇居民平均 CPI 为 101.1%。
② 2007~2012 年城镇居民平均 CPI 为 103.4%。

从图 7.7 中可以较为直观地看出城镇居民 CPI 增长率、人均食品支出增长率、恩格尔系数变化三者之间具有较为明显的相关性。用 SPSS 计算城镇居民 CPI 增长率与人均食品支出增长率的 Pearson 相关性系数达到 0.696，检验显著性水平的 p 值为 0.008，表明二者存在显著的正相关性，可以推断出通货膨胀会导致居民食品支出增加。城镇居民 CPI 增长率与恩格尔系数变化的相关性检验结果显示，Pearson 相关系数为 0.725，二者也存在显著的正相关关系。因此，通货膨胀会导致老年人食品等生活必需品支出大幅度增加，以及恩格尔系数上升，进而推动退休人员生活成本上升。为了保证退休职工正常的老年生活开支，需要政府根据通货膨胀水平不断调整退休人员的养老金待遇水平。由于通货膨胀是一个长期持续的现象，退休时间越往后推移，养老成本也就越高。

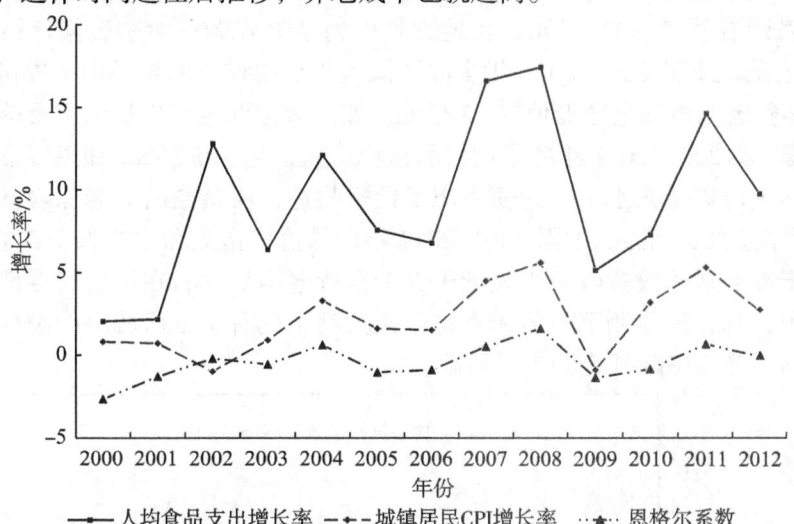

图 7.7　中国城镇居民历年人均食品支出、CPI 和恩格尔系数变化图

另外，受通货膨胀与劳动力市场变化的影响，近年来中国平均工资水平不断攀升，城镇非私营单位月平均工资从 2006 年的 1 738 元上涨到 2012 年的 3 897 元，年均增长 14.4%。为了确保参保职工退休后生活质量尽可能不下降，维持合理的养老金替代率水平，随着在职职工平均工资不断上涨，政府需要相应提高公共养老金的待遇水平，职工基本养老保险每月养老金待遇由 2006 年的 925 元逐渐增加到 2012 年的 1 721 元，年均增长 10.9%。虽然近几年养老金待遇有较大幅度增长，但仍然落后于社会平均工资的增幅，导致职工基本养老保险待遇水平下降。如果要保持未来养老金待遇率不变，则势必要求养老金待遇水平与社会平均工资同步增长。

2. 通货膨胀造成养老保险基金不断贬值

在基金积累制的养老制度安排下，通货膨胀意味着过去参保人所缴纳的养老金的购买能力下降，特别是当通货膨胀率超过养老金投资收益时，前期所积累的养老保险基金就会不断贬值。在通货膨胀率比较高的情况下，基金积累制的养老保险体系会受到冲击，现收现付制变成一个更加合理的选择（袁志刚，2001；郑秉文，2003a），但是现收现付制又不利于对居民财富的积累，无法抵御未来人口老龄化的冲击。2001~2011年社保基金账户年均收益率不到2%（郑秉文，2013），而这一时期的平均通货膨胀率为2.28%[①]，超过了社保结存基金的平均投资收益率，相当于每年贬值率达到0.28%。2012年全国各地社保基金总结余3.12万亿元，基本养老保险基金累计结存2.39万亿元，城乡居民养老保险基金累计结余2 302亿元，各地方管理的基本养老保险基金累计结余超过20 000亿元。按照2001~2011年全部社保基金平均收益率与平均通货膨胀率估算，每年养老保险基金净贬值约73亿元。如果考虑到老年生活最主要的开支是食品支出，而2001~2011年的平均食品物价指数达到105.38%，如果以食品价格指数来体现通货膨胀水平，即使考虑了投资收益，所结余的养老保险基金每年净损失也高达887亿元。中国2001~2012年食品价格指数和CPI如图7.8所示。正是由于养老金的投资收益大大低于养老金待遇增长率，在历史隐性债务显性化过程中，基金积累制下转轨成本将会大大高于现有文献所测算的隐性债务水平，加剧了养老保险基金的支付风险。

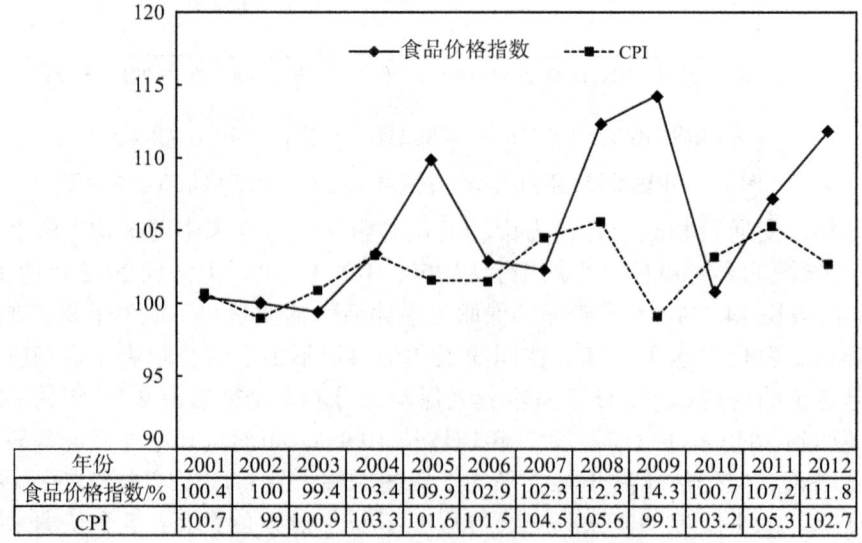

图7.8 中国2001~2012年食品价格指数和CPI

[①] 由2001~2011年城镇居民消费物价指标算术平均数计算得到。

7.4.2 投资渠道窄、收益不稳定

现有文献普遍认为（邓大松和刘昌平，2012），投资渠道单一是养老保险基金难以保值增值的主要原因。特别是地方社保基金，为了保障养老保险基金投资的安全运营，国家规定养老保险基金只能存入银行和购买国债。按照《关于完善城镇社会保障体系的试点方案》（国发〔2000〕42号）的规定："个人账户基金由省级社会保险经办机构统一管理，按国家规定存入银行，全部用于购买国债，以实现保值增值。"虽然银行存款和国债投资可以降低投资风险，并获得稳定的收益，但其回报率过低无法抵消通货膨胀带来的损失。2012年年末，中国养老保险基金结余的规模为27 677亿元，其中职工基本养老保险结余25 297亿元（占91.4%），居民社会养老保险结余2 380亿元（占8.6%）。从养老保险结余基金投资结构来看（表7.16），受政策与法规限制，职工基本养老保险与城乡居民养老保险基金都以财政专户存款为主，分别占79.7%和94.4%；职工基本养老保险基金有少量投资于债券、委托存款和协议存款，约占8.6%；而居民社会养老保险投资渠道更加单一，这与居民社会养老保险统筹层次较低有关。总体上，因为社保基金投资范围目前受到较大的限制，在确保基金安全的情况下，投资收益率相应受到一定影响。

表7.16 全国养老保险结余基金投资结构表

资产项目		财政专户存款	支出户	暂付款	债券投资	委托存款	协议存款	基金总资产
职工基本养老保险	金额/亿元	20 170	1 139	1 816	196	918	1 058	25 297
	结构/%	79.7	4.5	7.2	0.8	3.6	4.2	100.0
居民社会养老保险	金额/亿元	2 247	55	46	32	—	—	2 380
	结构/%	94.4	2.3	1.9	1.4	—	—	100.0
养老保险基金合计	金额/亿元	22 417	1 194	1 862	228	918	1 058	27 677
	结构/%	81.0	4.3	6.7	0.9	3.3	3.8	100.0

资料来源：人力资源和社会保障部《2012年全国社会保险情况》

与地方社保基金相比，全国社保基金拥有更高的投资收益率，但由于全国社保基金主要投资于股票、债券等金融市场，各期的收益率比较不稳定。从图7.9可以看出，2001年以来，全国社保基金投资收益率最高的是在2007年，由于当年证券市场比较火爆，投资收益率高达43.19%，但随后受股市暴跌的影响，2008年的投资收益率为-6.79%。总体而言，全国社保基金的投资回报率波动幅度极大，这说明全国社保基金投资于证券市场虽然能够获得高于银行存款的收益率，但也面临着较大的投资风险。

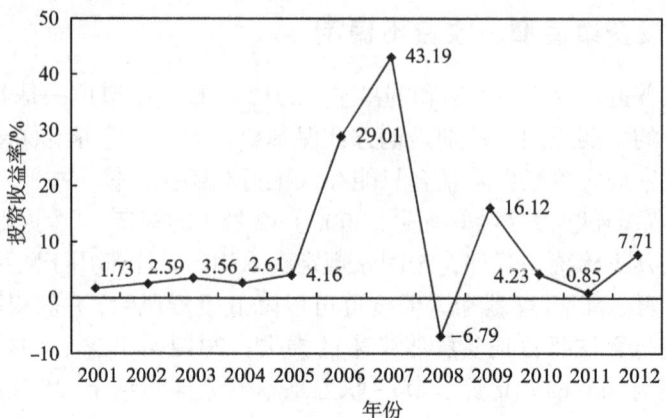

图 7.9 2001~2012 年全国社保基金投资收益率
资料来源：全国社保基金理事会网站

7.4.3 社保基金管理"零散化"

社保基金管理的"零散化"也是制约基金保险增值的重要原因。目前，五险基金管理基本上是县（市）级统筹，只有北京等个别地区实现省级统筹。大多数社保基金都放在各级财政专户上，由各级政府的财政部门与经办机构负责管理。3万多亿元的社保基金分布在 2 000 多个县（市）级统筹单位（郑秉文，2010），且不同险种基金的管理核算是独立的（养老、医保、失业等各类基金分别独立管理），每个统筹单位又有多个基金行政管理机构，这导致几万亿元的社保基金就被人为分割成几千个独立管理的基本单位，呈现出严重的"零散化"状态。当前中国社保经办机构的设置与管理较为混乱，多数地区社保经办机构实行本级政府和上级经办机构双重管理：经办机构的运行经费列入同级政府的财政预算，工作人员人事关系和场地设施等也由同级政府属地管理，上级社保经办机构负责对下级经办机构的业务指导。上级社保经办机构对下级经办机构只是负责业务指导，在机构设置、人事安排、经费使用、设施管理、职责分工等方面没有话语权，导致整个社保经办机构管理体系混乱，具体表现如下。

（1）机构设置的混乱，社保机构设置与职责分工由各级地方政府决定，导致不同级别、不同地区的社保经办机构"五花八门"，有的地区社保局只负责养老、工伤、生育，医保和失业保险分别由同一行政级别的医保中心、就业局负责管理；有的地方将工伤保险和生育保险又划入医保中心管理，社保局只负责养老保险；还有的地方为了更多地争取财政工作经费，设立独立工伤中心，与社保局、就业局、医保中心同属于一级预算单位。

（2）社保机构体系设置混乱导致了管理混乱。一方面，社会保障基金管理机构混乱与分散、管理层次过多，使基金互济性差、资金运营不集中、基金管理效率低；也就无法发挥规模效应，无法达到分散风险、集中营运获利的目的。另一方面，各地区、各部门、各险种分别设置独立的管理机构，造成了机构重置、人员冗余和效率低下，加大了监管难度，提高了行政管理成本。

（3）社保经办机构人事财务属地化管理，导致事权与财权不匹配。目前基本养老保险基金已基本实现省级统筹，正在向全国统筹方向发展，而城乡居民养老保险也在逐步提高统筹层次。也就是说养老金保险基金运营与支付的"事权"在省级经办机构，中央也有义务进行养老保险跨区域的基金调剂。但社保经办机构的人事、财务等却由各级地方政府属地化管理，存在着"事权"与"财权"不对称的问题，导致养老保险管理上"碎片化"与区域间经办机构的"苦乐不均"，影响了制度的统一性与权威性。

7.5 基本养老保险基金收支缺口预测

在目前全国范围内统一实施的三大养老金体系中，机关事业单位退休金将政府财政收入作为后盾，且机关事业单位职工数量有限，所以养老金支付风险较小，面临的主要挑战是基金积累制改革过程中的隐性债务问题。居民养老保险目前的养老金待遇水平较低，如果保持现有的政策不变，未来也不会有财务支付风险，更多的是面临政策风险。而职工基本养老保险受历史遗留问题、人口老龄化等影响最为显著，已有的文献研究认为将面临较大的基金支付风险，所以本节重点预测在人口老龄化趋势下，未来中国基本养老保险基金收支缺口的变化趋势。

世界银行 PROST[①]模型是应用最为广泛的养老金预测模型，可用于模拟养老金体系随时间变化的动态趋势（如收支、隐性债务等），也可用于模拟养老金改革的财政方面的影响。目前，该模型已在 90 多个国家运用，为养老金政策的探讨提供数量层面的支撑，但作为一个通用软件，PROST 模型与中国实际情况有一定差距。国内的许多研究都是在参考 PROST 分析框架的基础上，结合中国的实际情况进行预测。何平（2000）对未来 50 年中国在职职工和退休人员构成、基本养老保险基金的收支总量和基金状况、参保单位缴费率水平的测算等问题进行了详细的分析，认为按照现行退休年龄，社会统筹基金在未来 28 年中平均每年将出现 1 030 亿元的缺口，总缺口为 2.88 万亿元。王晓军（2000）在缴费率、替代率和退休年龄基本保持现有水平不变的情况下，测算了 2000~2050 年每一年的基金收支状况、缺口规模，以及这 50 年的总缺口，重点分析了人口老龄化对社会养老保险基金的冲击，认为到 2025 年中国城镇基本养老保险基金收入将首次小于支出，到 2050 年年度收支差将达到 1.30 万亿元，累计负债将达到 16.64 万亿元。

---

① pension reform options simulation toolkit.

据世界银行的 Sin 和 Yu（2005）估算，2001~2075 年，中国基本养老保险的缺口将达到 9.15 万亿元。2005 年劳动和社会保障部指出，中国未来 30 年养老金的缺口将达到 6 万亿元。孟昭喜（2008）针对中国基本养老保险制度特征，在世界银行的 PROST 模型基础上，考虑中国养老制度转轨中"老人""中人"和"新人"的差异，认为中国基本养老保险 2025 年基金收支开始出现缺口。

本书在参考借鉴已有的相关研究基础上，对中国基本养老保险未来的基金收入进行预测，主要意义如下：首先，已有的预测都是在 2010 年以前进行的研究，随着近几年中国工资与物价的快速上涨，养老金替代率、参保人数、投资收益等关键参数发生了极大变化，同时 2010 年人口普查也为未来老龄化趋势提供了新的信息，所以在新的阶段对基本养老保险基金收支进行预测，有利于动态掌握养老保险基金缺口与支付风险。其次，2010 年出台的《中华人民共和国社会保险法》[①]对中国职工基本养老保险的参保对象进行了明确的界定，为科学测算应参保人数提供了依据。最后，在对劳动力跨区域流动研究的基础上，对各地区养老保险基金的收支进行测算，有利于系统分析中国养老保险基金的区域差异，为养老保险基金的跨区域调剂提供参考。

7.5.1　基本养老保险基金收入预测

基本养老保险基金收入预测公式为

$$F_I^t = P_W^t \times C_P^t \tag{7.15}$$

式中，F_I^t 为第 t 期基本养老保险基金收入；P_W^t 为第 t 期在职参保人数；C_P^t 为第 t 期参保人员人均缴费收入。

在职参保人数的计算方法为

$$P_W^t = N_P^t \times R_P^t \tag{7.16}$$

式中，N_P^t 为第 t 期在职应参保人数；R_P^t 为第 t 期参保率。

1. 应参保人数

由于基本养老保险应参保人数主要集中在城镇地区，所以应参保人数与经济活动人口、城镇化率等因素相关。将经济活动人口与城镇化率相乘得到城镇经济活动人口，建立应参保人数与城镇经济活动人口的曲线方程，用 SPSS 软件对多个曲线模型进行测试与比较，因为应参保人数肯定不可能超过经济活动人口，所以最后采用的是拟合效果较好且增长趋势符合其特征的 S 曲线函数，估计方程的表达式为

$$N_P = e^{\left(11.28 - \frac{31443.6}{P_E}\right)} \tag{7.17}$$

$$R^2 = 0.929, \ F = 156.60$$

[①] 《中华人民共和国社会保险法》于 2010 年出台，2011 年 7 月 1 日起实施。

式中，N_P 为应参保人数；P_E 为城镇经济活动人口。

要预测应参保人数必须先预测城镇经济活动人口，根据前文人口老龄化的数据，可以推算出未来中国劳动年龄人口和经济活动人口[①]，只需对城镇化进程进行预测，图 7.10 给出了 1978~2012 年中国城镇化发展趋势。

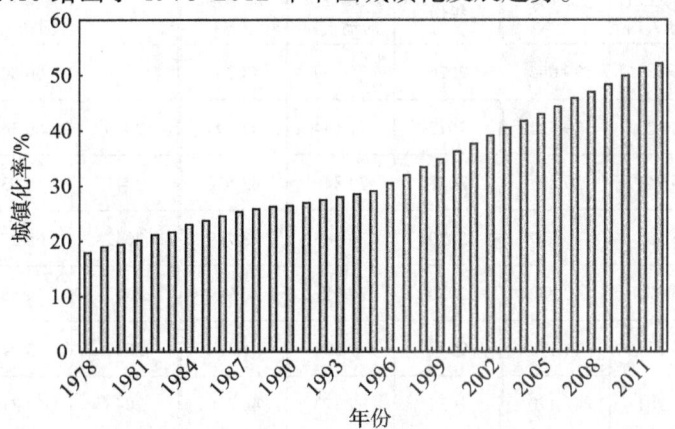

图 7.10 1978~2012 年中国城镇化趋势

根据 7.1.3 小节中采用 Logistic 模型对中国未来城镇化进程进行预测的结果（表 7.17），预计未来中国城镇化率水平将会进一步提升，但城镇化趋势有所放缓，到 2050 年城镇化率将超过 80%。

表 7.17 中国 2013~2050 年城镇化率预测（单位：%）

年份	城镇化率	年份	城镇化率	年份	城镇化率
2013	53.18	2026	66.15	2039	76.13
2014	54.25	2027	67.04	2040	76.75
2015	55.32	2028	67.90	2041	77.36
2016	56.37	2029	68.75	2042	77.95
2017	57.41	2030	69.58	2043	78.51
2018	58.44	2031	70.39	2044	79.06
2019	59.46	2032	71.18	2045	79.59
2020	60.46	2033	71.95	2046	80.10
2021	61.45	2034	72.69	2047	80.60
2022	62.42	2035	73.42	2048	81.07
2023	63.38	2036	74.13	2049	81.53
2024	64.32	2037	74.82	2050	81.97
2025	65.24	2038	75.48		

① 假定劳动参与率保持 2012 年 74.6%的水平。

根据城镇化率与前文预测的经济活动人口可以计算 2013~2050 年城镇经济活动人口，并利用式（7.17）估计应参保人数，结果如表 7.18 所示。

表 7.18　基本养老保险应参保人数预测结果（单位：万人）

年份	城镇经济活动人口	应参保人数	年份	城镇经济活动人口	应参保人数	年份	城镇经济活动人口	应参保人数
2013	76 769	39 085	2026	71 599	43 209	2039	66 809	45 120
2014	76 424	39 521	2027	71 134	43 394	2040	66 360	45 156
2015	75 945	39 894	2028	70 848	43 630	2041	65 932	45 194
2016	75 556	40 277	2029	70 385	43 789	2042	65 373	45 170
2017	75 674	40 832	2030	70 051	43 984	2043	64 555	45 026
2018	75 324	41 198	2031	69 636	44 135	2044	63 942	44 958
2019	74 761	41 470	2032	69 313	44 310	2045	63 316	44 874
2020	74 520	41 841	2033	69 054	44 497	2046	62 674	44 773
2021	74 210	42 174	2034	68 743	44 650	2047	62 200	44 737
2022	74 051	42 544	2035	68 403	44 784	2048	61 697	44 675
2023	73 657	42 816	2036	68 097	44 920	2049	61 328	44 666
2024	72 794	42 896	2037	67 723	45 020	2050	61 031	44 680
2025	72 242	43 075	2038	67 234	45 060			

2. 目标参保率设定

对未来职工基本养老保险参保率的设定也采用趋势外推法进行预测，由于参保率最高不可能超过 100%，所以采用 Logistic 模型进行预测（上限值设为 100%），用 1998~2012 年样本对时间进行回归分析的结果为

$$R_\mathrm{U} = \frac{1}{1/100 + 0.017 \times 0.955^t}　　　　（7.18）$$

$$R^2 = 0.886,\ F = 93.62$$

式中，R_U 为城镇化率；t 为时间虚拟变量。

参保率预测结果如表 7.19 所示，根据预测结果，2050 年基本养老保险目标参保率将达到 90.29%。

表 7.19　2013~2050 年基本养老保险目标参保率预测（单位：%）

年份	参保率	年份	参保率	年份	参保率
2013	58.68	2026	72.56	2039	83.59
2014	59.82	2027	73.53	2040	84.30
2015	60.94	2028	74.48	2041	84.99
2016	62.06	2029	75.40	2042	85.65
2017	63.17	2030	76.31	2043	86.30
2018	64.27	2031	77.20	2044	86.93
2019	65.35	2032	78.07	2045	87.53
2020	66.43	2033	78.92	2046	88.12
2021	67.49	2034	79.75	2047	88.69
2022	68.54	2035	80.56	2048	89.25
2023	69.57	2036	81.35	2049	89.78
2024	70.58	2037	82.12	2050	90.29
2025	71.58	2038	82.86		

3. 基金收益与财政补助设定

以 2013 年 7 月实施的银行利率计算，整存整取一年期利率为 3.25%、三年期为 4.25%、五年期为 4.75%。而 2013 年 6 月发行的凭证式国债三年期票面年利率为 5.0%；五年期票面年利率为 5.41%。基于以上信息，考虑到中国 80% 以上的基金都以财政专户存款的形式存在，所以假定结余基金的投资收益率按银行一年期和三年期定期存款利率加权平均数 3.5% 计算。另外，由于财政补助属于外生性融资渠道，且难以预计，所以在对基金收支预测中，暂不考虑政府财政对社保基金的补贴。

4. 基本养老保险基金收入预测

2012 年基本养老保险基金收入为 20 001 亿元，其中征缴收入 16 467 亿元，在职参保人数为 22 981 万人，人均基金征缴收入为 7 165 元/年。在前文关于参保人数等相关变量预测基础上，根据式（7.15）对未来基金收入进行预测。假定人均基金收入与工资水平按 3% 的速度同步增长[①]，表 7.20 给出了基金征缴收入预测结果。从表 7.20 中可以看出，随着城镇化进程加快与参保率提升，未来参保人数呈先增后减的趋势，在 2040 年之后则由于年轻人减少，参保的绝对人数开始下降，预计到 2050 年参保人数为 29 491 万人。从基金收入来看，2013~2040 年由于参保人数与工资水平上升，未来基金收入呈不断增长的趋势；不过 2040 年之后由于

---

① 在本书 7.5.4 小节中将模拟不同工资增长速度的养老基金收入情况。

参保人数减少，基金的增幅也逐渐下降。预计到 2050 年基金年度收入达到 6.89 万亿元。

表 7.20　2013~2050 年基本养老保险基金征缴收入预测

年份	参保人数/万人	基金收入/亿元	年份	参保人数/万人	基金收入/亿元
2013	23 625	17 708	2032	31 227	45 344
2014	24 264	19 007	2033	31 420	46 608
2015	24 905	20 374	2034	31 594	47 806
2016	25 587	21 845	2035	31 787	48 990
2017	26 111	23 245	2036	31 940	50 065
2018	26 551	24 619	2037	32 049	51 008
2019	27 130	26 172	2038	32 152	52 348
2020	27 676	27 754	2039	32 205	54 076
2021	28 279	29 454	2040	32 237	55 817
2022	28 778	31 111	2041	32 160	57 407
2023	29 081	32 599	2042	31 922	58 723
2024	29 463	34 189	2043	31 740	60 179
2025	29 710	35 644	2044	31 479	61 502
2026	29 948	37 087	2045	31 152	62 708
2027	30 226	38 581	2046	30 901	64 098
2028	30 399	39 942	2047	30 574	65 339
2029	30 612	41 335	2048	30 243	66 586
2030	30 791	42 663	2049	29 889	67 791
2031	30 993	43 994	2050	29 491	68 900

7.5.2　基本养老保险基金支出预测

基本养老保险基金支出预测的基本算法是

$$F_O^t = P_R^t - B_P^t \tag{7.19}$$

式中，F_O^t 为第 t 期养老保险基金支出；P_R^t 为第 t 期退休参保人数；B_P^t 为第 t 期人均养老保险金支出。

1. 退休参保人数预测

对第 t 期养老保险基金支出 F_O^t，采用如下方法测算：

$$F_O^t = F_O^{t-1} + P_N^t - P_D^t \tag{7.20}$$

式中，P_N^t 为第 t 期新增退休参保人数；P_D^t 为第 t 期死亡退休参保人数。

当期新增退休参保人数 P_N^t 的计算方法为

$$P_N^t = N_R^t \times R_{pr}^t \tag{7.21}$$

第 7 章 可持续性的挑战：财务收支不平衡

式中，N_R^t 为第 t 期新增退休人数；R_{pr}^t 为当期新增退休人员参保率，由于未来各年在职参保人员的年龄结构无法预测，所以新退休人员参保率用上年在职人员参保率替代。由于男、女退休年龄差异，所以要分性别估算新退休年龄人口参保率，以男性为例，退休年龄人口的参保率可以用如下公式近似估算：

$$R_{mp}^{t,61} = R_{pr}^{t-1} + \left(\frac{P_W^{t-1}}{P_E^{t-1}} - \frac{P_W^{t-2}}{P_E^{t-2}} \right) \quad (7.22)$$

式中，P_W^{t-1} 为第 $t-1$ 期在职参保人数，计算方法见式（7.17）；P_E^{t-1} 为第 $t-1$ 期经济活动人口，可以根据分年龄人口预测数据计算得到。女性退休年龄人口参保率 $R_{wp}^{t,56}$ 也可以采用类似方法计算得到。

当期死亡退休参保人数 P_D^t 的计算方法为

$$P_D^t = \sum_{r=56/61}^{101} P_{DR}^{t,r} \times R_{dp}^r \quad (7.23)$$

式中，r 为年龄；$P_{DR}^{t,r}$ 为第 t 年 r 岁退休年龄人口死亡人数；R_{dp}^r 为 r 岁退休年龄人口的参保率，R_{dp}^r 可以根据式（7.22）所计算的各年男性退休年龄人口参保率 $R_{mp}^{t,61}$ 和 $R_{wp}^{t,56}$ 推算得到。

式（7.19）~式（7.23）需要采用分性别、分年龄人口参保率等数据以递推方式进行测算，表 7.21 给出了各期退休年龄人口及当期退休参保人数。

表 7.21　2013~2050 年退休年龄人口及当期退休参保人数预测（单位：万人）

年份	新增退休年龄人口	死亡退休年龄人口	年末退休年龄人口	退休参保人数
2013	1 555	653	23 764	7 276
2014	1 451	685	24 697	7 476
2015	1 510	716	25 495	7 701
2016	1 334	748	26 320	7 885
2017	1 830	779	26 937	8 222
2018	2 066	812	28 020	8 645
2019	1 712	846	29 307	8 976
2020	1 786	877	30 208	9 342
2021	1 639	910	31 148	9 674
2022	1 939	941	31 910	10 117
2023	2 529	976	32 939	10 778
2024	2 242	1 016	34 528	11 360
2025	2 387	1 055	35 794	12 012
2026	2 273	1 095	37 165	12 641

续表

年份	新增退休年龄人口	死亡退休年龄人口	年末退休年龄人口	退休参保人数
2027	2 121	1 136	38 382	13 231
2028	2 348	1 177	39 408	13 924
2029	2 201	1 219	40 620	14 576
2030	2 230	1 261	41 644	15 257
2031	2 105	1 306	42 655	15 902
2032	1 961	1 348	43 498	16 501
2033	1 986	1 395	44 153	17 123
2034	1 948	1 439	44 791	17 741
2035	1 829	1 483	45 344	18 318
2036	1 838	1 527	45 734	18 909
2037	1 860	1 568	46 089	19 519
2038	1 780	1 609	46 421	20 103
2039	1 819	1 646	46 634	20 715
2040	1 785	1 680	46 845	21 321
2041	1 944	1 718	46 984	22 012
2042	2 208	1 751	47 248	22 847
2043	2 011	1 789	47 738	23 595
2044	2 116	1 825	47 997	24 409
2045	2 189	1 854	48 324	25 275
2046	1 981	1 885	48 689	26 044
2047	2 080	1 912	48 816	26 878
2048	2 028	1 939	49 012	27 695
2049	2 026	1 964	49 127	28 524
2050	2 056	1 985	49 215	29 380

注：以 2012 年为基期进行预测

2. 记账利率与替代率设定

目前养老金待遇支付分为两部分，即基础养老金和个人账户养老金，在参保人缴费年限确定的情况下，基础养老金与平均工资同步增长，前文假定平均工资增速为 3%；我们假定平均养老金待遇的增速也为 3%。这样能够使养老金待遇增速与社会平均工资增速保持一致，避免已经处于较低水平的职工基本养老保险替代率水平进一步下降。另外，个人账户养老金的增长还与个人账户记账利率相关，前面假定养老金的投资收益率为 3.5%，但个人账户的记账利率往往与一年期定期存款的利率相同，2013 年各地区个人账户的记账利率水平为 2%~4%，所以假定个人账户养老金记账利率为 3%。

3. 基本养老保险基金支出预测结果

2012 年全国基本养老保险基金支出 15 562 亿元,当年人均养老保险基金支出为 18 336 元。根据前文所阐述的预测方法和参数设定,对养老保险基金支出进行预测,表 7.22 给出了未来基本养老保险基金支出的预测结果,从表 7.22 中可以看出,未来随着人口老龄化的加速和养老金待遇水平不断提高,养老保险基金支出将不断增长,2050 年基金支出达到峰值 17.6 万亿元左右。

表 7.22 基本养老保险基金支出预测(单位:亿元)

年份	基金支出	年份	基金支出	年份	基金支出
2012	15 562	2025	35 942	2038	85 471
2013	16 401	2026	38 795	2039	90 594
2014	17 242	2027	41 669	2040	95 920
2015	18 174	2028	45 001	2041	101 879
2016	19 059	2029	48 370	2042	108 777
2017	20 325	2030	51 993	2043	115 586
2018	21 849	2031	55 673	2044	123 033
2019	23 228	2032	59 370	2045	131 085
2020	24 760	2033	63 321	2046	139 007
2021	26 277	2034	67 441	2047	147 636
2022	28 155	2035	71 598	2048	156 569
2023	30 702	2036	76 000	2049	165 971
2024	33 162	2037	80 684	2050	175 964

7.5.3 基本养老保险基金收支缺口

在前文对基本养老保险基金收入与支出进行预测的基础上,测算全国和各地区基金收支的缺口(具体见附件 D:部分基金收支的预测数据),并进行各地区基金缺口的差异比较分析。

1. 全国基本养老保险基金收支缺口预测

2012 年基本养老保险基金总收入 20 001 亿元,其中征缴收入 16 467 亿元,各级财政补贴基本养老保险基金 2 648 亿元,全年基金总支出 15 562 亿元;基金累计结余已经达到 23 941 亿元。表 7.23 给出了在没有财政补贴情况下 2013~2050 年基本养老保险金年度结余的预测结果,从表 7.23 中可以看出,假定工资按 3%的速度增长,并保持现有的养老金替代率不变,基本养老保险基金在 2025 年以前可以实现收支平衡并略有结余,2025 年累计结余达到 5.24 万亿元左右。但老龄化导致参保人数减少和养老金支出增加,2026 年之后中国养老保险基金开始收不抵支，必须依靠以前的年度积累或者财政补贴才有可能实现平衡，到2050年基金年度缺口达到10.7万亿元左右，基金累计缺口将达到95.61万亿元左右。

表7.23 基本养老保险基金年度结余（单位：亿元）

年份	年度结余	累计结余	年份	年度结余	累计结余
2013	1 307	25 248	2032	-14 026	461
2014	1 765	27 013	2033	-16 713	-16 252
2015	2 200	29 213	2034	-19 635	-35 887
2016	2 786	31 999	2035	-22 608	-58 495
2017	2 920	34 919	2036	-25 935	-84 430
2018	2 770	37 689	2037	-29 676	-114 106
2019	2 944	40 633	2038	-33 123	-147 229
2020	2 994	43 627	2039	-36 518	-183 747
2021	3 177	46 804	2040	-40 103	-223 850
2022	2 956	49 760	2041	-44 472	-268 322
2023	1 897	51 657	2042	-50 054	-318 376
2024	1 027	52 684	2043	-55 407	-373 783
2025	-298	52 386	2044	-61 531	-435 314
2026	-1 708	50 678	2045	-68 377	-503 691
2027	-3 088	47 590	2046	-74 909	-578 600
2028	-5 059	42 531	2047	-82 297	-660 897
2029	-7 035	35 496	2048	-89 983	-750 880
2030	-9 330	26 166	2049	-98 180	-849 060
2031	-11 679	14 487	2050	-107 064	-956 124

注：基金收支缺口不考虑财政补贴收入；基金累计结余考虑了2012年的23 941亿元累计结余

2. 各地区养老保险基金收支预测

根据图7.11给出的各地区未来养老保险基金的收支预测结果，可知未来各地区养老保险基金的支出增速都将快于基金收入。对2012~2050年的基金收支情况，大体上可以分为以下两大类：第一类是在近期内能保持收支平衡并略有结余，但长期将收不抵支，如北京在2022年之后基金开始收不抵支，山西将在2038年左右开始收不抵支。第二类是在2050年之前都能保持基金的收入大于基金支出，包括重庆、四川、云南、西藏、甘肃、青海和宁夏，在现行政策不变的情况下，这些地区在2050年之前都不会出现基金支付风险。从区域分布情况可以看出，第二类情况主要集中在西部人口出生率比较高、未来老龄化程度不严重的地区；这些地区出生率较高，未来缴费人数较多、老龄化程度较低，因此基金收入相对较高而支出相对较少。基金缺口比较大的地区主要集中在出生率较低、未来老龄化程度比较严重的地区(如黑龙江、上海等),这些地区老龄化问题严重导致了在职参保人数减少,而领取退休养老金的人数却大量增加。

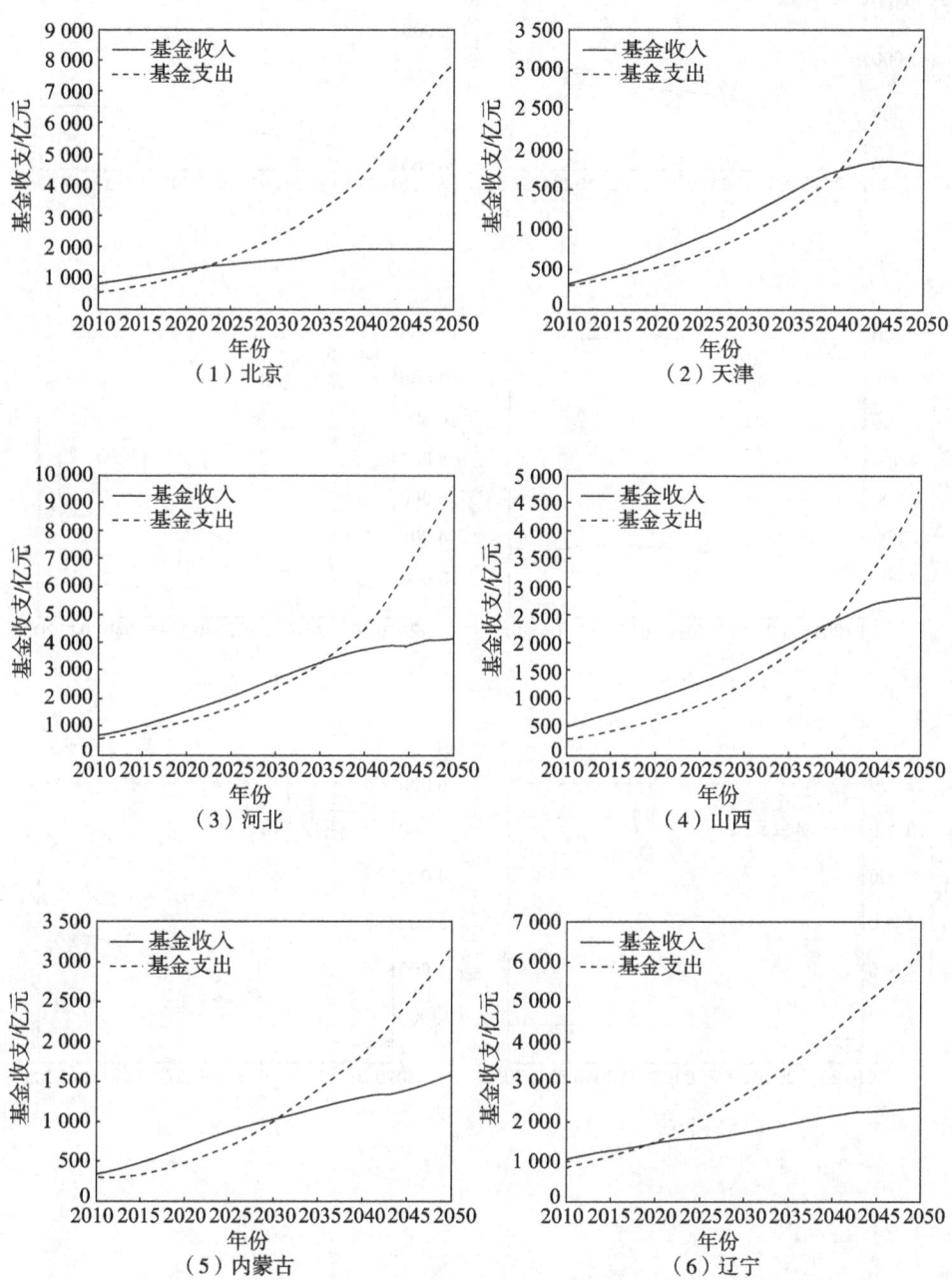

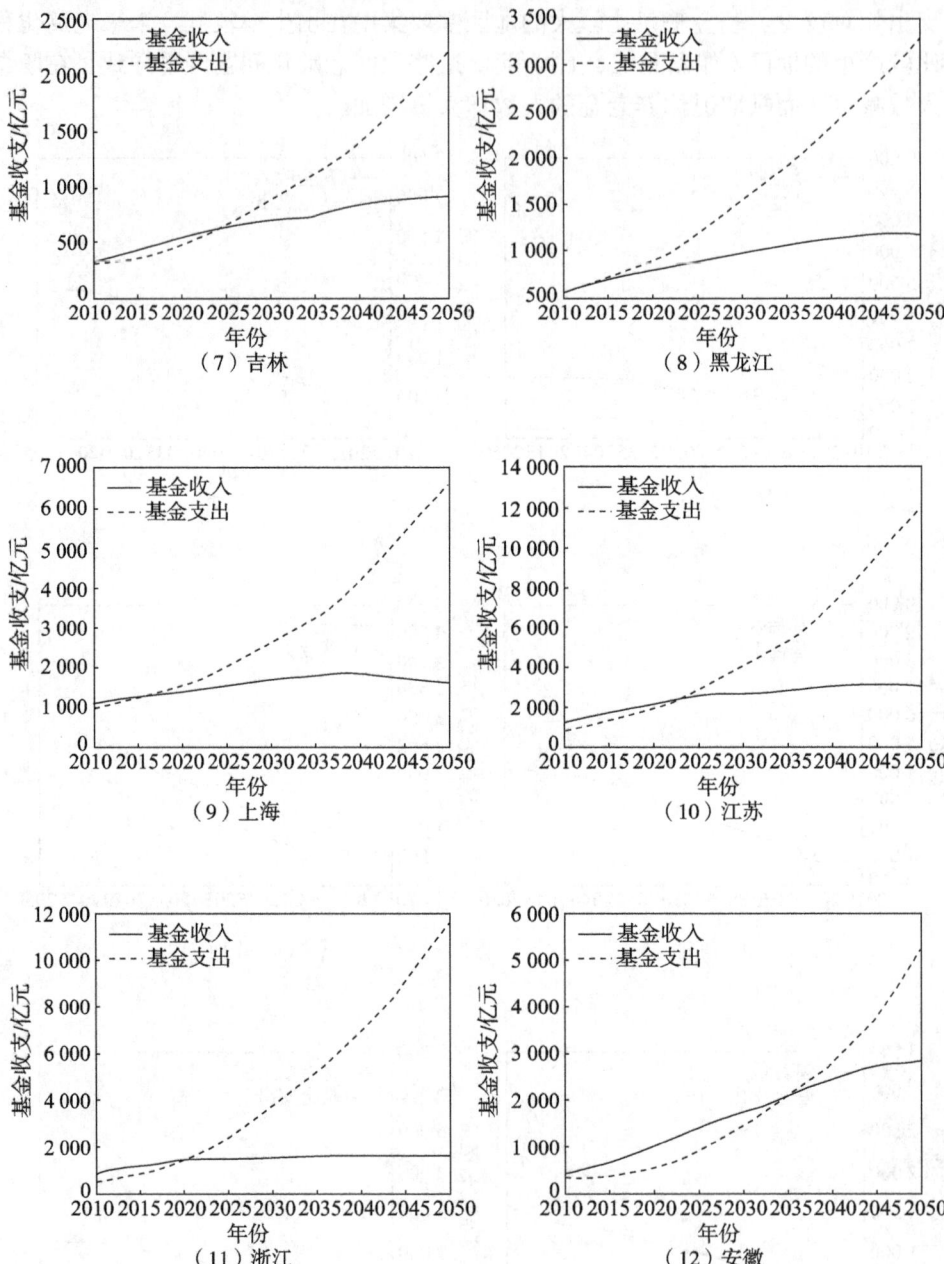

第 7 章 可持续性的挑战：财务收支不平衡 135

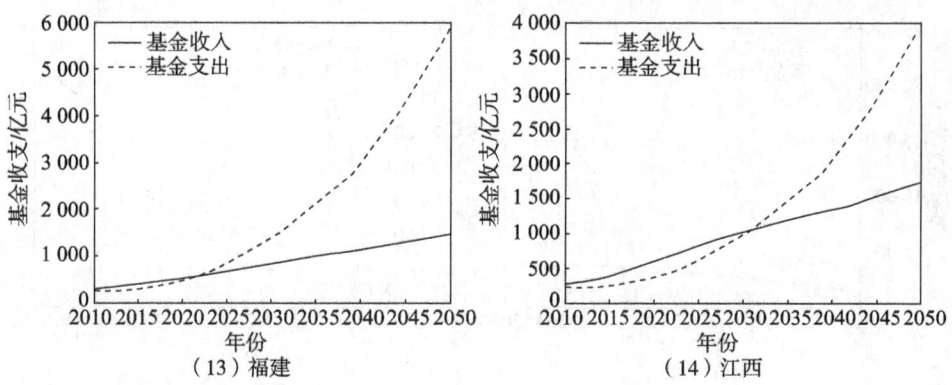

(13) 福建　　　　　　　　　(14) 江西

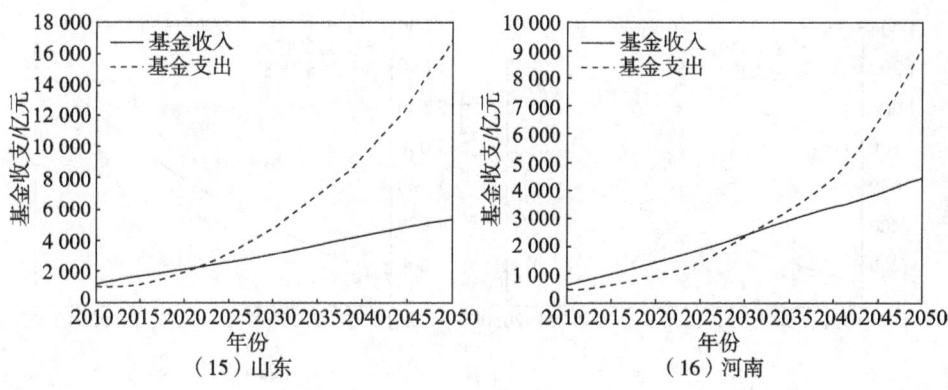

(15) 山东　　　　　　　　　(16) 河南

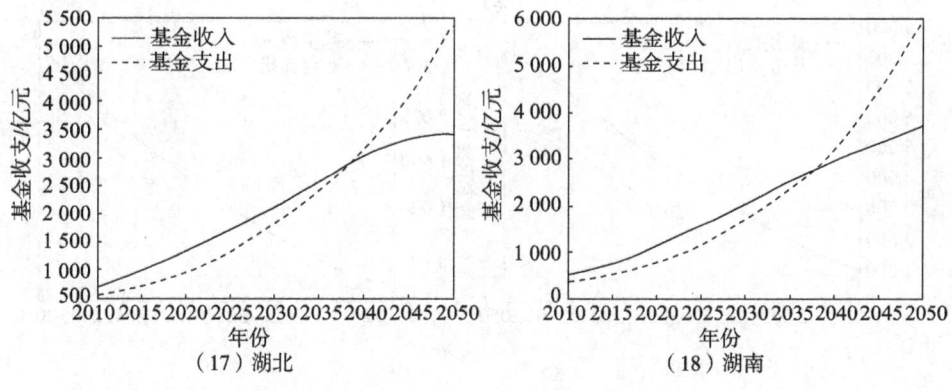

(17) 湖北　　　　　　　　　(18) 湖南

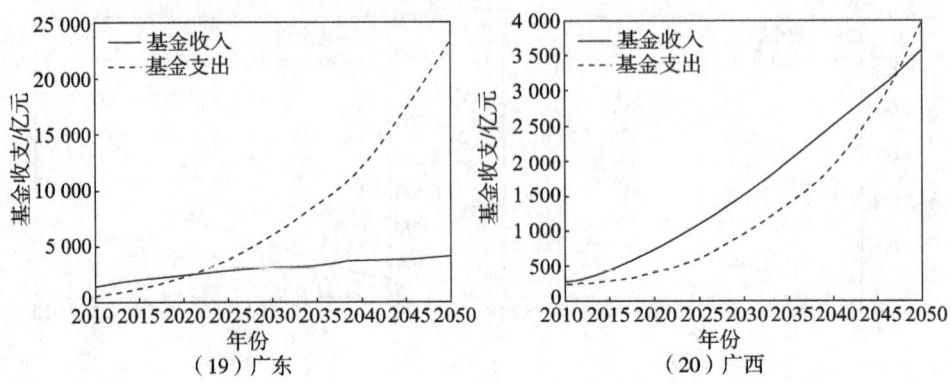

(19) 广东 (20) 广西

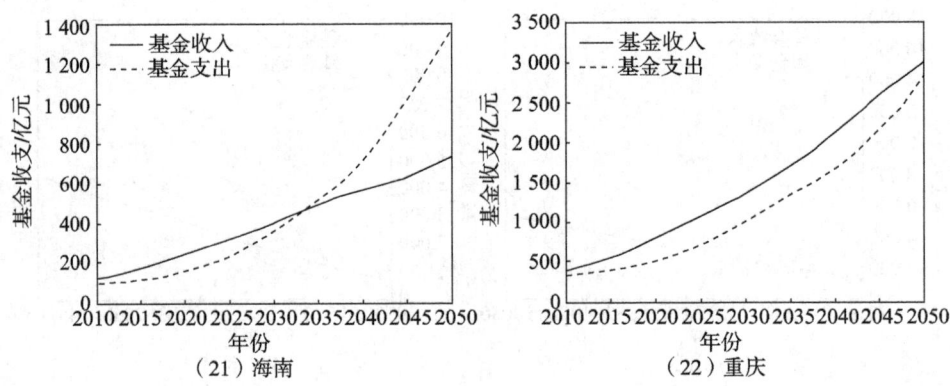

(21) 海南 (22) 重庆

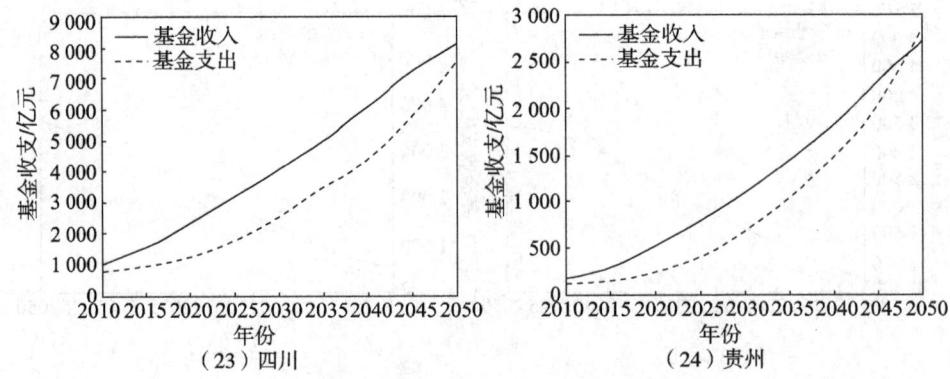

(23) 四川 (24) 贵州

第7章 可持续性的挑战：财务收支不平衡 137

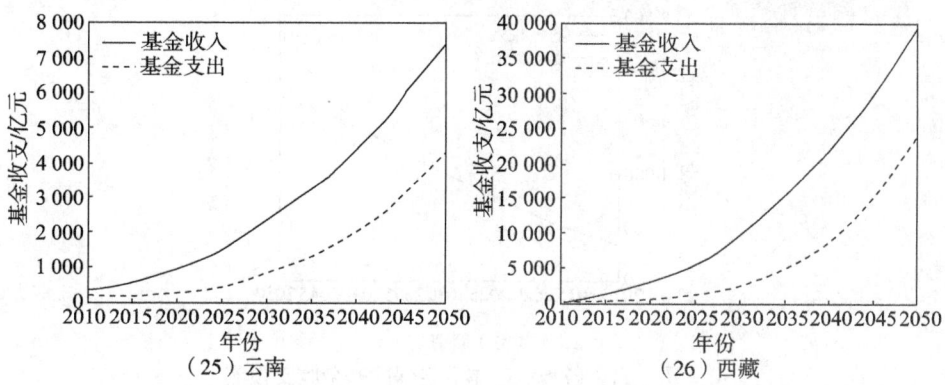

(25) 云南　　　　　　　　(26) 西藏

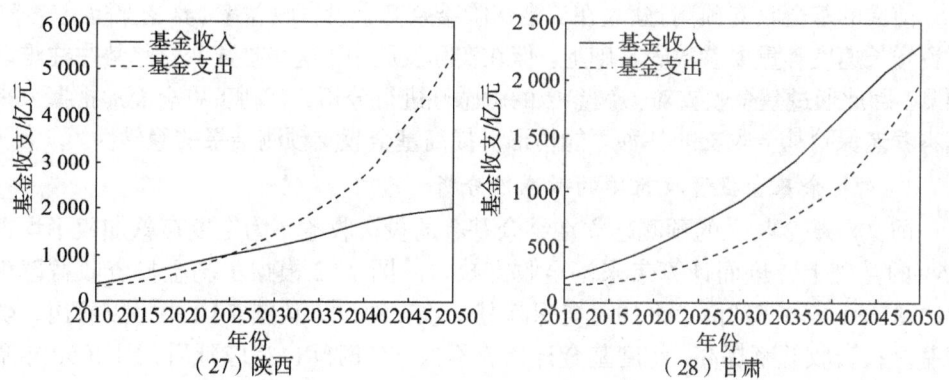

(27) 陕西　　　　　　　　(28) 甘肃

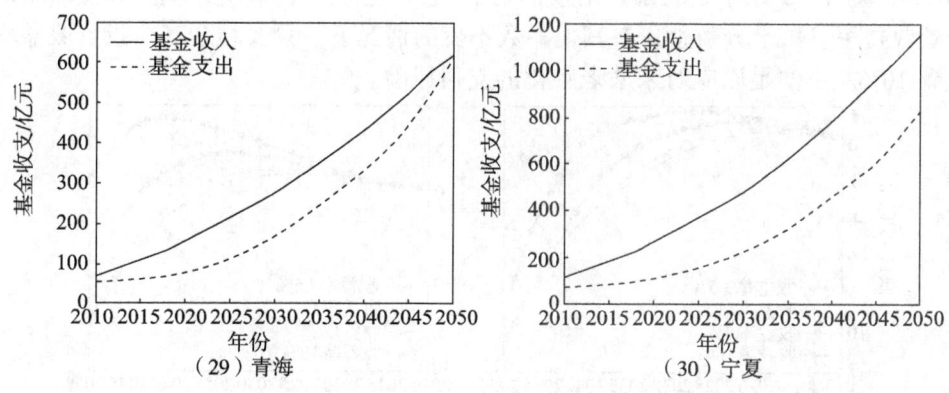

(29) 青海　　　　　　　　(30) 宁夏

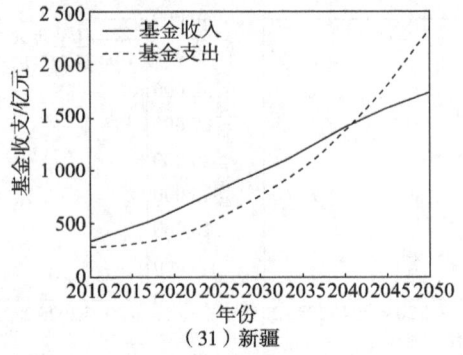

（31）新疆

图 7.11　各地区基本养老保险基金收支预测

7.5.4　基金收支的敏感性分析

前文的基金收支预测，建立在养老保险结余基金投资收益率、养老保险覆盖率、工资增长速度等重要参数的基础上。但在实际发展中，这些参数变化趋势往往难以预测。因此通过基金收支对关键参数的敏感性进行分析，有利于更全面地把握未来基本养老保险基金收支的各种可能情形，提高基金收支预测结果的稳健性。

1. 对结余基金投资收益率的敏感性分析

前文对基金收入的预测建立在结余基金的投资收益率为定期存款加权平均数 3.5% 的基础上，进而计算未来基金收支缺口。图 7.12 模拟了基金投资收益率为 5%、8% 和 10% 三种情形下的养老保险基金收支缺口。从图 7.12 中可以看出，随着基金投资收益率提高，年度基金开始收不抵支的时间也相应延后，到 2050 年基金累计结余分别为 −95.6 万亿元（3.5% 方案）、−90.5 万亿元（5% 方案）、−66.4 万亿元（8% 方案）和 9.1 万亿元（10% 方案）。根据测算，如果基金投资收益率大于 9.87%，则在 2050 年之前累计结余都大于 0。敏感性分析表明，基金收支对结余投资收益率参数十分敏感，在其他参数不变的情况下，只要结余基金投资收益率达到 10% 左右便足以应对未来老龄化的支付风险。

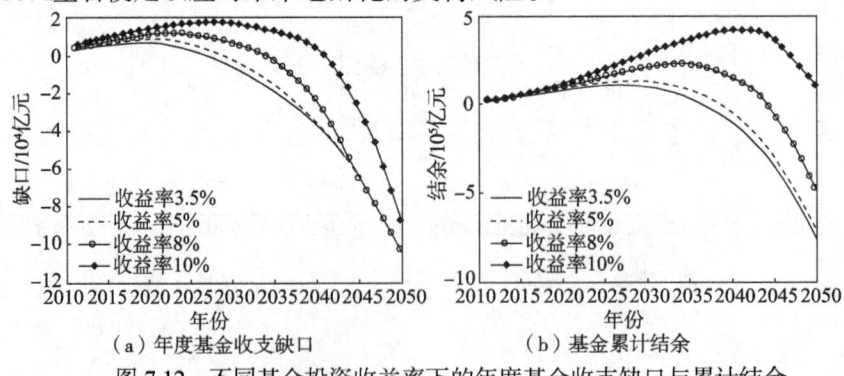

（a）年度基金收支缺口　　（b）基金累计结余

图 7.12　不同基金投资收益率下的年度基金收支缺口与累计结余

2. 对养老保险扩面速度的敏感性分析

为了分析不同的"扩面"速度对基金收支的影响，在设定基金年度投资收益率为 3.5%的条件下，对基本养老保险"扩面"速度做了如下三个方案设定。

方案 1：基本养老保险参保率一直保持 2012 年 58.2%的水平不变。在该方案下，2023 年养老保险基金开始出现收不抵支，2029 年养老保险累计结余基金为负，2050 年养老保险基金年度缺口达到 9.26 万亿元，累计缺口达到 95.86 万亿元。

方案 2：基本养老保险参保率按照 1%的速度递增，达到 90%后保持不变。在该方案下，2026 年养老保险基金开始出现收不抵支，2034 年养老保险累计结余基金为负，2050 年养老保险基金年度缺口达到 11.71 万亿元，累计缺口达到 97.82 万亿元。

方案 3：政府做出更大努力来提高养老保险参保率，养老保险参保率每年按 3%的速度递增，达到 90%后保持不变。在该方案下，2028 年养老保险基金开始出现收不抵支，2036 年养老保险累计结余基金为负，2050 年养老保险基金年度缺口达到 13.05 万亿元，累计缺口达到 108.83 万亿元。

从以上三个方案的模拟结果（图 7.13）可以看出，加快养老保险扩面，有利于延缓养老金收支缺口的时间；扩面在短期内有利于增加基金的收入，但会导致长期中养老金更大规模的支出，扩大覆盖面只能延缓基金缺口，但不能解决未来养老金收不抵支的矛盾。

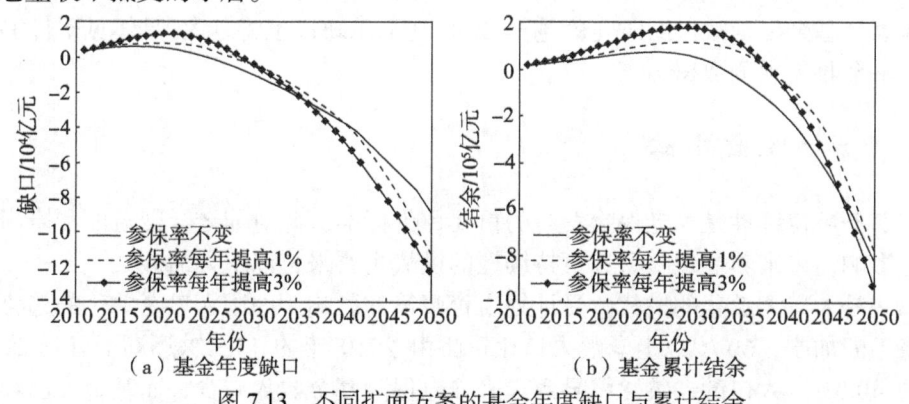

图 7.13　不同扩面方案的基金年度缺口与累计结余

3. 对工资增长速度的敏感性分析

假定养老金替代率保持不变，同时设定基金年度投资收益率为 3.5%，我们模拟了不同工资增长速度对养老保险基金收支的影响（图 7.14）。

方案 1：不考虑工资的增长，养老保险基金年度收支将在 2025 年开始出现缺口，需要动用以前结存的基金，在 2034 年以前累积的基金用完，到了 2050 年年度基金缺口是 3.64 万亿元，累计基金缺口达到 37.88 万亿元。

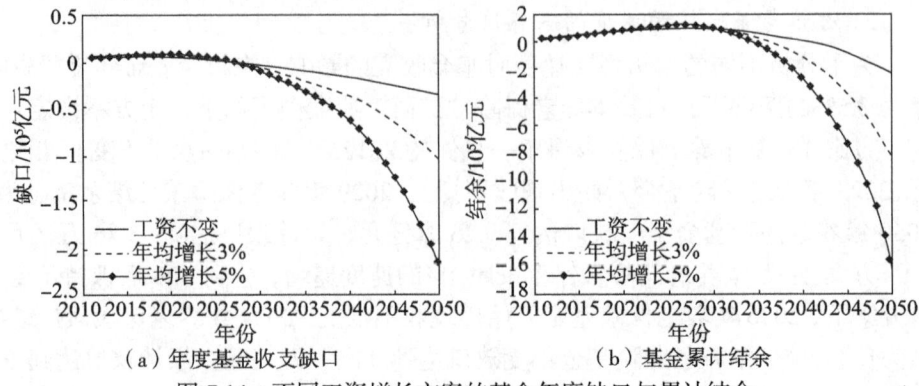

(a) 年度基金收支缺口　　　　(b) 基金累计结余

图 7.14　不同工资增长方案的基金年度缺口与累计结余

方案 2：假定工资年均增长 3%并保持替代率水平不变，养老保险基金年度收支也将在 2025 年开始出现缺口，开始动用以前结存的基金，在 2033 年以前累积的基金用完，到 2050 年年度基金缺口 10.69 万亿元，累计基金缺口达到 95.15 万亿元。

方案 3：假定工资年均增长 5%并保持替代率水平不变，养老保险基金年度收支也将在 2026 年开始出现缺口，需要动用以前结存的基金，在 2032 年以前累积的基金用完，到 2050 年年度基金缺口 22.21 万亿元，累计基金缺口将达到 177.35 万亿元。

以上分析表明，在养老金替代率水平不变情况下，如果工资增长越快，养老保险累计基金出现缺口的时间就越早，未来基金总缺口也将越大（具体见附件 D：部分基金收支预测数据）。

7.6　本章小结

财务可持续性是养老保险发展的重要评价标准，并对养老金覆盖面和恰当性产生影响，未来养老保险财务可持续性的挑战主要来自以下方面。

一是人口老龄化的挑战。受计划生育政策的影响，中国人口老龄化的趋势未来将不断加剧，60 岁以上老龄人口比重将由 2010 年的 13.32%逐渐上升到 2050 年的 40.0%。人口的老龄化将导致未来养老保险基金收入减少，而基金支出却不断增加，养老负担不断加重。

二是历史遗留问题的挑战。转轨成本是养老保险制度由国家保障的现收现付制向统账结合的半积累制转变产生的，并由此导致了养老保险的"空账"问题。另外国有企业养老保险体制改革中也存在大量历史债务补偿问题，但目前基本养老保险的"历史包袱"仍然没有解决。

三是区域财力不平衡的矛盾。养老保险基金统筹层次较低，导致了各区域之间财力结构不平衡，一些老工业基地历史包袱较重，基金收不抵支情况已经出现；

而广东等新兴工业区，则基金结余比较多。另外，劳动力的跨区域流动也造成各地区之间养老负担的差异。

四是基金保值增值的挑战。近几年受通货膨胀与投资渠道狭窄的影响，大量的地方社保基金只能存储在银行与购买国债，这使养老保险基金面临贬值风险；而基金管理的"零散化"也制约了基金管理效率的提高。

本章还对人口老龄化条件下未来职工基本养老保险基金收支缺口进行了预测，研究结果表明，如果不考虑财政额外补贴及生育政策变化等外生因素的影响，按照人口老龄化趋势，未来中国基本养老保险基金必将收不抵支，且规模要大大高于已有文献的测算结果，这可能与近年来中国养老保险待遇增速较快有关。同时，本书还模拟了不同情形下基金投资收益率、养老金"扩面"速度和工资增长速度变化对基金收支的影响。敏感性分析研究结果表明，如果未来养老基金投资收益率能保持在10%左右，则在2050年之前不会出现基金支付风险；扩大覆盖面只会延缓基金收支不平衡的时间；而如果工资增长很快，在保持替代率不变的条件下，会导致未来养老保险基金更大缺口。另外，通过对各地区基金收支的预测发现，未来西部老龄化程度较低的地区养老保险基金支付风险较小，而东部老龄化程度较高的地区则存在较大的养老保险基金支付风险。

第 8 章　改革思路及对策建议

养老保险改革是一项系统性工程，基于中国养老保险改革的问题复杂性与任务艰巨性，需要在顶层设计基础上按照循序渐进原则有序推进。本章从养老保险改革总体目标、战略步骤和重点举措三个层面提出相应的对策建议。

8.1　改革的总体思路

当前正处于中国养老保险体制改革的攻坚期与深化期，要构建与中国社会经济发展水平相适应的养老保险体系，既需要在宏观战略层面进行顶层设计，明确养老保险改革的目标与路径；也需要按照"全面覆盖、保障充分、衔接顺畅、财务持续"的目标，结合当前中国养老保险改革与发展所面临的各种问题与挑战，提出具体的解决方案，确保养老保险改革顺利实施。

8.1.1　养老保险改革总体思路

在过去养老保险改革中，中央往往只提出一个改革的总体方向与政策框架，由地方政府负责具体的政策实施，这导致从中央到地方一直未能形成一个完整的制度目标与发展共识（郑功成，2011）。当前养老保险制度改革面临的主要困境与挑战不是地方政府所能解决的，需要中央进行跨区域协调；也不是养老保险经办机构能够解决的，需要财政、民政等多个部门的统筹协调，在国家战略层面进行制度的顶层设计。

1. 养老保险改革目标

对养老金体系基本模式，"三支柱"养老模式是目前世界各国的主流养老模式（吉列恩，2002）。"三支柱"具体如下：第一支柱为公共基本养老金（缪艳娟，2012），由政府通过强制方式实施，主要目的是为老龄人口提供最基本生活保障，避免其陷入老年贫困的状态；并在一定程度上通过养老金的收入再分配促进社会公平。世界银行、ILO 等机构都建议第一支柱养老金体系通过税收方式筹集资金，并通过公共财政预算安排支出。第二支柱为职业年金，即由雇主根据其效益强制性或自愿性为职工建立个人养老金积累账户，目的是提高本单位职工退休后的生活质量。职业养老金的缴费主体是雇主，政府对职业年金通过减免所得税的方式给予税收优惠，职业年金所积累的基金一般由第三方机构进行管理和营运，以实现保值增值。在发达国家，职业年金已经成为养老金体系的核心支柱，以确保社会的养老安全（缪艳娟，2012）。第三支柱为个人储蓄性养老保险，是个人自愿参加的商业性养老金计划，是另两个支柱的必要补充，目的在于提高退休者生活水平。按照世界各国的实践经验，基本养老保障一般只提供最基本的老年生活保障，如果要确保退休后依靠退休金获得较高的生活质量水平，则还需要依靠职业年金和个人储蓄。国内许多学者建议参照国际上普遍推行的"三支柱"养老金模式，构建中国多支柱的养老金保障体系。郑功成（2011）基于中国比较重视家庭观念的传统，在世界银行"三支柱"体系基础上，提出中国应建立四个层次的养老保险保障体系，即家庭保障、基本养老保险、职业年金保障和商业性养老保障；并认为基本养老保险的替代率保持50%左右为宜。董克用（2013）提出的"三支柱"体系如下：第一支柱基本养老金采用现收现付制，由养老保险经办部门负责；第二支柱职业年金计划采取完全积累制以避免个人账户空账运行，由各个独立基金机构负责运营管理；第三支柱是通过个人养老储蓄计划进一步提高少数人群的养老保障。另外一些文献也对中国养老保障体系进行了研究（席恒和翟绍果，2012）。

中国早在1991年出台的《国务院关于企业职工养老保险制度改革的决定》中就提出了建立包括企业补充养老保险在内的多层次的养老保险制度。但机关事业单位与企业职工养老金改革不同步，以及后面改革试点中针对不同人群设计了一些特殊的养老保险项目，导致了中国养老保障体系的层次过多，结构混乱。合理设计养老保障模式，是明确公共养老金体系的功能定位与发展目标的重要前提。借鉴世界银行、ILO等国际组织提出的养老保障模式及发达国家的实践经验，结合中国的现实国情，提出建立"四支柱"的养老保障目标模式：第一支柱是公共养老金体系，包括保障国民最基本生活的国民养老金项目及以单位和个人共同出资为基础的职工养老金项目；第二支柱是职业年金，由单位和职工共同出资建立完全积累型养老金项目；第三支柱是个人自愿参加的商业性养老金项目；第四支柱是家庭成员间互济及个人储蓄的补充性养老保险体系。

根据前文提出的"覆盖面、恰当性与可持续性"三大评价标准，我们提出了公共养老金体系建设"全面覆盖、保障充分、衔接顺畅、财务持续"的总体目标。"全面覆盖"是指所有的老年人都能受到养老金制度的保护，对收入达到一定标准的在职人员及自雇人员强制要求参加职工基本养老保险，对没有收入来源或者收入较低的居民,全部纳入普惠型的国民养老金项目中。"保障充分"是指所有参保人都能避免其在退休后遭受极度贫困的威胁;具体而言,职工基本养老保险项目的替代率应该达到50%~60%的国际标准,国民养老金项目的待遇水平不应低于最低生活保障标准。"衔接顺畅"是针对中国养老保险制度"碎片化"特殊国情提出的,是指不同养老金项目之间能够合理衔接,不同地区之间的养老保险关系能够实现无(低)成本转移。"财务持续"是指能够保持财务基金收支的长期平衡,基本养老保险项目不需要通过增加缴费或者降低待遇来维持养老金制度的运行;国民养老金项目不会影响政府财政长期收支平衡。

2. 养老保险改革发展战略步骤

在前文对中国养老保险体制发展的现状、存在的挑战和主要原因进行分析的基础上,结合中国的现实国情,借鉴国内外养老保险改革的经验,提出未来养老保险改革的三步走战略。

第一步:2020年以前,在扩面的基础上进行制度整合。

王晓军和乔杨(2011)认为,制度统一、层次多样的公共养老金体系是未来发展的必然与长远目标。养老保险改革第一阶段的重点任务是在明确城乡一体化改革目标基础上,重点解决制度"碎片化"问题,减少养老保险制度的人群差异,归并已有养老项目,减少地方政府的自主权、制定更多的全国统一标准。近期改革重点是改变现在以人群分类的养老保险制度设计,建立以缴费方式分类的养老保险体系。具体的措施如下:①按照《中华人民共和国社会保险法》的规定,停止各地方的农民工养老保险办理,将农民工纳入基本养老保险范畴,原来已经开展了单独农民工养老保险制度的地方要尽快出台制度整合方案,把原农民工养老保险向职工基本养老保险或者城乡居民养老保险整合。②尽快出台全国统一的城乡居民养老保险与基本养老保险衔接的具体方案,中央要对个人账户、视同缴费年限、财政补贴基金的具体转移规则进行明确,以避免各地区之间衔接办法不一而影响城乡居民养老保险的跨区域转移。③取消各地方自收自支事业单位养老保险、被征地农民养老保险、老农保制度等地方性养老保险试点项目,将其纳入统一的基本养老保险或者城乡居民养老保险体系中。④推进机关事业单位养老保险制度改革,在明确机关事业单位养老保险"统账结合"和"社会化管理"的改革大方向上,制定全国统一的机关事业单位养老保险改革框架,与职工基本养老保险之间采取"合并管理、单独核算"的管理模式,并明确隐性债务的化解方案。⑤逐步统一各省的基本养老保险与城乡居民养老保险政策,避免制度区域差异产生的"碎片化"与衔接不畅的问题;同时提高居民养老保险的缴费与待遇。⑥尽快解决企业职工养老保险改革转轨成本、国企下岗职工养老保险、破产老国企社保欠费等历史遗留问题;不断提高养老金积累，充实养老金个人账户，增强基本养老保险支付能力。⑦对现有的社保经办机构和经办业务进行整合，实现中央与地方社保经办机构的规范化、标准化，按照社保业务经办流程建立"五险合一"的征管体系，实现经办机构垂直管理模式，提高管理效率。

第二步：2021~2050 年，建立按缴费方式分类的两大养老保险体系。

2021~2050 年，中国养老保险将面临老龄化的挑战，改革重点如下：①将机关事业单位职工与企业职工养老保险完全合并为"基本养老保险"，逐步做实"基本养老保险"个人账户，基本养老保险的目标替代率达到 50%~60%。②通过延迟退休年龄、划拨国有资产等方式提高养老保险基金的可持续支付能力。③在扩大养老保险基金来源和延迟退休年龄的基础上，基于对基本养老保险基金收支的精算平衡，解决各地区、不同身份参保人的费率差异问题，适度降低基本养老保险的费率水平，增强制度的吸引力，并以强制方式要求所有在职人员参加基本养老保险。④加大财政对城乡居民养老保险的补助标准，在不提高缴费的条件下逐步提高城乡居民养老保险的待遇水平。所有未参加基本养老保险的非正规就业人员、失业人员和自雇人员均可参加城乡居民养老保险制度。⑤实现基本养老保险的全国统筹和城乡居民养老保险省级统筹，逐步取消各省对基本养老保险政策的自主权，实施全国统一的职工基本养老保险制度，避免制度区域差异产生的"碎片化"与机制衔接问题。

第三步：2050 年之后建立四大养老支柱体系，实现"老有所养"。

2050 年以后，人口老龄化高峰逐渐过去，借鉴国外的经验，建立公共养老金、职业年金、商业养老保险、家庭互济及个人储蓄四大养老支柱体系，具体的举措如下：①针对所有收入达到一定标准的在职人员及自雇人员，建立职工公共养老保险金和职业年金体系。②将原来缴费型的城乡居民养老保险制度改革为非缴费型的国民养老保障项目，对没有收入来源或者收入水平较低的国民，建立"低水平、全覆盖、非缴费"的养老保险制度，由财政全额资助，为所有国民提供基本养老保障。③逐步做实基本养老保险的统筹账户与个人账户，实现"名义账户制"向真正的"基金积累制"转变。④实现公共养老金体系的"全面覆盖、保障充分、衔接顺畅、财务持续"目标。⑤完善职业年金、商业性养老金项目、家庭成员间互济及个人储蓄等补充性养老保险体系，健全养老保障体系，提高老年生活质量。

公共养老金体系改革目标如图 8.1 所示。

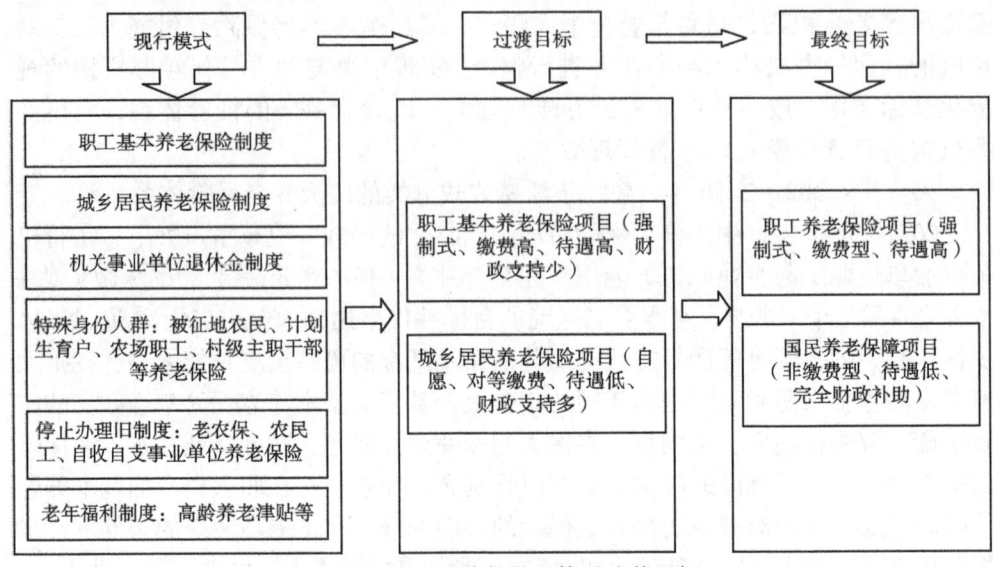

图 8.1 公共养老金体系改革目标

8.1.2 养老保险改革重点任务

本书第 4 章从覆盖率、恰当性与可持续性三个方面对中国养老保险发展水平进行了评价，第 5 章、第 6 章和第 7 章中分别对养老保险改革所面临的挑战及原因进行了分析，主要结论包括以下方面。

（1）养老保险的覆盖率面临三大挑战：一是现行制度按照人群来设计各项养老保险制度，导致不同项目"碎片化"。二是各地方政府拥有过多的自主权导致区域"碎片化"。三是养老保险参保结构不合理，表现为职工基本养老保险的非正式部门的参保率低、高收入人群参保意愿低；城乡居民养老保险缴费档次低、年轻人参保意愿低。

（2）养老保险的恰当性面临两大挑战：一是待遇水平不合理，机关事业单位参保人不用缴费，且待遇水平最高；职工基本养老保险费率水平偏高而替代率偏低；城乡居民养老保险缴费和待遇水平都过低。二是待遇结构性矛盾突出，表现为不同养老金项目、不同参保人特征、不同区域之间的待遇差距过大，影响养老金制度的公平性。

（3）养老保险的可持续性面临四大挑战：一是人口老龄化挑战，受计划生育政策和预期寿命延长的影响，中国人口老龄化问题将不断加剧，人口的老龄化导致养老负担不断加重，对基金收支平衡造成冲击。二是历史遗留问题的挑战，原企业职工养老保险改革中一些历史遗留问题尚未彻底解决，机关事业单位养老保险改革产生的隐性债务将加剧财政的负担。三是区域不平衡挑战，各地区经济发展、人口结构等存在差异，养老保险基金统筹层次较低，导致各区域之间财力结构不平衡,一些老工业地区由于历史包袱重,基金已经开始收不抵支;而新兴工业区则基金收支压力较小。四是基金保值增值的挑战,受管理体制、通货膨胀与投资渠道狭窄的影响,养老保险结余基金面临贬值风险。

针对养老保险面临的这些问题与挑战,本书从制度整合、结构优化与财务平衡的角度提出相应的对策举措。图 8.2 给出了养老保险面临的挑战与本书所提出的政策框架之间的对应关系。

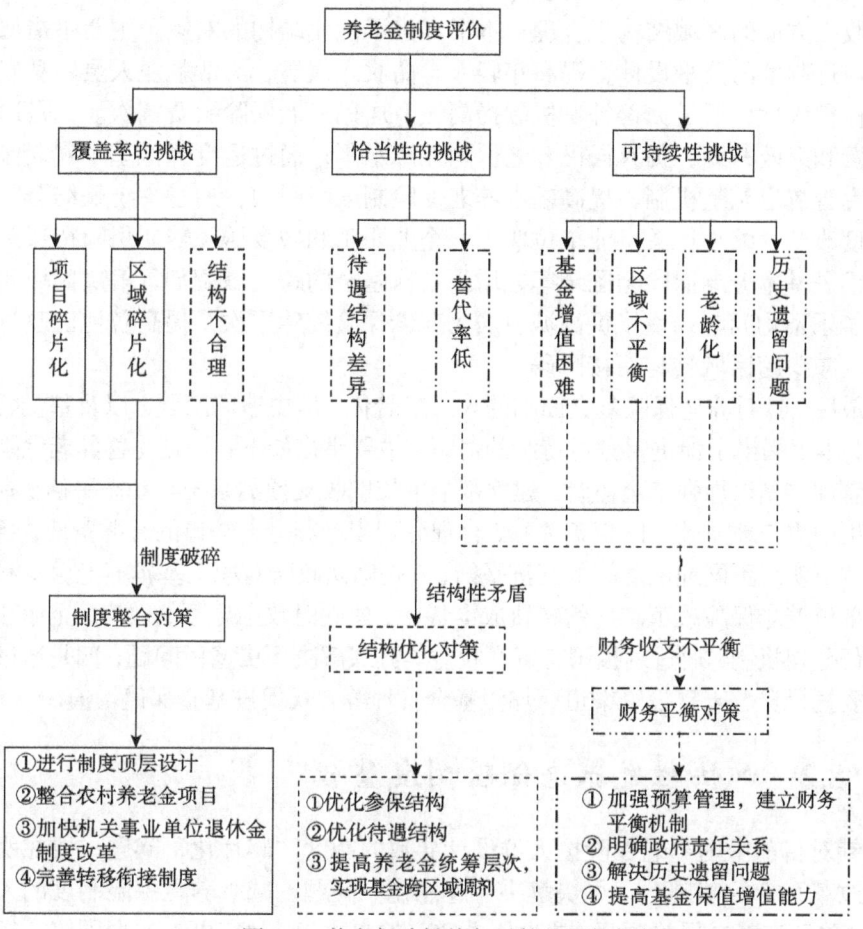

图 8.2　养老保险挑战与对策的逻辑框架

首先,针对养老保险覆盖率存在的项目"碎片化"和区域"碎片化"问题,本书提出制度整合对策,主要举措如下:第一,要明确一体化的改革目标,按照顶层设计是否缴费建立两大养老保险体系,第一体系针对有收入的雇员与自雇人员,建立缴费型高保障的养老制度,第二体系为没有收入来源的居民提供非缴费、低待遇的国民保障项目。第二,整合已有的各类养老项目,重点是整合农村养老保险项目、农民工养老保险项目和特殊人群养老保险项目,减少对各个群体基本养老保障制度的试点。在中央统一安排下，通过制度调整逐步减少各地区养老保险制度的差异，既能调动地方积极性，又能避免跨区域的"碎片化"与"衔接不畅"问题。第三，要加快机关事业单位退休金制度改革，建立"统账结合"的养老金制度，短期内可以对机关事业单位养老保险实行"名义账户制"，在管理上与职工基本养老保险"合并征管、独立核算"。

其次，针对覆盖率方面的参保结构不合理、恰当性方面的待遇结构不合理和基金收支方面的区域结构不合理，本书提出了优化结构的对策。主要举措如下：一是通过制度的公平设计，提高年轻人、高收入人群、灵活就业人员、私有部门的参保积极性，通过完善补贴机制提高城乡居民养老保险缴费档次。二是通过提高缴费和财政补助，提升居民养老保险保障水平；通过适度降低基本养老保险缴费和完善待遇调整机制，提高基本养老保险制度吸引力；通过"统账结合"养老金制度改革，缩小机关事业单位职工、企业职工和城乡居民养老保险待遇差距。三是推进基本养老保险全国统筹，增强社保基金的跨区域调剂，解决区域间养老负担苦乐不均问题；逐步提高城乡居民养老保险统筹层次，提高各地区政策的统一性，减少跨区域转移衔接障碍。

最后，针对养老保险基金面临的人口老龄化、历史遗留问题，以及基金贬值等挑战，本书提出了促进财务可持续的对策。主要举措如下：一是完善养老保险基金预算管理体制以加强基金监管，建立基金中长期收支预测系统与动态平衡机制；二是明确中央与地方政府的权责关系，合理分配当期养老金缺口的补贴责任，通过中央的调节实现不同地区之间的互济平衡；三是确认政府对职工基本养老保险和机关事业单位养老保险改革产生的转轨成本责任，建立财政主导下的政府、企业和个人的责任分担机制，通过划拨国有资产收益等方式解决历史遗留问题；四是通过社保基金委托投资、丰富投资渠道、加强基金管理等方式促进基金保值增值。

8.2 加快推进养老保险制度整合

针对目前中国养老保险按人群设计导致的制度"碎片化"问题，要在明确一体化改革目标的基础上，尽快解决"碎片化"问题，减少养老保险制度的人群差异，归并已有养老保险项目，减少地方政府的自主权、制定更多的全国统一标准。

8.2.1 整合各类农村养老保险项目

对过去养老保险改革过程中各地区出台的老农保、被征地农民养老保险、农村计划生育户养老保险、村主职干部养老保险、农场职工养老保险等各类特定人群养老保险项目进行整合，由中央出台文件，要求各地方尽快整合撤并，以平稳实现其他各类养老保险向职工基本养老保险和城乡居民养老保险制度整合，避免重复保障或保障不足。

（1）统一城乡居民养老保险制度。新农保和城镇居民养老保险制度合并实施，在全国范围内建立统一的城乡居民基本养老保险制度。国务院《关于建立统一的城乡居民基本养老保险制度的意见》中提出，到"十二五"（2011~2015年）末，在全国基本实现新农保和城镇居民养老保险制度合并实施，并与职工基本养老保险制度相衔接；2020年前，全面建成公平、统一、规范的城乡居民养老保险制度。目前，北京、天津、重庆等地区在新农保试点阶段就已经把城镇居民养老保险与新农保政策统一为"城乡居民养老保险"。从《国务院关于开展城镇居民社会养老保险试点的指导意见》（国发〔2011〕18号）和《国务院关于开展新型农村社会养老保险试点的指导意见》（国发〔2009〕32号）的比较看（表8.1），两个养老保险项目除了参保对象、缴费档次有所差异外，在缴费模式、财政补贴、待遇支付、领取条件等方面基本一致，因此新农保与城镇居民养老保险统一为"城乡居民养老保险"在制度上不存在阻碍，只需结合城乡居民的收入状况与消费需求，适当增加缴费档次。因此，在短期内实现城乡居民养老保险制度的统一是必要和可行的。

表8.1 新农保与城镇居民养老保险制度比较

制度设计	新农保	城镇居民养老保险
政策依据	《国务院关于开展新型农村社会养老保险试点的指导意见》（国发〔2009〕32号）	《国务院关于开展城镇居民社会养老保险试点的指导意见》（国发〔2011〕18号）
参保对象	年满16周岁（不含在校学生）、未参加城镇职工基本养老保险的农村居民	年满16周岁（不含在校学生）、不符合职工基本养老保险参保条件的城镇非从业居民
区域范围	户籍所在地	户籍所在地
参保方式	自愿参保	自愿参保
缴费档次	每年100元、200元、300元、400元、500元5个档次，地方可以根据实际情况增设缴费档次	缴费标准目前设为每年100元、200元、300元、400元、500元、600元、700元、800元、900元、1 000元10个档次，地方人民政府可以根据实际情况增设缴费档次
政府补贴	地方政府应当对参保人缴费给予补贴，补贴标准不低于每人每年30元	地方政府应当对参保人缴费给予补贴，补贴标准不低于每人每年30元
个人账户	个人缴费、集体补助、政府补贴全部记入个人账户	个人缴费、集体补助、政府补贴全部记入个人账户
养老金待遇水平	基础养老金：标准为每人每月55元，地方政府可以调整基础养老金标准 个人账户：养老金的月计发标准为个人账户全部储存额除以139	基础养老金：标准为每人每月55元，地方政府可以调整基础养老金标准 个人账户：养老金的月计发标准为个人账户全部储存额除以139
领取条件	年满60周岁、未享受城镇职工基本养老保险待遇，且累计缴费不少于15年	年满60周岁、未享受职工基本养老保险待遇以及国家规定的其他养老保险待遇，且累计缴费不少于15年
基金管理	新农保基金暂实行县级管理	县级统筹

（2）老农保与新农保的整合（表 8.2）。过去民政部和各地区政府都试点推广过农村养老保险项目（即老农保），新农保政策出台后，将原来的老农保整合到新农保中，具体思路如下：首先，对目前正在享受老农保待遇的参保人员，可以在原来老农保养老金标准的基础上，额外补贴新农保的基础养老金；也可以让这些人员自愿选择一次性缴费方式享受新农保待遇，领取"双份"养老金标准。其次，对已参加老农保且未满60岁周岁的参保人，可以将老农保的个人账户金额全部转入新农保，并按新农保的标准选择每年的缴费档次，参加老农保的年限可以视为等同参加新农保的年限来计算，如果转为新农保后至60岁缴费年限仍然不足15年，则可以按照新农保的标准一次性补缴。最后，对年轻的老农保参保人，允许其自愿退保，然后再重新参加新农保，将原来所缴纳的养老金及利息按照原先的制度设计给予退还。

表 8.2 新农保与老农保制度对比

项目	老农保	新农保
参保对象	非城镇户口、不由国家供应商品粮的农村人口	农村户籍人口
时间	1992 年	2009 年开始试点
筹资模式	个人缴费、完全积累	部分积累、个人缴费、财政补贴
费率水平	2~20 元十档	100~500 元五档
统筹层次	县级统筹	暂实行县级管理
领取年龄	60 岁	60 岁
计发方式	月领取标准=0.008 631 526×积累总额	基础养老金+个人账户养老金
人均待遇	—	880 元/年
主办部门	民政部	人力资源和社会保障部

注："老农保"的主要政策依据是民政部 1992 年出台的《县级农村社会养老保险基本方案》

（3）被征地农民养老保险制度整合（图 8.3）。目前各地区被征地农民养老保险制度差异极大，大体可以分为三类，即纳入职工基本养老保险型、纳入"新农保"或城镇居民养老保险型、独立型和商业保险型。对被征地农民养老保险的整合思路如下：一是建立被征地农民社会保障补偿办法，对其失地进行资金补偿，并划入个人账户。二是将被征地农民纳入城乡居民社会养老保险体系，在政府和集体出资补助的情况下鼓励农民选择较高的缴费档次，提高养老保障水平。三是允许被征地农民自愿以灵活就业人员身份参加职工基本养老保险，养老保险缴费由政府、集体和个人分担。四是对60岁以上的补征地农民，由政府给予一次性的社保缴费补贴让被征地老人参加城乡居民养老保险，然后按月领取养老金。五是为了确保被征地农民能够顺利流动，需要取消独立型被征地农民养老保险制度，将原来参加独立型被征地农民养老保险项目的参保人整合到职工基本养老保险、城乡居民养老保险或商业保险项目中。六是由集体组织统一为被征地农民购买养老保险，政府从土地出让金收入中拿出部分资金给予补助,以提高被征地农民老年生活质量。

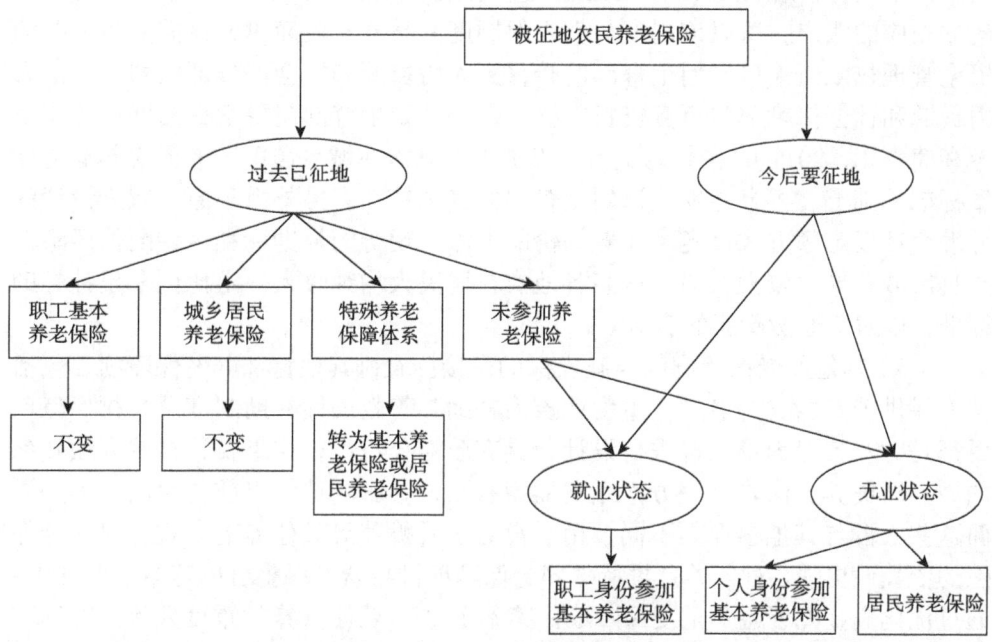

图 8.3 被征地农民养老保险制度整合

(4)村主职干部养老保险的整合。村主职干部养老保险整合思路是向城乡居民养老保险合并:一是将原来参加村主职干部个人缴纳和省财政补助缴纳(含历年补缴)的养老保险费及利息,划入本人城乡居民社会养老保险个人账户。个人按城乡居民社会养老保险规定自行选择缴费档次,同时享受城乡居民社会养老保险政策规定的政府补贴、集体补助。个人缴费、集体补助、地方政府补贴及其他来源的缴费资助全部记入个人账户。原来参加村主职干部基本养老保险的实际缴费年限(含补缴年限),合并计算为城乡居民社会养老保险的缴费年限。二是对新上任的村主职干部,由财政对其进行补助,参加缴费档次较高的城乡居民养老保险项目。

(5)农村计划生育户。2004 年人口计划生育委员会和财政部出台《农村部分计划生育家庭奖励扶助制度试点方案(试行)》(国办发〔2004〕21 号),针对特定人群实施农村部分计划生育家庭奖励扶助制度,缓解农村计划生育家庭在生产、生活和养老方面的特殊困难,对年满 60 岁的现存一个子女或两个女孩或子女死亡现无子女的计划生育家庭给予养老补助。要求各地方按人均不低于 600 元/年的标准发放奖励扶助金,直到亡故,资金来源于中央政府补助和地方政府配套补贴。根据 2009 年《国家人口计生委 人力资源社会保障部 财政部关于做好新型农村社会养老保险制度与人口和计划生育政策衔接的通知》(国人口发〔2009〕101 号),要及时推动将农村计划生育家庭养老保险融入新农保之中。

由于计划生育补助与 2009 年后出台的新农保政策并不需要参保人缴费，也没有建立相应的账户，所以该制度与新农保制度的整合比较简单，只需要将相关的资金管理权限由人口计划生育部门转移到人力资源和社会保障部门即可，由人力资源和社会保障部门负责资料审核，人口计划生育部门备案查阅即可（王翠琴和薛惠元，2011），在养老金待遇发放上，只需在城乡居民养老保险养老金计发标准基础上，再合并发放计划生育户的养老补助。另外由于原来制度设计的补助金额以定额方式设定，随着物价的上涨，现行的补助标准存在贬值风险，并且区域差异比较大，建议按照各地农村居民人均纯收入一定比例来设计补助标准，以避免通货膨胀的影响。

（6）其他养老保障制度与新农保的衔接。农村其他特殊养老保障项目包括"五保供养""农村低保""重度残疾人补助"等救助性补助制度。农村保障项目都是针对特定困难人群进行设计，具有政府公益性，如果要让这些人缴费参加城乡居民养老保险，一方面缴费能力有限，会影响他们当前的生活，另一方面这些人群与其他参保人不同，由于没有子女赡养等其他养老方式，对养老保险的依赖性更强。对各类农村特殊养老保障项目与新农保整合的基本思路如下：通过优化资金配置避免重复保障或保障不足，将"五保供养""重度残疾人补助"等制度统一整合为农村最低生活保障制度，对家庭收入低于特定标准的农民由民政部门统一管理与发放救助金。对 60 岁以下的"低保户"参加养老保险，由地方财政和集体组织给予缴费金额的 50%~80%资助；对 60 岁以上人员无力参加城乡居民养老保险的困难人群，可以按照最低缴费档次标准发放养老金。

8.2.2 整合农民工养老保险项目

在新农保政策实施以前，许多地方试点过独立的农民工养老保险政策；但在新农保政策推行以后，为了减少制度"碎片化"、降低制度转移接续的困难，显然不宜实施独立的农民工养老保险制度，要将农民工纳入职工基本养老保险或城乡居民养老保险的参保范围中，并对原来已经试点运行的各类农民工养老保险制度进行清理整合。农民工养老保险整合的基本思路如下。

1. 将农民工纳入基本养老保险或城乡居民养老保险

现有的职工基本养老保险和城乡居民养老保险的参保对象已经涵盖了农民工群体，考虑到职工基本养老保险和城乡居民养老保险衔接的必然趋势，如果设置独立的农民工养老保险制度，不仅导致不同养老金项目参保对象重叠，而且增加了不同养老保险之间转移衔接的复杂性，所以不应再建立独立的农民工养老保险制度，而应该将农民工纳入职工基本养老保险或城乡居民养老保险的参保范围。从就业特点看，农民工就业形式有少部分是正式职工，但绝大部分更接近于城镇灵活就业人员或城镇个体劳动者；因此，对签订了劳动合同、拥有稳定雇佣关系的农民工可以按照《中华人民共和国社会保险法》规定，由单位和个人共同缴费，统一参加职工基本养老保险；对没有稳定就业单位的农民工（临时工等），则可以自由选择以个人身份参加职工基本养老保险，在职期间由用人单位按照职工基本养老保险缴费基数的 20%缴纳养老保险金（与正式职工的费率一致），职工个人则不用缴费；在失业期间则由个人按照最低基数标准负担20%的缴费。如果农民工在失业期间无力承担职工基本养老保险缴费，可以自愿转为城乡居民养老保险。

2. 完善农民工养老保险转移接续办法

在不设立独立农民工养老保险制度的前提下，我们认为，农民工养老保险制度设计的关键在于如何实现农民工在城乡居民养老保险与职工基本养老保险之间的合理转移衔接。与城乡居民养老保险相比，职工基本养老保险缴费负担较重、待遇水平相对较高，且没有财政补贴。对农民工参加养老保险应该遵循城乡一体化的原则，避免对农民工给予过多的"特殊考虑"，以避免对其他参保人员的不公平，并避免参保中的"逆向选择"问题。结合中国未来养老保险制度"城乡一体化"的改革目标，本书提出如下的农民工养老保险改革思路（图 8.4）。

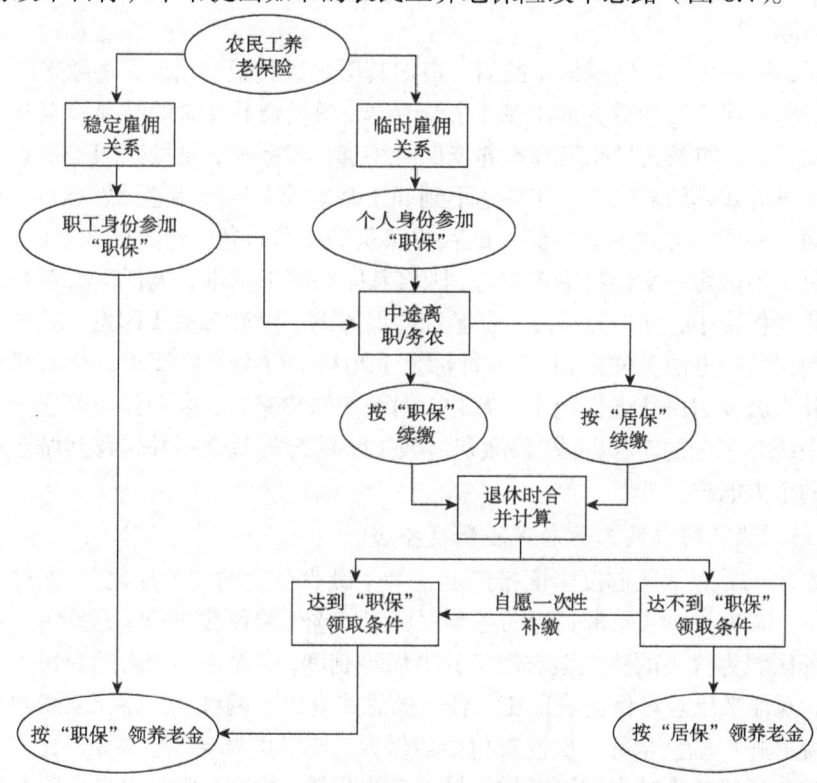

图 8.4　农民工养老保险参保方案

"职保"是指职工基本养老保险；"居保"是指城乡居民养老保险

首先，不应把农民工的身份特殊化，农民工在务农期间是农村居民，在务工期间属于企业职工；只是其就业状态不稳定，经常在就业与失业之间转变，因此农民工既可能以农村居民身份参加城乡居民养老保险，也可能以企业职工身份参加职工基本养老保险。按照《中华人民共和国社会保险法》的规定，农民工在就业期间应该与城镇职工一样参加职工基本养老保险；对临时工性质的农民工，建议按照灵活就业人员的身份由用人单位为农民工缴纳养老保险费。

其次，为农民工在务农期间（或者理解为失业期间）提供以下三种选择：一是经济条件较好的农民工可以以灵活就业人员身份参保，并由个人全部负担20%的保险费，8%记入个人账户，12%记入统筹账户；二是农民工可以在务农期间暂停养老保险缴费，社保机构对其账户进行封存但不注销，等到其实现再就业后继续缴纳养老保险费，农民工失业之前和再就业后缴纳的养老保险费合并计算，缴费年限也可以累计计算。三是农民工在失业期间可以选择参保城乡居民养老保险，此时财政应按照城乡居民养老保险的政策给予其财政补贴，可以在全国联网的前提下，以身份证号为索引把相关缴费与补贴信息登记在同一个社保账号下，以方便后续管理。

最后，等农民工达到退休年龄后，根据其历史缴费记录情况，将原来所缴纳的城乡居民养老保险费换算为职工基本养老保险，根据合并计算的结果确定其适用的待遇计发方式：如果满足职工基本养老保险待遇计发条件，则按照职工基本养老保险待遇计发方式领取养老金。如果达不到职工基本养老保险待遇计发条件，则允许农民工通过补缴的方式继续参保，最后按照职工基本养老保险的标准发放养老金。如果农民工不愿意一次性补缴养老金，则将其原来职工基本养老保险缴费合并到城乡居民养老保险中，并按照《人力资源社会保障部　财政部关于印发〈城乡养老保险制度衔接暂行办法〉的通知》（人社部发〔2014〕17号）的要求，个人账户全部储存额并入城乡居民养老保险个人账户，对统筹账户基金，参考异地养老金关系转移衔接中统筹基金的转移办法，将缴费基数12%的统筹基金一并转移到城乡居民养老保险的个人账户。

3. 原来试点的农民工养老保险制度整合

城乡居民养老保险制度全面推广后，为了减少制度的"碎片化"、促进养老金制度公平，应对各地区原来实行的各类农民工养老保险制度进行清理合并。一是对以北京等区域为代表的独立型农民工养老保险制度，应停止办理新的农民工养老保险业务，对原来已经参保的农民工，整合的思路有以下两种：①将原来缴费的个人账户和统筹账户基金全部一次性支付给参保人，并终止养老保险关系，让农民工重新选择参加职工基本养老保险或城乡居民养老保险；②将农民工养老保险与职工基本养老保险合并，将原来农民工养老保险个人账户余额全部转移到职工基本养老保险的账户中,统筹基金与职工基本养老保险合并,农民工基本养老保险的缴费年限按1∶1换算为职工基本养老保险的视同缴费年限。二是对以广州为代表的融入型农民工养老保险制度,由于其总体框架与职工基本养老保险一样,且基金也是统一管理,所以只需要将原来个人账户的记账比例等细节政策进行调整,并按照图 8.4 的方案进行设计。三是对以上海为代表的综合型社会保险制度,由于各类社会保险基金是独立运行的,综合型社会保险模式目前还缺乏现实基金,也不利于各区域的转移衔接,所以应该停止综合型农民工社会保险业务的办理,将农民工养老保险纳入职工基本养老保险和城乡居民养老保险的覆盖范围;并将原来综合社会保险中的"老年补贴凭证"转入职工基本养老保险或城乡居民养老保险的个人账户,将按原来制度的缴费标准与职工基本养老保险缴费标准的比值换算视同缴费年限。四是对以杭州为代表的双低型农民工养老保险制度,应将其与职工基本养老保险合并,原来个人账户的记账比例全部转移到职工基本养老保险的个人账户中,按照原制度与基本养老保险统筹账户的费率水平的比例,将原制度下的实际参保年限换算为新制度下的视同缴费年限。五是对以重庆为代表的个人账户型农民工养老保险,由于没有缴纳统筹账户基金,所以合并的思路如下:①将原来所结余的个人账户基金全部一次性支付给参保人,并终止养老保险关系,让农民工重新选择参加职工基本养老保险或城乡居民养老保险;②转入城乡居民养老保险,将农民工养老保险个人账户转移到户籍所在地的城乡居民养老保险账户中,并将原来缴费年限作为城乡养老保险的视同缴费年限;③转入职工基本养老保险,按照灵活就业人员参加基本养老保险的标准,用农民工个人账户的结余基金将缴费基数 12% 的统筹账户基金补齐,然后剩余部分留在基本养老保险的个人账户中,原来农民工养老保险缴费年限同等换算为基本养老保险的视同缴费年限。

8.2.3 加快机关事业单位养老保险改革

2014 年第十二届全国人大常委会第十二次会议《关于统筹推进城乡社会保障体系建设工作情况的报告》提出了"一个统一、五个同步"的机关事业单位养老保险改革方向。在这一方向指导下,本书提出中国机关事业单位养老保险制度改革的具体思路。

1. 建立"合并征管、独立核算"的养老金运营管理模式

虽然机关事业单位改革的总体方向与目标都已经明确,但在改革的步骤上还有争议,特别是将机关事业单位养老保险与职工基本养老保险直接合并,还是独立运行(国外有公职人员独立养老金制度的先例)。一些观点认为,机关事业单位养老保险应该与职工养老保险统一合并,然后通过职业年金方式体现机关事业单位职工与企业职工的差别(汤新维,2007)。但更多的学者认为,在改革初期,机

关事业单位应该独立于职工养老保险运行,如葛延风(2003)认为,考虑到企业养老金制度本身存在的缺陷,短期内相关事业单位养老金应该与企业养老金分开管理,但对可以转制为企业的经营性单位,则应该并入现在的城镇职工养老保险;对政府机关、公益性事业单位、社会团体、非营利性组织则实行统一管理,但不同单位在职业年金设计上也有差别。王晓军和乔杨(2011)提出先独立运行再逐步整合的改革思路,在2020年以前形成公职人员基本养老保险制度、职工基本养老保险制度、农民基本养老保险制度和城乡老年人津贴制度,构成"三险一贴"型的制度结构,覆盖全体国民;通过制度整合,形成全国统一的国民基本养老保险制度,不同群体之间的养老金待遇差距逐渐缩小。

结合当前中国养老保险"五险合一"经办体系改革的背景,本书提出机关事业单位养老保险"合并征管、单独核算"的运营管理模式。主要原因如下:一是在制度顶层设计层面,机关事业单位养老保险制度与企业职工养老保险制度在基本框架上应该是统一的,这样可以减少制度的"碎片化"。二是目前各地社保部门正在推进"五险合一、集中征收、集中财务、集中支付"的社保经办模式,机关事业单位医疗保险和企业职工的医疗保险已经统一征管;在"五险合一"的经办模式下,没必要再对机关事业单位职工的养老保险建立单独征管运营体系,而且医疗保险的信息系统也能提供机关事业单位职工的缴费基数等重要信息,为多险合并征收与管理创造条件。三是将机关事业单位养老保险与职工养老保险合并征管,可以使用现有的社保信息系统,不需要开发新的管理系统,也不需要单独组建管理机构,只需要新增部分经办人员,有利于节约管理成本。如果实行的是独立征管体系,则需要建立不同养老保险制度之间的衔接机制,加剧管理的"碎片化",提升制度复杂性与交易成本。四是考虑到未来养老保险改革过程中的隐性债务与转轨成本测算,应明确相应的责任主体;建议对机关事业单位养老保险的财务基金进行单独核算与统计汇总,定期对外公布机关事业单位养老保险基金收入与财政补贴情况,提高制度透明度,减少公众的质疑。

2. 实施养老保险基金"名义账户制"

7.2.2小节已经介绍了现收现付制与基金积累制各自的优缺点。Boskin等(1988)对现收现付制向基金积累制转型导致巨大转轨成本这一问题,提出了一个既保持现收现付制融资方式,又引入待遇确定(defined benefit,DB)型给付因素的"个人保险账户"(person security account,PSA)混合型制度(郑秉文,2003b)。20世纪90年代,瑞典、意大利、波兰、拉脱维亚、蒙古和吉尔吉斯斯坦等国家和地区通过实施"名义缴费确定型"模式(国内称为"名义账户制"),克服了实行传统现收现付制的国家及实行这种制度的经济转型国家向积累制或半积累制转型过程中普遍遇到的转型成本问题,因此该制度受到广泛关注。"名义账户制"是现收现付制和积累制、待遇确定型和缴费确定型的一种混合型制度，简单地讲，即在融资方面采取现收现付制的 DB 型方式，但在给付上采用积累制的 DC（defined contribution）型方式。在国内，基金积累制与名义账户制的选择还存在争议，一些学者（赵耀辉和徐建国，2001；郭树清，2002）认为，基金积累制对个人有明显的激励机制，通过完全积累，以收定支，不仅避免了人口老龄化时养老基金的支付风险，而且可以形成大量强制性的长期储蓄，进而促进经济发展。但也有学者认为"名义账户制"更适合作为中国养老保障制度的一个过渡性选择，郑秉文（2003a）认为，"名义账户制"不仅能解决养老保险改革中遇到的转型成本问题，而且与"统账结合"基金半积累模式一致，有利于提高缴费的比率和扩大保险的覆盖面，龙朝阳和申曙光（2011）认为，基金积累制不是养老金制度改革要达到的真正目的，名义账户制模式才是养老金制度改革的目标归宿，是实现部分积累制的最优选择。

结合职工基本养老保险基金运行管理经验，建议在近期内对机关事业单位养老保险的基金运行实施"名义账户制"，原因如下：一是避免基金贬值风险。过去 10 多年社保基金投资收益甚至低于通货膨胀水平，郑秉文（2013）测算出 2001~2011年社保基金账户年均收益率不到 2%，而这一时期平均的通货膨胀率为 2.28%[①]，食品物价指数达到 105.38%，通货膨胀造成的每年基金净损失达近 100 亿元。二是基金管理成本较高，基金积累制需要委托第三方专业机构进行营运、管理与投资，需要对基金营运盈亏进行核算，耗费大量的人力、物力；并且还存在基金被挪用的风险。三是避免短期内财政支出的巨大压力，通过"名义账户制"可以慢慢消化机关事业单位养老金制度改革的转轨成本，减少短期内财政支出压力。"名义账户制"的主要问题是在缺少基金积累的情况下，在人口老龄化压力下面临的基金支付风险，但是对机关事业单位，按照目前精简机构的思路，未来机关事业单位职工不会大规模增加，现在机关事业单位的退休人口占在职人员的比例已经达到了 36.47%[②]，已经处于"老龄化"的高峰期了。因此，与职工基本养老保险需要实行基金积累制来应对老龄化风险不同，机关事业单位职工老龄化已经到来，采用"名义账户制"可以缓解短期财政的压力，确保职工养老金待遇水平的平稳过渡。

3. 实现"老中新"待遇合理过渡

机关事业单位养老保险转轨改革中遵循"新人"新办法、"老人"老办法已经是基本共识，这既是政府履行原有承诺的体现，也是减少改革阻力、确保改革顺利实施的前提。对改革前后机关事业单位养老金待遇的衔接问题，目前主要有四种代表性观点：①旧体制的"老人"和"中人"保持原有的体制，而对所有"新

---

① 由 2001~2011 年城镇居民消费物价指标算术平均数计算得到。
② 根据《地方财政资料统计汇编 2009 年》的数据计算。

人"统一实施城镇职工养老保险制度，通过旧体制人员逐渐减少来实现新老体制的覆盖（葛延风，2003）。②参考《国务院关于完善企业职工基本养老保险制度的决定》（国发〔2005〕38号）的办法，将"老人"和"中人"都过渡到新的养老保险体制下，按照城镇职工养老保险制度方案发放养老保险金；对"老人"与"中人"发放过渡养老金（王晓军和乔杨，2011）。③旧体制下的"老人"退休待遇不变，但养老金的支付实现社会化管理。"中人"和"新人"强制实施新办法，为了避免提前退休问题，通过制度设计实现"中人"养老金待遇与"老人"之间待遇合理过渡（郑秉文，2009）。虽然机关事业单位养老保险改革会导致职业吸引力下降，但体制内工作的稳定性可以抵消这种负面效应。④建立独立的转轨支柱，葛延风（2003）认为机关事业单位养老金转轨，有必要采取新旧体制并行的做法，而不宜立即取消旧体制；并提出了建立独立"转轨支柱"的方案，转轨支柱是为了专门承担旧体制遗留的责任，并给予"中人"选择新旧体制的权利，转轨支柱所提供的保障目标是使"老人"和"中人"待遇水平与旧体制大体相当。

对比以上四种观点，第一种方案虽然改革的阻力最小，但是这一渐进式方案没有从根本上改变养老金二元结构，而且如果通过旧体制人员逐渐减少来实现新老体制的覆盖，则需要数十年的时间，未来需要进行二次改革的可能性较大，成本代价较高。第二种和第三种方案的优点是可以快速将机关事业单位养老金制度与城镇职工养老金制度并轨，实现两大养老金项目的合并与统筹；缺点是现行的"老人""中人"退休待遇比较高，因为养老金的刚性，在不能降低"老人"养老金待遇的情况下，如何通过合理的制度设计实现待遇的合理衔接是一个技术难题。第四种方案如果让"中人"有自由选择的权利，按照基本养老保险改革的经验，"中人"选择独立"转轨支柱"的可能性较大，最终与第一个方案一样，改革的周期过长，不利于在未来20~30年形成全部职工统一的基本养老保险制度。

总体而言，"老中新"的过渡方案设计要坚持两个原则：一是未来机关事业单位公共养老金的替代率应有所下降，公共养老金的替代率可以保持与企业相同的水平。二是通过职业年金对机关事业单位职工养老金进行补充。郑秉文（2010）认为，按照国际经验，养老金替代率大于70%，即可维持退休前的生活水平，如果达到60%~70%，即可维持基本生活水平；如果低于50%，则生活水平较退休前会有大幅下降；同时为了确保养老金待遇的合理过渡，本书建议改革后的机关事业单位职工养老金的目标替代率定为70%~80%。参考前文第二种观点与第三种观点的建议，可对机关事业单位职工建立"公共养老金"与"职业年金"两大支柱体系（表8.3）。"老人"按照原来退休金的标准用统筹账户基金额发放养老金，不设立职业年金；"中人"公共养老金由基础养老金、过渡养老金和个人账户构成，过渡养老金发放标准可参考企业职工养老保险改革方案，公共养老金目标替代率为70%~80%，"中人"所有缴费也记入公共养老金，不设立职业年金。"新人"的养老金待遇也包括公共养老金和职业年金,公共养老金由基础养老金和个人账户养老金构成,职业年金的目标替代率为 20%。根据初步测算(具体分析见 8.3.2 小节),将公共养老金的缴费水平设置为 20%左右,而职业年金的费率设置为 8%~10%,这一缴费水平基本能够维持"中人"和"新人"的公共养老金待遇,对"老人"的隐性债务则由政府财政另行解决。

表 8.3　机关事业单位职工养老保险支柱体系

项目	公共养老金体系	职业年金
受益对象	"老人"、"中人"和"新人"	"新人"
缴费主体	"中人"和"新人"的单位和个人	"新人"的单位和个人
建议费率	总费率 20%,单位 15%,职工 5%	总费率 8%~10%,单位与个人分摊
基金管理	统账结合、名义账户制	个人账户、基金积累制
待遇结构	"老人":统账账户按原来标准支付 "中人":基础养老金+过渡养老金+个人账户养老金 "新人":基础养老金+个人账户养老金	"老人"和"中人":不设职业年金 "新人":全部记入个人账户
目标替代率	"老人":保持原来水平 "新人":70%~80% "中人":50%~60%	"老人"和"中人":无职业年金 "新人":20%左右

8.2.4　减少地方制度设计的自主权

过去养老保险制度"碎片化"的主要原因是制度缺少从上至下的顶层设计,由于中央政府过分考虑了地区差异与特殊性,所制定的政策只是一个框架,许多重要具体条款需要各省级政府来设计。养老保险制度整合的关键是要制定更多全国层次的统一标准,减少各地区政府的自主权,提高制度的权威性与统一性。

首先,减少养老保险政策设计的区域差异,对职工基本养老保险和城乡居民养老保险的缴费率、缴费基数、个人账户比例、待遇标准算法、领取养老金条件等方面的关键要素由全国统一规定,减少地方政府的自主权,强化制度刚性;从而为各地区之间的衔接创造前提。

其次,减少各种类型的制度试点。将原来试点中各地区自主设立的农民工养老保险、被征地农民养老保险、机关事业单位养老保险、超龄国企职工养老保险、灵活从业人员养老保险、"老农保"等制度并入职工基本养老保险和城乡居民养老保险。应该针对各类人群、各个地区之间的差异,建立适合不同人群参保的统一的养老保险制度,而不能根据人群设计不同的养老保险项目。今后养老保险改革的方向不是创新(试点)养老保险制度,而是对已有制度的补充与完善,提升现有制度的适应性与可持续性。

最后,制定统一的社保经办管理体系。针对各地区养老保险经办机构各自为政、管理"碎片化"的问题,加快推进各地区社保经办规范化、标准化与信息化建设。对各地区金保工程系统进行统一的规划设计,通过标准化建设,建立登记、申报、审核、收缴、发放等标准化体系,既能减少服务成本、提高效益,也能理顺各险种业务操作流程。加强跨部门、跨地区之间的信息互联互通,实现人事、社保、公安、税务、民政等部门对参保职工个人信息的共享,确保信息真实性与一致性,建立参保职工从就业、参保、享受待遇、退休管理数据的一体化管理体系。通过信息与标准化建设,降低人为操作失误,提高工作效率和服务质量。对各地区各级别的社保经办在机构设置、行政级别、职责范围、业务流程、经费保障、人事管理等方面进行统一安排;在统筹地区内经办机构实行垂直管理,以保障政令畅通、标准一致和服务高效。

8.2.5 完善转移接续办法

目前,已经出台了养老保险关系跨区域转移的政策框架,根据《城镇企业职工基本养老保险关系转移接续暂行办法》(国办发〔2009〕66号)的规定,城镇职工基本养老保险跨区域转移中,个人账户全部随同转移,统筹账户按缴费基数12%转移,缴费年限同等计算。而《国务院关于建立统一的城乡居民基本养老保险制度的意见》(国发〔2014〕8号)对城乡居民养老保险关系跨区域转移做了规定:"参加城乡居民养老保险的人员,在缴费期间户籍迁移、需要跨地区转移城乡居民养老保险关系的,可在迁入地申请转移养老保险关系,一次性转移个人账户全部储存额,并按迁入地规定继续参保缴费,缴费年限累计计算。"

除了跨区域转移外,养老保险转移接续另外一个核心问题是实现不同养老保险项目之间的合理衔接(林义,2012)。首先,应该由中央出台统一的转移衔接制度。为了防止各地区之间转移衔接机制不同而产生新的"碎片化"问题,应该由中央统一出台各类养老保险制度之间的转移衔接办法与准则。考虑到机关事业单位养老保险向职工基本养老保险整合的总体趋势,这里重点分析养老保险项目之间的转移衔接。虽然《人力资源社会保障部 财政部关于印发〈城乡养老保险制度衔接暂行办法〉的通知》(人社部发〔2014〕17号)提出了转移衔接总体思路,但没有明确具体的实施办法,需要由中央出台更加明确的转移衔接方案。其次,对城乡居民养老保险转入职工基本养老保险,《人力资源社会保障部 财政部关于印发〈城乡养老保险制度衔接暂行办法〉的通知》第五条规定:"参保人员从城乡居民养老保险转入城镇职工养老保险的,城乡居民养老保险个人账户全部储存额并入城镇职工养老保险个人账户,城乡居民养老保险缴费年限不合并计算或折算为城镇职工养老保险缴费年限。"现行的城乡居民养老保险制度所有缴费记入个人账户,基础养老金完全来自财政补贴。由于没有统筹账户的基金积累,所以城乡居民养老保险缴费年限不能直接作为城镇职工养老保险的视同缴费年限；但如果完全不算视同缴费年限也对参保人不公平，所以本书建议在城乡居民养老保险转入职工基本保险时，允许原来的参保人按照当地历年职工基本养老保险缴费的下限（社平工资60%）和个人身份参保的费率水平（20%）补缴养老保险费用，并可以用原来城乡居民养老保险所积累的个人账户金额进行补缴，或者另行支付。最后，对职工基本养老保险转入城乡居民养老保险，《人力资源和社会保障部 财政部关于印发〈城乡养老保险制度衔接暂行办法〉的通知》第六条规定："参保人员从城镇职工养老保险转入城乡居民养老保险的，城镇职工养老保险个人账户全部储存额并入城乡居民养老保险个人账户，参加城镇职工养老保险的缴费年限合并计算为城乡居民养老保险的缴费年限。"这一规定将原来职工基本养老保险由用人单位所缴纳的统筹基金"充公"，显然未体现制度的公平原则。特别是对农民工等流动性强、工作不稳定的人群，在参加职工基本养老保险缴费期间，不仅没有像城乡居民养老保险的参保人一样获得政府和集体补助，反而由单位缴费的养老金统筹部分在社保关系转移时不能随同转移。因此，只转移个人账户而不转移统筹账户不利于提高职工养老保险参保的积极性，建议职工基本养老保险转入城乡居民养老保险中，参照《城镇企业职工基本养老保险关系转移接续暂行办法》（国办发〔2009〕66号）跨省统筹基金转移的标准，将各年缴费基数的12%转移至居民养老保险的个人账户中；同时，将城镇职工基本养老保险的缴费年限直接视为城乡居民养老保险的缴费年限。养老保险制度目标框架如图8.5所示。

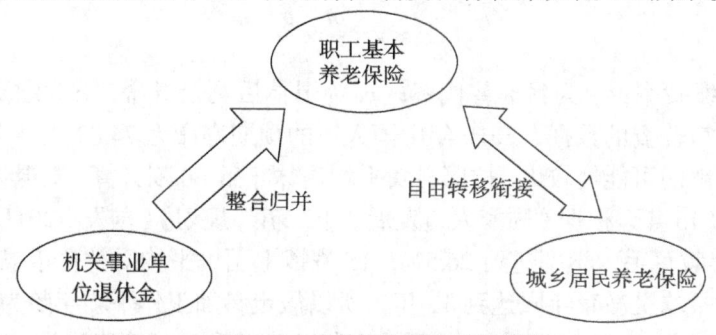

图 8.5　养老保险制度目标框架

8.3　优化养老保险结构

前文已经分析，养老保险的结构性矛盾主要表现为覆盖率方面的参保结构不合理、恰当性方面的待遇结构不合理和基金收支方面的区域结构不合理。优化养老保险结构的重点在于通过完善制度设计优化参保结构，根据缴费负担优化待遇结构，提高统筹层次优化区域结构。

8.3.1 完善制度设计优化参保结构

制度设计缺陷是导致养老保险参保结构不合理的重要原因，因此优化参保结构的关键在于通过制度的公平设计，提高年轻人、高收入人群、灵活就业人员、私有部门的参保积极性。

1. 优化基本养老保险参保结构

针对职工基本养老保险中的参保人收入结构和人群结构不合理问题，建议对现有制度进行如下改进。

（1）降低费率，提高制度对私营部门的吸引力。针对基本养老保险费率偏高导致私营部门和灵活从业人员参保意愿低的问题，应该在由国家财政出资解决历史遗留问题和化解养老保险隐性债务问题的前提下，根据统筹账户收支平衡的目标，适当下调基本养老保险的缴费比例。在基金积累制下，单位与个人缴费、基金投资收益构成了基金的总收入。对基金支出，在"名义账户制"下，无论是个人账户养老金还是统筹账户支出的基础养老金都最终由基金管理者（政府）来筹集，所以个人账户资金与统筹账户资金是合在一起的；虽然退休人员提前死亡，个人账户上个人缴费存储余额可以由死者亲属继承，但由于个人账户金额较小，且提前死亡概率较低，所以暂不考虑这块开支。

假定工资增长率为 r，基金投资益率为 g，采用框算法，养老保险缴费率与目标替代率之间存在如下近似函数关系（褚福灵，2006）：

$$\tau \approx \gamma \times \frac{m}{n} \times \frac{g}{r} \quad (8.1)$$

式中，τ 为缴费率；γ 为目标替代率；m 为退休后剩余寿命；n 为缴费年限。根据第六次人口普查的数据，2010 年中国人口的预期寿命为 74.83 岁，考虑到未来延迟退休年龄的可能性较大，按照男女平均退休年龄 60 岁计算，则退休后的剩余寿命 m 约为 15 年。根据《国家人口发展"十二五"规划》（国发〔2011〕39 号），2010 年高等教育毛入学率达到 26.5%，15 岁以上国民平均受教育年限达到 9 年，新增劳动力平均受教育年限达到 13 年，所以假定参加工作平均年龄为 20 岁，缴费年限 n 设定为 40 年。工资增长率受人口结构变化和通货膨胀影响，由于近年来中国劳动力成本上升较快，平均达到 10%以上，考虑到未来经济增速的放缓及通货膨胀的降低，将平均工资水平增长率设定为 5%。2001~2011 年中国社保基金平均收益率只有 2%左右，如果提高统筹层次或者实行基金托管，则未来基金投资收益率可能会有较大改善；如果采用的是名义账户制，则社保基金收益率与工资增长率持平。所以我们假定社保基金收益率与工资增长率相同，$g/r=1$。在以上参数假定条件下，如果基本养老保险的目标替代率为 50%，则基本养老保险单位和职工总的合理费率水平应该为 20%[①]，养老保险负担刚好处于 20%的国际警戒线，因此建议未来要逐步将养老保险费率逐步下调至 20%的水平，并维持 50%左右的目标替代率。

（2）提高个人账户记账比例，吸引高收入人群参保。目前，职工基本养老保险总费率为 28%，其中个人账户的记账比例为 8%。个人账户的记账比例体现了养老保险在制度设计上的公平与效率的权衡。过低的个人账户记账比例不利于提高职工参保的积极性；而且养老保险关系跨区域转移中，统筹账户不能全部转移，导致一些省市不愿意接收异地参保人员。我们基于公平与效率最优权衡的原则，采用随机动态最优化方法对中国基本养老保险最优个人账户记账比例进行研究表明（具体过程参考附件 C：最优个人账户记账比例模型），在当前养老金费率为 28%的情况下，最优的个人账户记账比率为 12%，此时达到公平与效率的最优权衡，当前中国养老金缴费中只有 8%记入个人账户，显然过于关注公平而忽视效率，由于社会统筹比例过高，不利于提高职工参保的积极性。因此建议将个人统筹账户的记账比例提高到 10%~12%，同时按比例减少基础养老金待遇支付比例。

（3）提高缴费基数上限，建立梯度的个人账户记账比例。为了提高养老保险金对参保人的养老保障作用，可以将最高缴费基数由城镇职工平均工资的 3 倍调整至 8 倍左右；同时为了提高高收入人群参保的积极性，可以建立梯度的个人账户记账比例制度，采用超率累进的方法，鼓励高收入人群多缴纳养老保险费，具体的标准见表 8.4。

表 8.4　养老保险个人记账比例的超率累进方案（单位：%）

序号	缴费基数（相对于社会平均工资）	个人账户记账比例
1	200 元以下	8
2	200~400 元	10
3	400~600 元	13
4	600~800 元	16

注：表中数据采用超率累进的方式

2. 优化居民养老保险参保结构

针对居民养老保险中的参保人年龄结构和缴费档次结构不合理问题，建议对现有制度进行如下调整。

（1）对不同缴费档次，实行梯度补贴政策。目前城乡居民养老保险制度，中央要求地方政府对参保人员缴费补贴标准不低于每人每年 30 元；中央确定的基础养老金标准为每人每月 55 元。但地方政府对不同档次的补贴标准没有显著的拉大

[①] 目前总费率水平达到 28%主要是用来化解历史债务，如果历史债务能够由政府通过财政拨款或者国有资产划拨的方式解决，则降低费率不会影响养老保险基金支付风险。

差距，导致大多数参保人选择最低的缴费档次，建议要针对不同缴费档次设置不同的政府缴费补贴额，以激励参保人选择更高的缴费档次。

（2）按参保年龄进行分档补贴。制度对所有年龄的参保人采取同样的缴费标准，这虽然体现了制度的公平性；但对年龄较大的参保人，参保年限少而导致个人账户积累额过低，可能使养老金待遇的保障能力不足。同时，由于其缴费时间短，就其一生来说，享受到的政府补贴总额也相对较少。丁煜（2011）认为，新农保制度的缴费基数应随农村居民人均纯收入的增长而增长，并通过构建年龄的分档补贴标准，在提高制度保障能力的同时，进一步增强制度的公平性。并建议缴费起点为年龄在40岁及以上的参保农民，应强制性选择较高档次参保，从而使新农保制度能真正保障其年老后的生活。

（3）建立基础养老金与缴费年限挂钩机制。这将有利于激励参保人持续缴费，并尽可能地延长缴费年限，基础养老金待遇应通过缴费基数和缴费年限挂钩而体现激励机制。基础养老金的水平与个人缴费基数、缴费年限挂钩，以激励城乡居民根据自身能力选择更高档次参保，并尽可能延长缴费年限。

8.3.2　根据负担能力优化待遇结构

从长期看，要通过建立统一的养老金制度，缩小不同群体之间的养老金待遇差距，发挥养老保险制度的收入再分配功能。社会保障具有刚性，因此要缩小机关事业单位职工与企业职工之间的养老待遇差距，不仅仅是单纯地削减机关事业单位的退休金待遇，还要尽可能地提高职工基本养老保险和居民养老保险待遇水平。

1. 提高居民养老保险待遇水平

针对目前中国城乡居民养老保险保障水平过低的问题，结合未来城乡居民收入的增长趋势，建议城乡居民养老保险制度设计进行如下改进。

首先，实行按收入比例缴费制。通过提高缴费标准，在参保人可以承受的前提下尽可能提高养老金待遇水平。目前实行的分档定额缴费方式，存在缴费标准偏低、缺乏动态调整机制问题，养老金待遇水平远不能满足参保人的基本生活需要。目前采取按档次缴费的方式，即使国家承诺"依据农村居民人均纯收入增长等情况实施调整缴费档次"，但缴费档次的调整灵活度显然不足，或是不能及时调整，或是一次调整的幅度过大（周永水，2013）。表8.5给出了城乡居民养老保险和职工基本养老保险的缴费负担，2012年职工基本养老保险人均缴费7165.5元，而2012年城镇单位就业人员平均工资为46769元/人，基本养老保险参保人的平均养老金负担水平为15.32%；而2012年城乡居民养老保险人均养老金缴费只有170元，考虑到城乡居民养老保险参保主体是农村居民，所以用农村居民人均纯收入 7 917 元来计算,城乡居民养老保险参保人的平均养老金负担才 2.15%。这表明中国现行城乡居民养老保险制度设计中,参保人的缴费能力还有很大的提升空间,但是由于制度设计原因,参保人不愿意选择高档次缴费标准(或者现行制度无法满足参保人提高缴费与保障能力的需要)。因此,建议对居民养老保险采用如下方案调整:方案一是实行按居民收入水平缴费制,按照当年当地农村居民人均纯收入、城镇居民人均可支配收入的一定比例设定若干缴费档次,供参保人自愿选择。方案二是以第一年的缴费数额为基数,每年的缴费基数按农村居民人均纯收入的增速递增,从而在基本不增加参保农民负担的情况下,保证对制度的供款能力,避免新农保个人账户积累基金累退式增长。

表 8.5　2012 年城乡居民养老保险与职工基本养老保险缴费负担比较

养老金项目	城乡居民养老保险	职工基本养老保险
人均缴费(征缴收入/参保人数)/元	170	7 165.5
农村居民人均纯收入/元	7 917	—
社会平均工资/(元/人)	—	46 769
缴费负担/%	2.15	15.32

注:社会平均工资是指"城镇单位就业人员平均工资",也是基本养老保险缴费基数参照依据

其次,建立养老金动态调整机制,适度提高基础养老金水平。城乡居民社会养老保险基础养老金只有每人每月 55 元,目前养老金水平的替代率只有 11.1%。基础养老金计发未能与物价指数、人均收入等动态经济指标建立指数化调整机制。社会经济的发展、农民消费价格指数的上涨,尤其是通胀率的上升,可能使农民年老时领取的养老金相对贬值而难以起到最低生活保障的作用。基础养老金应与低保水平挂钩,逐年调整,不应低于农村最低生活保障标准。按照目前的待遇结构和责任分担原则,如果城乡居民养老金按照农村居民收入计算的替代率达到 50%,则财政补贴的基础养老金替代率应该达到 10%~20%。

2. 完善职工基本养老保险待遇调整机制

根据前文测算,目标职工基本养老保险替代率只有 45%左右,未来不宜再继续降低城镇职工基本养老保险的替代率。提高养老金替代率的措施如下:一是要解决养老金的调整机制问题,增强基础养老金与社会平均工资及物价水平的关联程度;要建立养老金待遇与物价联动的机制,实现企业退休人员养老金正常增长;使退休人员的养老金待遇按照统筹地区职工工资、物价上涨指数、养老保险基金承受能力等综合因素的变化来确定,逐步缩小其与机关事业单位的差距,保证企业退休人员能够分享经济社会发展成果。二是取消对特殊人群养老金的待遇倾斜(叶璐和薛惠元,2013)。养老保险制度具有通过收入再分配

促进社会公平正义的功能;由于制度设计问题,不同项目、不同地区、不同特征参保人的养老金待遇在初次领取时就已经存在极大差距,特别是离退休干部等特殊人群的养老金待遇起点较高,如果在调整待遇中还对一些待遇水平较高的特殊人群进行倾斜,则有违公共养老金体系保障基本生活的初衷,也影响了制度的公平。

8.3.3 提高统筹层次优化区域结构

统筹层次是养老保险发展水平的重要标志之一,提高统筹层次有利于增强基金抗风险能力、促进养老保险区域平衡发展、促进劳动力资源合理流动。在中国,提高养老金统筹层次的必要性具体表现在以下方面:一是养老保险统筹层次越高,基金抗风险能力就越强,共济性也越强,养老保险的效率也越高。解决养老保险待遇、基金支付压力区域不平衡的重要手段是提高各类养老保险项目的统筹层次,促进基金收支在各区域间的合理分配。二是提高统筹层次有利于实现各级政府责任分担,为了解决转轨成本产生的隐性债务,1998年以来中央以专项补助形式向各地转移支付养老保险财政资金,但在统筹层次过低条件下,那些资金结余的地区不但不上缴资金,反而继续向中央申请财政补助,不利于明确中央与地方,以及地方各级政府之间的责任(席恒和梁木,2009)。三是低统筹层次必然导致养老保险基金分散化管理,从而增加了基金管理难度与成本,提高了各地区政府的财政负担。当前中国基本养老保险已经基本上实现省级统筹,而城乡居民养老保险还处于试点与推广阶段,基本上都处于县级(或者市级)统筹阶段。虽然目前的财税体制下,中央和地方"分灶吃饭",养老保险基金跨省调剂困难,实行全国统筹难度比较大(郑功成,2010)。但从长远看,全国统筹是养老保险基金运营的总体趋势。

1. 推进基本养老保险基金全国统筹

为了适应人口流动的需要及提高基金的使用效率,需要对养老保险基金进行统一预算管理,以实现不同地区之间的互济平衡,协调不同老龄化程度造成的基金支付压力(宋马林等,2010)。因此在省级统筹的基础上推行职工基本养老保险的全国统筹是必然趋势。由全国社保基金理事会统一管理养老保险基金,有利于降低基金风险、提高保值增值能力;也有利于促进养老保险基金的跨省调剂,便于基本养老保险跨地区转移衔接。我们结合已有的相关研究,对基本养老保险基金全国统筹提出如下建议:一是统一全国各地区基本养老保险政策,限制地方对基本养老保险的政策制定与调整权力,由中央对基本养老保险参保对象、费率水平、待遇计算、基金管理等方面内容做出统一规定,地方政府只负责基本养老保险政策的执行。二是将各地方基本养老保险统筹基金的征缴收入上交中央,由全国社保基金理事会统一集中所有的养老保险统筹基金并进行营运管理；对统筹基金实行收支两条线管理；地方政府负责个人账户基金的管理与养老金的发放。三是建立由中央到地方垂直管理的社保经办机构，按照业务流程设置经办管理机构体系，将养老保险参保业务与养老金待遇领取业务分离；加快推进全国各省市"金保工程"信息系统的网联。四是对基本养老金计发基数按全国在岗职工平均工资和本人指数化缴费工资的平均值来计算，既能减少统计问题导致的制度不公平，又能解决劳动力多省市流动带来的待遇计发难以计算问题。五是建立中央财政与地方财政对社保基金缺口的合理分担机制，根据每个地区养老保险基金收入与支出的缺口，由中央财政和地方财政按比例分担。

2. 逐步提高居民养老保险基金统筹层次

《国务院关于开展新型农村社会养老保险试点的指导意见》（国发〔2009〕32号）对新农保基金统筹管理的规定如下："试点阶段，新农保和城镇居民养老保险基金暂实行县级管理，随着试点扩大和推开，逐步提高管理层次；有条件的地方也可直接实行省级管理。"而《国务院关于开展城镇居民社会养老保险试点的指导意见》（国发〔2011〕18号）对城乡居民养老保险的规定也类似："试点阶段，城镇居民养老保险基金暂以试点县（区、市、旗，以下简称试点县）为单位管理，随着试点扩大和推开，逐步提高管理层次；有条件的地方也可直接实行省级管理。"目前全国各地绝大多数试点地区都实施了县级统筹，县级社保经办机构承担了新农保经办、管理和监督的主要职能。过低的养老保险统筹层次导致了基金互济性差、保值增值空间小、管理营运成本高、参保人流动受到制约等问题。基于中国农村劳动力大规模跨省转移的现实，未来有必要逐步提高居民养老保险基金的统筹层次，至少形成省级统筹的城乡居民养老保险体系。参照城镇养老保险的经验，提高新农保和城镇居民养老保险统筹层次的基本思路如下：一是建立全国统一的居民养老保险制度，由中央对城乡居民养老保险的参保对象、缴费档次、补贴标准、养老金领取条件、待遇计算方式等方面进行统一规定，尽可能地减少地区之间政策的差异，方便养老保险关系的跨地区转移。二是由中央出台统一的规范文件，要求各地区建立规范和统一的居民养老保险基金预算制度，为提高居民养老保险基金统筹层次创造条件。三是由中央财政建立全国居民养老保险的储备基金和管理机构，负责各地区基金的调剂转移和抵御未来支付风险。四是将各地方的居民养老保险基金统一交给全国社保基金理事会进行托管，减少各地方政府管理带来的基金风险，降低运营成本，提高基金收益水平。

8.4 提高基金财务可持续性

针对养老保险基金面临的人口老龄化、历史遗留问题，以及结余基金贬值、未来收支缺口扩大等问题，本书从完善养老保险基金监管与预警、明确各级政府的权责关系、解决历史遗留问题、提高基金保值增值能力等方面提出促进财务可持续性的对策建议。

8.4.1 加强养老保险基金监管与预警

针对当前养老保险基金收支缺乏硬性约束问题，有必要建立完善的预算管理体制以加强养老保险基金的监管；并建立基金中长期收支预测系统与动态平衡机制，以提高基金运行效率，提前防范基金支付风险，确保养老保险财务可持续性。

1. 建立养老保险基金预算管理体制

财政养老是中央与地方养老保险制度关系的核心内容，随着社会保险基金预算管理办法的实行，中央与地方之间的财政关系主要通过预算管理来调节。因此，应当尽快建立和完善养老保险基金的预算管理体制，明确在预算编制、执行和决算过程中中央和地方政府的权力与责任（郑功成，2010）。借鉴国外其他国家的经验，按照《中华人民共和国预算法》的要求，分别设置养老保险预算收入和预算支出的相应科目。

养老保险预算收入：一是政府财政补贴收入，可以进一步细分为上级财政补贴、本级财政补贴和国有资产划拨收入。财政补贴规模体现了政府在养老保险服务中所承担社会责任。二是养老保险基金征缴收入，可以细分为当期养老保险费收入、欠费补缴收入、一次性补缴养老保险费收入、预缴养老保险费收入等，并按个人账户和统筹账户收入进一步细分。三是结余养老保险基金的投资收益。

养老保险预算支出：对养老保险预算中的支出分类，应遵循真实反映养老保险支出规模与结构，并清晰体现养老保险资金预算中收支对应关系的原则，首先各级社保经办机构按照养老保险项目划分为职工基本养老保险、机关事业单位养老保险[①]、城乡居民养老保险、其他特殊养老保险，其次根据基金用途细分为基础养老金支出、个人账户支出、丧葬抚恤补助支出、上解上级支出、补助下级支出等明细科目。

养老保险预算执行：在预算编制基础上，养老保险经办机构应定期对预算资金的执行情况进行分析与检查，并向本级政府和上级经办机构汇报基金预算的具体执行情况，由财政部门和审计部门对社保基金预算的执行进行监督与检查，对存在的问题进行及时清理整改。在基本养老保险实行全国统筹的背景下，应当由地方政府提供相关的数据，由中央政府统一编制养老保险基金收支预算，并监督地方政府对预算的执行。

---

① 机关事业单位养老保险向职工基本养老保险方向改革，采用"合并征管，独立核算"的运营管理模式。

2. 构建基金财务自动平衡机制

养老保险基金预算不仅要求当期平衡、略有结余，还要确保基金财务的可持续性，实现长期动态平衡。社会养老保险制度具有刚性，因此需要对养老基金的承受能力进行预警。现阶段，中国养老保险的待遇调整具有较大的随意性，缺乏规范的规则与方法，也缺乏对未来养老保险基金收支的平衡测算，这使养老保险基金面临较大的不确定性与支付风险。因此，有必要针对各个统筹单元建立养老保险基金财务风险的预警机制，对潜在的系统性风险进行预测，以便提前采取有效的防范举措（王晓军和任文东，2013）。可以借鉴发达国家的经验，构建养老金待遇水平和替代率自动平衡的机制，考虑到未来50年中国人口老龄化加速的趋势，设定一个相对合理的可持续的养老金财政平衡点，在未来50~60年进行养老金的平衡预算的评估，并以此作为养老保险的替代率和待遇水平的动态调整依据。

8.4.2 明确各级政府权责关系

中央与地方政府的权责不明，首先体现在对历史债务的分担方面（鲁全，2011），由于历史转轨成本缺乏清楚的计算，中央与地方对各自要承担的责任模糊不清，对城镇职工基本养老保险当期缺口也没有明确承担主体。其次，中央与地方政府分散管理社保基金，既导致了职能重复，又使基金营运效率低下。针对这些问题，未来改革的重点是建立有利于调动各级政府积极性的权责机制，具体任务包括以下方面。

1. 明确中央与地方政府对养老保险的责任

对职工基本养老保险和正在改革的机关事业单位养老保险[①]，鲁全（2011）提出了根据职工所在单位的隶属关系来明确中央与地方政府的历史与现实责任，把隶属于中央的行政单位、事业单位和国有企业职工的养老保险历史责任（养老保险改革的隐性债务）和现实义务（改革后的单位缴费）划归中央财政负担，而隶属于地方政府管辖的行政单位、事业单位和企业职工的历史责任和现实义务划归地方财政负担。但是企业职工养老保险改革从1997年算起已经近20年，由于缺乏系统的统计资料，再加上20世纪90年代实施的国企改革和行政体制改革，许多隶属于中央的企业和事业单位下放到地方。因此，要科学计算中央与地方之间财政责任十分困难。我们基于职工养老保险（和改革后的机关事业单位养老保险）实现全国统筹的趋势考虑，建议职工基本养老保险可以建立"统账分管"的基金管理模式，由中央政府对各地方统筹账户基金进行"统收统支"，全国社保基金理事会负责对全国统筹的养老保险基金进行运营，中央财政根据各地区统筹账户基金支付情况向各省拨付，由省级社保经办机构组织发放。考虑到地方政府对统筹

[①] 目前机关事业单位养老保险改革的基本方向是与职工基本养老保险进行整合，并建立独立的职业年金体系。

账户基金也有一定的义务，所以在中央财政根据养老保险统筹账户基金的收支进行精算平衡基础上，对基金收支缺口由中央确定一个统一的分摊比例。同时，由地方政府对职工养老保险的个人账户基金进行管理运营，地方政府承担对个人账户养老金的支付责任。

对城乡居民养老保险制度，中央与地方的关系相对明确，当前中央政府的主要责任是要承担基础养老金的支出责任和省级财政分担的个人账户补贴支出，而地方政府分担对个人账户的财政补贴责任和地方政府额外的基础养老金实贴。未来随着社会经济发展，如果需要对城乡养老保险制度的缴费和待遇结构进行调整，中央政府与地方政府之间可以根据各自的财力情况确定一个合理的财政分担比例。为了体现区域差异，城乡居民养老保险可以停留在省级统筹的层次，养老保险基金也由地方政府自行营运管理。

2. 实施社保经办机构垂直管理模式

目前天津、吉林、黑龙江、上海、陕西等部分地区养老保险经办机构实行了垂直管理；其他多数省份仍然实行属地管理。垂直管理与属地管理各有利弊，垂直管理可以避免养老保险政策各自为政、机构设置混乱、政策不一、管理不畅等体制问题，有利于推进社保经办业务的规范化、标准化和信息化建设。而属地管理有利于发挥地方政府的积极性，为经办机构运行提供人财物保障；特别是在养老保险统筹层次较低的情况下，属地管理有利于明确上级政府和下级政府之间的权责关系。但国内不少学者建议将社保经办机构由属地管理向垂直管理转型，郑功成（2011）认为，应该在中央层面上打破政府部门格局，建立与税务总局、工商总局并行的国家社会保险总局，在全国建立垂直管理网络化公共服务体系。杨燕绥（2011）认为，要坚持政府主导、政事分开、全国统一、国家垂直管理与地方合作的社会化管理服务体系。我们也建议社保经办机构应推进省级垂直管理，由省级社保经办机构对下属各级相应机构的人事、事务、经费进行统一管理，各级养老保险管理机构在上一级养老保险管理部门的领导下开展工作；未来在职工基本养老保险基金实现全国统筹时，应该实施中央垂直管理的模式。具体原因包括以下方面。

一是属地管理体制对地方政府的绩效评价考核过度依赖，许多地方把养老保险覆盖面、基金征缴收入等列入政府绩效评价指标，因此各级地方政府都愿意为社保经办机构提供财力、人员和办公场地等方面的保障与支持；但属地管理模式容易导致不同地区社保经办机构"苦乐不均"，在社保工作受地方政府领导重视的地区，人、财、物能够得到充分保障，但在社保工作不受地方政府领导重视的地区，则连日常的运行维护都存在困难①；而且一旦将来政府绩效考核评价内容发生调整，则社保经办工作开展会更加困难。

二是实行垂直管理有利于提高业务经办效率。在省级垂直管理体制下，经办机构职能可以在不同层级之间进行合理分工，省级养老保险经办机构以业务管理、资料审核、财务基金、人事管理、综合稽查为主，将具体的经办业务下沉到市（区县）、街（镇）的基层经办机构；而市（县）主要处理单位统一参保的职工基本养老保险，以及对城乡居民养老保险复核与待遇计发；街道（乡镇）的经办网点属于派出机构，负责城乡居民养老保险的接件与初审；将市（县）级经办机构作为专业人员集中、技术设备集中、业务操作集中和业务管理集中的后台处理中心。这种业务集中、职权分工的管理结构，可避免管理职能交叉、减少业务经办环节；进而节约资金、人力和物力的投入，降低经办机构的管理运行成本。

三是垂直管理有利于推进社保经办工作的规范化和标准化。在垂直管理模式下，可以由省级或中央社保机构对业务进行统一梳理、制定统一的流程、设计统一的标准，进而提高养老保险经办效率与服务水平。通过规范化与标准化建设，可以实现人员岗位之间、业务环节之间相互监督、相互制衡，提高风险防范能力。

四是垂直管理模式有助于提高养老保险基金的统筹层次。在垂直管理模式上，养老保险政策由全国或省级经办机构统一制定，有利于各地区养老保险的政策制度、管理模式、经办流程等保持一致。将社保经办机构从属地管理转变为垂直管理，将减少养老保险跨区域统筹的阻力，特别是要实现基本养老保险的全国统筹，更需要建立全国社保垂直管理体系。

8.4.3 解决历史遗留问题

中国养老保险在从现收现付制向半积累制改革过程中，产生大规模的转轨成本。只有在不损害现有参保人员利益的基础上，通过建立财政主导下的政府、企业和个人责任分担机制逐步化解转轨成本，才能实现基本养老保险的可持续发展。

1. 将隐性债务显性化

目前，各级政府对养老保险基金缺口的补助，实质上也承担了化解转轨成本的作用，但财政补助并没有明确资金的性质，各级政府混淆了财政在历史上的政府雇主责任和在现实中的公共财政责任。虽然现行制度设计隐含了"财政兜底"假定，但政府对其应该承担的隐性债务的规模没有明确标准，导致各级财政对养老保险基金的补助随意性比较大，缺乏预算约束与监督评价。另外，在制度设计

---

① 根据笔者2012年对经办机构运行经费保障情况的调查，发现个别乡镇社保服务大厅的经费保障极不稳定，甚至出现欠缴电费而导致社保服务大厅休假一周的极端情况。

中对如何认定并消化历史债务始终没有明确的规定，也没有准确测算出偿还的数额，没有划定明确的偿债期限，从而使历史债务成了一笔"糊涂账"。这导致公众担心政府通过提高缴费、降低待遇、延长退休年龄等方式，将现行制度参保人员的缴费用于化解历史隐性债务，进而使公众对现行制度的合理性、透明度、公平性产生质疑，影响养老保险制度的可持续性。所以要尽快明确财政资金对历史债务的责任，明确财政补助资金的性质、规模、用途，使政府隐性债务变为显性债务。虽然对基本养老保险（以及将要改革的机关事业单位养老保险）隐性债务总量有不同的测算方法与结论，但可以确定的是政府至少应该承担如下三个方面的现实责任："中人"过渡性养老金、"中人"和"新人"个人账户补偿，以及"老人"全部养老金支付。因此，在操作层面上，将以上三个方面每年的现实支付进行统计汇总，可将其作为各级财政向社保基金补助的依据；至于中央与地方政府之间各自应承担的比例，可以结合实际财政状况，协商确定。

2. 多渠道化解历史债务

政府作为制度主导者，从理论上说应该承担制度转轨的主要责任，但是从实际操作来看，由政府、企业、个人三方分担责任则更加可行。根据现行职工基本养老保险制度，在统筹账户缴费率为15%即可维持制度自我平衡的情况下（郑功成，2010），制度转轨以来，参保者较高的缴费率（统筹账户名义费率20%）实际上已经化解了部分转轨成本。因此，未来可适当降低养老保险的费率水平，转为由政府承担起化解转轨成本的主要责任。具体的举措包括以下方面。

一是提高财政对养老保险的支出比重。将政府财政支出结构按照公共财政的要求进行调整，积极调整和优化财政支出结构，增加财政对社会民生的支出，压缩经济建设支出和行政管理开支，逐步将中央社会保障支出占财政支出的比重提高到15%~20%（杨宜勇和邢伟，2008）。强化养老保险基金收支的预算管理，中央与地方财政对养老保险基金的补助支出不应低于"中人"过渡性养老金、"中人"和"新人"个人账户补偿，以及"老人"全部养老金支付的总额。

二是划转国有资本和国企利润充实社会保障基金。分别在中央和地方层面，选择一些收益比较稳定的中央企业和地方国企，将其部分股权划拨到全国社保基金和地方社保基金管理机构名下，社保基金根据所持的这部分产权，通过分红持续获得收益。同时为减少社保基金管理部门对国有企业经营业务的直接干预，可以对划拨国有股权实行信托管理的模式，并建立严格的风险控制和监管机制，保证国有资产能够安全变现。此外，也可以直接将央企和地方国企的利润按一定比例直接划拨给社保基金，杨宜勇和邢伟（2008）认为，划拨国企利润在技术操作上更为简便，在具体划拨数额的确定上，设定最低金额和最高金额，以体现划拨方式的灵活性。

三是解决困难国企社保欠费的历史问题。针对国有企业改制过程中职工养老保险欠费的历史遗留问题，对那些因为经营亏损而无力缴纳养老保险费的国有企业，可以把一部分国有资产划拨给社会保险机构，用以解决已退休人员的养老金和在职职工的养老金；对已经实行股份制改革的国有企业，可以从国有资产股中划出一部分给社保基金，由社会保险部门作为控股一方，并承担退休人员的养老金支付责任。对发生兼并、拍卖等的国有企业，将养老保险债务列入资产重组的内容，由重组后的新企业继承。

四是发放养老保险债券和福利彩票。参考国外智利等国家养老保险改革的经验，由政府发行养老保险特别债券。类似于1998年为了解决国有银行的改革问题，中央发行了2 700亿元的特别国债。在老龄化高峰期发行养老保险特别国债可以起到平衡养老金支付、分散财政负担的作用，也不会对社会经济产生不利影响（李珍，2002）。另外，养老保险是社会民生问题，牵涉广大群众的切身利益，可以以筹集养老保险的名义发行部分福利彩票，有利于缓解部门养老保险基金收支缺口。

8.4.4 提高社保基金保值增值能力

在未来老龄化加剧的背景下，提高社保基金保值增值能力是实现财务可持续的重要途径。

1. 在提高统筹层次基础上扩大全国社保基金规模

相对于地方政府所管理的社保基金而言，全国社保基金的投资范围有更大的选择空间，投资对象包括债券、基金、股票等。但根据2001年《全国社会保险基金投资管理的暂行规定》，社保基金对银行存款和国债投资的比例不得低于50%，企业债、金融债投资的比例不得高于10%，证券投资基金、股票投资的比例不得高于40%。根据《2014年全国社会保障基金年报》的数据（表8.6），2014年全国社保基金资产规模达到15 356.39亿元，并以交易类金融资产（股票等，占33.41%）、可供出售金融资产（占15.70%）、持有至到期投资（债券等，占37.20%）和长期股权投资（占8.79%）为主，基金权益达到14 573.29亿元。总体而言，目前全国社保基金的投资主要以金融市场证券投资为主，同时进行少量股权投资，而银行存款占比很少（只有0.86%）；在投资对象的结构上，与地方社保基金以银行存款为主存在较大的差别。从投资收益上看，2012年全国社保基金投资总收益为1 487.83亿元，基金收入主要来源于利息收入（占23.37%）、交易类资产公允价值变动收益（36.35%）、股利收入（8.06%）和长期股权投资收益（10.45%），由于利息收入可能同时来源于银行存款、持有至到期投资等，所以我们从年报中还无法比较不同投资品种的收益率。

表 8.6　全国社会保障基金 2014 年报

项目	金额/亿元	结构/%
1. 资产规模	15 356.39	100.00
1.1 银行存款	132.62	0.86
1.2 交易类金融资产	5 130.15	33.41
1.3 可供出售金融资产	2 410.50	15.70
1.4 持有至到期投资	5 712.50	37.20
1.5 长期股权投资	1 350.70	8.79
1.6 其他资产	619.92	4.04
2. 收入	1 487.83	100.00
2.1 利息收入	347.69	23.37
2.3 股利收入	119.86	8.06
2.6 长期股权投资收益	155.54	10.45
2.8 交易类资产公允价值变动收益	540.76	36.35
2.10 其他收入	323.98	21.78
3. 费用	63.23	4.25
3.1 管理人报酬	16.43	1.10
3.2 托管费	3.29	0.22
3.3 交易费用	8.52	0.57
3.4 利息支出	19.31	1.30
3.7 资产减值损失	12.58	0.85
3.8 其他费用	3.10	0.21
4. 净收益	1 424.60	95.75

表 8.7 给出了 2001~2014 年全国社保基金投资收益额与收益率的基本情况。2001~2014 年全国社保基金投资累计收益为 5 611.95 亿元，2001~2014 年全国社保基金平均投资收益率达到 8.38%，远远超过 2.45%的平均通货膨胀率，更是高于各地方社保基金 2%左右的平均投资收益率。因此可以根据前文所提出的改革方案，在职工基本养老保险（包括改革后的机关事业单位养老保险）实行全国统筹基础上，将各省的职工基本养老保险统筹账户基金划转到全国社保基金理事会进行统一运营管理，提高基金投资收益率。同时，将城乡养老保险基金提高到省级统筹，减少社保基金的横向分割，提高基金投资运营效率。

表 8.7　2001~2014 年全国社保基金投资收益率

年份	投资收益额/亿元	投资收益率/%	通货膨胀率/%
2001	7.4	1.73	0.7
2002	19.8	2.59	-0.8
2003	44.7	3.56	1.2
2004	36.7	2.61	3.9
2005	71.2	4.16	1.8
2006	619.8	29.01	1.5
2007	1 453.5	43.19	4.8
2008	-393.7	-6.79	5.9
2009	850.4	16.12	-0.7
2010	321.2	4.23	3.3
2011	74.0	0.85	5.4
2012	679.4	7.71	2.7
2013	685.87	6.20	2.6
2014	1 424.60	11.69	2.0
累计额/平均数	5 611.95	8.38	2.45

资料来源：全国社保基金理事会网站

2. 将地方养老保险基金委托外部投资管理人进行运营

基于全国社保基金投资收益远高于地方社保基金的现实，探索地方社保基金委托管理机制，将地方社保基金委托由全国社保基金理事会负责运营，甚至部分地区在基金收不抵支时，可以向全国社保基金进行借贷（郑秉文，2009）。2012年3月，广东省政府委托全国社保基金理事会对广东省基本养老结存资金1 000亿元进行投资运营，该基金权益2012年年末余额为1 034.09亿元，实现了较好的收益。建议对该模式进行推广，运用这种委托投资方式，提高社保结余基金保值增值能力。除了全国社保基金理事会之外，地方社保基金管理机构也可以委托境内信用情况较好的基金公司进行资产管理，按照委托—代理关系由基金保管人、委托人、基金管理机构及基金经理等参与人组成；凡是符合社会保险基金管理人资格条件的均可以参与投标，并承担基金管理人的责任,签订投资委托运营协议，明确双方应承担的责任与风险。

3. 拓宽地方社保基金投资渠道

虽然近年来中国社保基金投资管理立法工作加速推进，曾经公布实施了《全国社会保障基金投资管理暂行办法》和《全国社会保障基金境外投资管理暂行办法》，解决了全国社保基金投资运营的法律依据问题。但是更为庞大的地方社保基金投资运营立法工作进展缓慢,现行法规政策把地方社保基金的投资严格限定在银行存款和购买国债两个途径上,导致地方社保基金的结余中,银行存款占90%以上,年均收益只有2%左右,远低于全国社保基金8.3%和企业年金10%左右的投资收益率。因此,适度放宽市场化的投资范围、实施多元化投资是实现基金保值增值的重要途径。对社保基金的投资品种,可以参考国际经验,除了银行存款和购买国债外,还可以投资于股票、企业债、信托、抵押贷款不动产、外国资产等,投资渠道的多样化不仅可以降低投资风险、增加基金的流动性,而且能够增加社保基金的中长期收益。另外,还可以由中央发行高于银行存款利率的特定国债;政府在安排能源、交通等大型项目时优先安排一定的养老基金参与投资;在国有重点企业改制上市中,允许养老金以战略投资者身份参股;建立社保基金国有银行存款利率竞价制度,通过公平竞价提高社保基金存款收益。

第 9 章 总 结

随着制度的完善与覆盖率的扩大，中国养老保险发展主要矛盾也正在发生转变，衔接制度不完善、养老金待遇低、基金收支缺口等问题正成为制约养老保险发展的新挑战。在新的形势与背景下，本书从覆盖面、恰当性与可持续性的三个方面对中国养老保险发展进行了评价，分析了当前中国养老保险改革面临的挑战及其原因，并从制度整合、结构优化与财务平衡三个方面提出未来养老保险改革的主要举措。本书研究的主要结论包括以下方面。

1. 养老保险发展将进入一个新的历史时期

过去 10 多年的时间里，中国养老保险在制度建设与覆盖率扩大方面取得了巨大的成就，城乡统筹养老保险体系基本成型，"广覆盖、保基本"的阶段性目标已经初步实现，未来养老保险改革将进入一个新的时期：养老保险发展目标正在向"全面覆盖、保障充分"转变。

2. 恰当性和可持续性是制约养老保险发展的主要因素

本书从"覆盖率、恰当性和可持续性"三个方面对中国养老保险发展进行评价。在覆盖率方面，中国养老保险制度已经覆盖所有人群，养老保险总覆盖率由 2001 年的 19.7% 上升到 2012 年的 79.0%，其中，职工基本养老保险参保率达到 58.2%，城乡居民养老保险参保率达到 84%；总体覆盖率已经接近社会保障发达国家的水平。在恰当性方面，机关事业单位退休金代替率偏高，职工基本养老保险替代率只有 44.69%，与 50%~60% 的国际标准有较大差距。而居民养老保险保障水平更是严重不足。在基金可持续性方面，机关事业单位退休金以财政收入为后盾，财务风险不高；职工基本养老保险基金主要面临人口老龄化和基金贬值的支付风险；而居民养老保险的财务风险主要是对财政补贴过度依赖以及未来养老待遇提高的需要。

3. 新时期养老保险改革面临新的挑战

在新的时期里，养老保险改革的背景与形势发生了显著变化，养老保险发展也面临新的挑战。覆盖率的主要挑战如下：一是过去按人群设计养老保险项目导致了制度"碎片化",各类养老保险项目之间未能有效衔接;二是参保结构不合理,非正规单位、年轻人参保意愿低,居民养老保险参保人缴费档次低。恰当性的主要挑战如下:一是养老金待遇低,特别是居民养老保险的养老金难以保障老年人基本生活;二是待遇结构不合理,不同养老金项目、不同区域、不同个体特征的参保人待遇差距大,导致养老保险公平性受到质疑。可持续性的主要挑战如下:一是人口老龄化的加速导致养老负担加重;二是基本养老保险的历史遗留问题没有完全解决;三是基金统筹层次不高,导致各地区间财力不均衡;四是基金保值增值能力不强,社保基金面临贬值风险。

4. 未来基本养老保险将面临极大的支付风险

基于第六次人口普查数据,在对人口老龄化趋势进行预测的基础上,对未来基本养老保险基金收支进行了预测,并分析了基金收支缺口对工资增长率、养老保险参保率、结余基金投资收益率等参数变化的敏感性。研究结果表明,如果不考虑财政补贴,除非养老保险结余基金的投资收益率超过10%,否则未来基本养老保险基金收不抵支的趋势不可避免,2020年以后基金收支缺口将不断扩大,未来基本养老保险财务将难以持续。另外,由于居民养老保险待遇较低,在保持现有的政策与待遇水平不变的前提下,居民养老保险财务支付风险不高,其财务可持续性更多的是来自于政策变化的挑战。

5. 提出了公共养老金体系改革目标与战略步骤

本书提出长期中建立缴费型职工养老保险和非缴费型国民养老保险两大公共养老金体系的思路,实现公共养老金"全面覆盖、保障充分、衔接顺畅、财务持续"的总体目标。并结合现实国情,提出未来养老保险改革三步走战略:第一步是在2020年以前,在扩面的基础上进行制度整合,重点任务是在明确城乡一体化改革目标基础上,重点解决制度"碎片化"问题,减少养老保险制度的人群差异,归并已有养老项目,减少地方政府的自主权,制定更多的全国统一标准。第二步是在2021~2050年,建立按缴费方式分类的两大养老保险体系,适度降低基本养老保险的费率水平,逐步提高城乡居民养老保险的待遇水平,实现基本养老保险的全国统筹和城乡居民养老保险省级统筹,做实职工基本养老保险个人账户,做大统筹基金规模。第三步是2050年之后建立起公共养老金、职业年金、商业养老保险、家庭互济的四大支柱体系,将原来缴费型的城乡居民养老保险制度改革为非缴费型的国民养老保障项目,推进"名义账户制"向真正的"基金积累制"转变,实现公共养老金体系的"全面覆盖、保障充分、衔接顺畅、财务持续"目标。

6. 提出了短期内养老保险改革的重点领域与重点举措

本书从制度整合、结构优化与财物平衡三个方面提出了短期内养老保险改革的重点。具体包括以下方面:对各类养老保险项目进行整合,解决制度"碎片化"

的问题,通过合理的制度设计解决养老保险各种结构性的矛盾,以及科学安排养老保险基金收支提高财务可持续性。针对目前中国养老保险制度按人群设计导致的制度"碎片化"问题,要在明确一体化改革目标的基础上,尽快解决"碎片化"问题,减少养老保险制度的人群差异,归并已有养老项目,减少地方政府的自主权,制定更多的全国统一标准。针对养老保险制度存在的结构性矛盾,提出完善制度设计、优化参保结构、根据缴费负担优化待遇结构、提高统筹层次优化区域结构等举措。针对未来老龄化冲击与基本养老保险基金收支缺口,提出加强养老保险基金监管与预警、明确中央政府与地方政府的养老金权责关系、解决隐性债务等历史遗留问题、提高基金保值增值能力等举措。

参 考 文 献

巴尔 N，怀恩 D.2000.福利经济学前沿问题.贺晓波，王艺译.北京：中国税务出版社，北京腾图电子出版社

白维军.2009.我国农村养老保障的"碎片化"与制度整合.社会保障研究，(4)：102-106

白重恩，李波，马骏.2013.社会保障体制改革的方案设计.新金融评论，(4)：47-82

柏满，雷黎.2008.中国养老保险隐性债务未来规模的预测.数理统计与管理，(2)：36-40

毕小龙.2006.社会养老保险混合多目标评价指标体系研究.武汉理工大学学报，(6)：144-148

毕小龙.2009.中国社会养老保险制度.广州：暨南大学出版社

别朝霞.2004.社会保障与经济增长：一个文献述评.上海经济研究，(5)：3-13

蔡小慎，张瑞丽.2009.我国基本养老保险水平地区差异的影响因素之实证分析.大连理工大学学报（社会科学版），(3)：93-97

陈雷，孙国玉.2010.扩大覆盖面与养老金三元悖论：经验与理论分析.首都经济贸易大学学报，12(3)：48-55

陈正光，骆正清，陆安.2014.被征地农民养老保险与城乡居民社会养老保险整合成本分析.江西财经大学学报，(3)：60-68

褚福灵.2006.论养老保险的缴费替代率与待遇替代率.北京市计划劳动管理干部学院学报，(1)：8-12

褚福灵.2014-07-29.养老金调整应兼顾公平和效率.中国劳动保障报

邓大松.2002.社会保险.北京：中国劳动社会保障出版社

邓大松，董明媛.2013."新农保"中农民缴费能力评估与影响因素分析——基于湖北省试点地区的调研数据.西北大学学报，(4)：5-13

邓大松，刘昌平.2012.2011 中国社会保障改革与发展报告.北京：人民出版社

邓大松，薛惠元.2010.新型农村社会养老保险制度推行中的难点分析——兼析个人、集体和政府的筹资能力.经济体制改革，(1)：86-92

丁建定.2014.中国养老保障制度整合与体系完善.中国行政管理，(7)：7-10

丁煜.2011.新型农村社会养老保险制度的缺陷与完善.厦门大学学报（哲学社会科学版），(5)：32-40

董克用.2013.建立明晰的多支柱养老体系.行政管理改革，(10)：32-36

董克用，王燕.2000.养老保险.北京：中国人民大学出版社

杜邢晔.2008.社会养老保险覆盖率文献综述.生产力研究，(3)：142-144

房海燕.1998.对我国隐性公共养老金债务的测算.统计研究，(4)：61-63

封铁英，李梦伊.2010.新型农村社会养老保险基金收支平衡模拟与预测——基于制度风险参数优化的视角，(4)：100-112

封铁英,刘芳.2010.城镇企业职工基本养老保险基金支付能力预测研究.西北人口,(2):10-17
封铁英,刘芳,段兴民.2008.城乡社会养老保险政策地区差异评析.中国人力资源开发,(4):74-77
葛延风.2003.中国机关事业单位养老金制度改革研究———种方案设计.北京:外文出版社
葛延风.2004.建立广覆盖、低水平、可持续、促发展的社会保障制度.前线,(3):8-10
龚秀全.2007.中国基本养老保险全国统筹的制度转换成本与路径研究.社会保障研究,(6):25-29
郭磊.2010.人口老龄化与养老保险金供求平衡研究——以北京为例.北方交通大学硕士学位论文
郭树清.2002.建立完全积累型的基本养老保险制度是最佳选择.经济社会体制比较,(1):40-41
郭席四,杜潇.2005.不同地区农民工养老保险政策的比较评析.现代经济探讨,(10):28-32
国务院体改办.2000.中国养老保险隐性债务研究.中国社会保障,(5):7
韩伟.2007.中国统筹养老金适度调整指数分析.财政研究,(4):23-29
何平.2000.中国养老保险基金测算报告.社会保障制度,(6):3-21
何平.2001a.社会保障概论.北京:中国劳动社会保险出版社
何平.2001b.中国养老保险基金测算报告.社会保障制度,(3):3-14
贺菊煌.2000.消费函数分析.北京:社会科学文献出版社
侯海涛,李波.1997.最新社会保险工作实务全书.北京:企业管理出版社
胡华清,李南.1998.中国城乡迁移年龄模式的研究.系统工程理论与实践,(3):85-89
胡继晔.2014.社会保险与社会救助制度如何衔接.中国经济报告,(11):56-58
胡晓义.2002.论进一步扩大养老保险覆盖面.中国社会保障,(2):12-14
胡英.2010.中国分城镇乡村人口平均预期寿命探析.人口与发展,(2):41-47
黄贻芳.2002.论中国养老保险的公平与效率.经济评论,(4):63-74
霍尔茨曼R,欣茨R.2006.21世纪的老年收入保障:养老金制度改革国际比较.郑秉文,黄念译.北京:中国劳动社会保障出版社
吉列恩K.2002.全球养老保障改革与发展.杨燕绥译.北京:中国劳动社会保障出版社
江涛.2014.个人账户养老金解决空账及完善投资体制研究.会计之友,(5):22-24
焦凯平.2004.养老保险.北京:中国劳动社会保障出版社
金刚,柳清瑞.2012.新农保补贴激励、政策认知与个人账户缴费档次选择中——基于东北三省数据的有序Probit模型估计.人口与发展,(4):39-46
金维刚.2014.养老保障体系的顶层设计.中国金融,(12):43-46
景天魁.2004.底线公平与社会保障的柔性调节.社会学研究,(6):32-40
兰海强,孟彦菊,张炯.2014.2030年城镇化率的预测:基于四种方法的比较.统计与决策,(16):66-70
雷根强,苏晓春.2008.财政利益分歧与中国养老保险制度变迁.当代财经,(7):38-42
李超民,史煦光.2013.论我国养老保险制度的顶层设计.上海商学院学报,(5):1-7
李济广.2007.养老保险个人账户积累制非必要性分析.百色学院学报,20(4):75-79
李树茁,杨有社.1993.我国的省间人口迁移与社会经济发展.人口与经济,(5):39-44

李雪，陈元刚.2011.我国基本养老保险实现全国统筹的方案设计.经济问题探索,（1）：60-72
李友根，朱晓菱.2010.城乡统筹背景下的农民工养老保险模式设计.生态经济,（10）：70-74
李长远.2010.我国农村社会养老保险制度"碎片化"路径依赖及对策.社会保障研究,（3）：47-51
李珍. 2002. 社会保障理论. 北京：中国劳动与社会保障出版社
李珍，王海东.2012.基本养老保险目标替代率研究.保险研究,（2）：97-103
廖楚晖，于凌云.2009.养老保险与人力资本投资的研究新进展.经济学家,（3）：33-37
林怀宇.2008.养老保险主要模式典型国家改革研究.复旦大学硕士学位论文
林义.2012.加快推进城乡居民社会养老保险体系建设.中国社会保障,（1）：45-47
林治芬.2002.中国社会保障的地区差异及其转移支付.财经研究,（5）：37-43
林治芬.2006.中央与地方养老保险责任划分模式设计.财贸经济（6）：73-77
刘昌平.2008.可持续发展的中国城镇养老保险制度研究.北京：中国社会科学出版社
刘昌平，殷宝明，谢婷.2008.中国新型农村社会养老保险制度研究.北京：中国社会科学出版社
刘芳，欧阳令南.2002.养老保险制度理论的分析.上海经济研究,（8）：45-50
刘华，张昱宇.2006.扩大基本养老保险覆盖面问题的思考.工会论坛,（2）：12-13
刘军伟.2011.基于理性选择理论的农民工参加新型农村养老保险制度影响因素研究.浙江社会科学,（4）：77-85
刘璐蝉.2013.关于社会养老保险改革过程中"空账"问题的思考.老龄科学研究,（3）：23-29
刘晓梅.2010.中国农村社会养老保险理论与实务研究.北京：科学出版社
刘雄.2000.养老保险.北京：中国劳动社会保障出版社
刘燕斌.2009.各国社会保险费率比较.中国社会保障,（3）：36-37
龙朝阳，申曙光.2011.中国城镇养老保险制度改革方向：基金积累制抑或名义账户制.学术月刊,（6）：86-93
鲁全.2011.基于中央地方关系的养老保险政策议程模式研究.中国人民大学学报,25(3)：113-119
路军，唐磊.2006.当前我国养老保险基金面临的财务危机及其对策研究.山东经济,（9）：108-111
罗尔斯J.1991.正义论.谢延光译.上海：上海译文出版社
骆正清，陈周燕，陆安.2010.人口因素对我国基本养老保险基金收支平衡的影响研究.预测,（2）：42-47
吕学静，王增民.2008.对当前我国农民工社会保障模式的评估.人口经济,（4）：35-39
孟昭喜.2008.养老保险精算理论与实务.北京：中国劳动社会保障出版社
缪艳娟.2012.我国三支柱养老保险体系的重构.扬州大学学报（人文社会科学版）,（1）：33-38
穆怀中.2004.社会保障收入再分配性质与途径研究.中国社会保障,（7）：20-22
穆怀中.2007.社会保障国际比较.第二版.北京：中国劳动社会保障出版社
裴丽侠.2010.我国基本养老保险的区域性差异分析.首都经贸大学硕士学位论文
彭浩然，申曙光，宋世斌.2009.中国养老保险隐性债务问题研究——基于封闭与开放系统的测算.统计研究,（3）：44-50

齐娜,杨伟伟.2010.城镇不同行业的养老保险差异分析与应对措施.劳动保障世界,(6):16-19
乔骏.2003.试论养老保险和国有企业改革.中国林业企业,(3):39-40
邱丹,赵庆先.2005."空账"问题的成因及对策分析.特区经济,(2):212-214
邱长溶,张立光,郭妍.2004.中国可持续社会养老保险综合评价体系和实证分析.中国人口,(3):27-31
社会保障课题组.2008.我国养老保险覆盖面扩大及可持续性分析.统计研究,(12):11-14
世界银行.1997a.老年保障:中国的养老金体制改革.北京:中国财政经济出版社
世界银行.1997b.世界银行1997年度报告.北京:中国财政经济出版社
宋丽萍.2012.机关事业单位养老保险制度改革措施之我见.人才资源开发,(12):42-43
宋马林,杨杰,杨彤.2010.社会保障体系完善与社会经济可持续发展.公共管理学报,(7):28-38
宋晓梧.1997.中国城镇职工养老保险制度改革的目标和方向.管理世界,(1):185-188
宋晓梧,中俊,张新梅.2000-05-09.解决隐性债务问题,深化养老保险体制改革.中国经济时报
宋长青.2004.关于我国社会保障覆盖面的探讨.统计研究,(3):17-19
苏春红.2010.人口老龄化的经济效应与中国养老保险制度选择.山东大学博士学位论文
苏晓玉.2006.我国养老保险基金缺口的成因与对策.中国劳动保障,(3):37-38
孙国玉,耿树艳,陈雷.2010.养老金制度变迁及碎片化探缘.保险研究,(9):77-81
孙祁祥.2001."空账"与转轨成本:中国养老保险体制改革的效应分析.经济研究,(5):30-37
汤新维.2007.关于机关事业单位养老保险改革进展和若干问题的思考.时代经贸,(3):31-33
唐钧.2012.关注社会保险和社会救助制度的衔接.中国社会保障,(1):24
唐钧.2013.养老保险的公平和效率应分而治之.中国社会保障,(2):24
王翠琴,薛惠元.2011.新型农村社会养老保险与相关制度衔接问题初探.经济体制改革,(4):81-85
王德文.2005-05-08.中国城乡养老保障:挑战与选择.北京大学中国社会与发展研究中心网站
王立剑,刘佳.2008.基本养老保险综合发展水平研究.统计与决策,(19):58-61
王晓军.2000.中国养老金制度及其精算评价.北京:经济科学出版社
王晓军.2002.对我国养老金制度债务水平的评估与预测.预测,21(1):29-32
王晓军.2006.保险精算学.北京:中国人民大学出版社
王晓军,乔杨.2011.中国公职人员养老保障制度发展战略研究//郑功成.中国社会保障改革与发展战略.北京:人民出版社
王晓军,任文东.2013.我国养老保险的财务可持续性研究.保险研究,(4):118-127
王新梅.2005.全球性公共养老保障制度改革与中国的选择资本:与GDP相连的空账比与资本市场相连的实账更可靠更可取.世界经济文汇,(6):52-71
王砚.2013-09-26.学者建议建立多支柱养老金制度.证券时报网
威廉姆森 J B.2002.养老保险比较分析.马胜杰,等译.北京:法律出版社
吴永求.2012a.中国养老保险扩面问题及对策研究.重庆大学博士学位论文

吴永求.2012b.养老保险覆盖面扩大：现状、问题与挑战.保险研究，（10）：113-122

吴永求，冉光和.2012.基本养老保险参保行为分析：精算模型与政策模拟.数量经济技术经济研究，（1）：91-99

席恒，梁木.2009.基本养老保险全国统筹可能性分析.社会保障研究，（1）：3-9

席恒，翟绍果.2012.从理想模式到顶层设计：中国养老保险制度改革的思考.武汉科技大学学报（社会科学版），（6）：581-584

谢勇，李放.2009.农民工参加养老保险意愿的实证研究——以南京市为例.人口研究，（3）：30-36

许淑君.2004.养老保险"空账"问题寻解.中国社会保障，（7）：49-50.

杨方方.2005.中国社会保险中的政府责任.中国软科学，（12）：18-26

杨团.1999.可持续发展的中国社会保障

杨燕绥.2011.社会保险经办机构能力建设研究.北京：中国劳动社会保障出版社

杨燕绥.2014.老龄社会的养老金结构与制度整合研究报告

杨宜勇，邢伟.2008.充实社会保障基金：形势与对策.中国投资科技，（3）：69-71

姚俊.2010.农民工参加不同社会养老保险意愿及其影响因素研究——基于江苏五地的调查.中国人口科学，（3）：23-28

叶璐，薛惠元.2013.企业职工基本养老保险待遇调整的公平性探讨.当代经济管理，（5）：90-97

印飞，刘洋，顾晓瑜.2008.基本养老保险基金需求预测研究.经济理论研究.全国商情（经济理论研究），（19）：62-64

雍岚，孙博，张冬敏.2007.西部地区从业农民工社会养老保险需求的影响因素分析——基于西安市农民工的调查.西北人口，（6）：15-20

余筱箭，郭杨，2000.俞自由：论养老保险模式的比较.保险研究论坛，（8）：19-21

袁文全，邵海.2009.社会养老保险城乡一体化的理论基础与制度设计.社会科学辑刊，（6）：69-73

袁志刚.2001.中国养老保险体系选择的经济学分析.经济研究，（5）：13-19

臧宏.2007.事业单位养老保险制度改革研究.东北师范大学博士学位论文

翟文.2009.对我国养老保险金隐性债务问题的研究.求实，（2）：115-117

展凯，申曙光.2008.京沪农民工养老保险政策及其对广东省的启示.国际经贸探索，（10）：33-41

张暗礁.2010.养老保险基金支付风险及对策研究.劳动保障世界，（9）：27-30

张冬敏.2009.省际人口迁移的研究方法综述.改革与开放，（10）：119-120

张冬敏.2011.新型农村社会养老保险制度的统筹层次研究.经济体制改革，（4）：86-89

张光，杨晶晶.2007.基本养老保险覆盖面扩展决定因素及实证研究.社会，（27）：164-179

张靖.2011.引入省际净迁移因素的年龄别分城乡人口预测.统计与决策，（8）：71-74

张明丽，王亚萍，张闪闪.2012.国外社保整合对我国碎片化养老保险制度改革的经验和启示.改革与战略，（7）：118-121

张娜.2011.农民工养老保险的困境及其影响因素.劳动保障世界，（2）：31-33

张思锋，王立剑，张文学.2010.人口年龄结构变动对基本养老保险基金缺口的影响研究——以陕西为例.预测，（2）：37-41

张松.2009.中国人口老龄化背景下的养老保险研究.吉林大学博士学位论文

张映芹，校飞.2011.中国养老保险个人账户空账问题研究.宁夏社会科学，（5）：63-66

赵晓芳.2013.社会保障碎片化：危害、成因与弥合路径.中共福建省委党校学报，（2）：69-75

赵耀辉，徐建国.2001.我国城镇养老保险体制改革中的激励机制问题.经济学季刊，（1）：193-206

郑秉文.2003a."名义账户"制：我国养老保障制度的一个理性选择.管理世界，（8）：33-45

郑秉文.2003b.养老保险"名义账户"制的制度渊源与理论基础.经济研究，（4）：63-71

郑秉文.2005.建立社会保障"长效机制"的12点思考——国际比较的角度.管理世界，（10）：58-66

郑秉文.2009.中国社会保险"碎片化制度"危害与"碎片化冲动"探源.社会保障研究，（1）：209-224

郑秉文.2010-10-29.社保基金被指13年来利息损失达6千亿.金融界

郑秉文.2013-07-02.我国社保制度存在六大方面的问题.经济参考报

郑秉文.2014-05-07.养老保险顶层制度设计的两大挑战.证券日报

郑秉文，郭倩.2006.拉脱维亚"名义账户制"运行十年的政策评估——兼评三支柱体系的架构设计.俄罗斯中亚东欧研究，（5）：38-49

郑秉文，孙守纪.2008.强制性企业年金制度及其对金融发展的影响——澳大利亚、冰岛和瑞士三国案例分析.公共管理学报，（4）：1-13

郑功成.2003.中国养老保险制度的未来发展.劳动保障，（3）：22-27

郑功成.2005.社会保险学.北京：中国劳动社会保障出版社

郑功成.2006.科学发展与共享和谐.北京：人民出版社

郑功成.2008.中国社会保障改革与发展战略——理念、目标与行动方案.北京：人民出版社

郑功成.2010.社会保障：调节收入分配的基本制度保障.中国党政干部论坛，（6）：19-22

郑功成.2011.中国社会保障改革与发展战略（养老保险卷）.北京：人民出版社

周永水.2013.关于建立城乡居民社会养老保险待遇调整机制的思考.中国社会保障，（4）：34-35

周元洪.2003.养老保险.北京：机械工业出版社

朱冬梅.2005.从基金收支平衡看养老保险扩面需求以及应对策略.经济与管理研究，（12）：33-36

祝伟，陈秉正.2009.中国城市人口死亡率的预测.数理统计与管理，28（4）：736-744

Aaron H.1966. The social insurance Paradox. The Canadian Journal of Economics and Political Science，32（3）：371-374

Arnott R, Stiglitz J E. 1992. The welfare economics of moral Hazard//Louberge H. Risk, Information and Insurance Economics：Essays in the Memory of Karl Borch. Norwell：Kluwer Academic Publishers：325-358

Aspalter C. 2009-10-21. Securing the Future for Old Age in the Asia and Pacific Region：Short-term and Historical Challenges. ISSA， Regional Social Security Forum for Asia and the Pacific. Manila：Philippines

Aspalter C, Low L.2003. The welfare state in Singapore: welfare without redistribution//Aspalter C. Welfare Capitalism Around the World. Casa Verde: Hong Kong

Aspalter C, Kim J, Park S.2008. Analysing the welfare state in Poland, the czech republic, hungary and slovenia: an ideal-typical perspective. Social Policy and Administration, 43（2）: 170-185

Aspalter C, Uchida Y, Gauld R. 2010. Health Care Systems in Europe and Asia. Routledge: London Forthcoming

Barr N. 1998. The Economics of Welfare State. Oxford: Oxford University Press

Barr N, Diamond P.2008.Reforming Pensions: Principles and Policy Choices. Oxford: Oxford University Press

Barr N, Whynes D.1993. Current Issues in the Economics of Welfare. London: MacMillan Press.

Barrientos A.2008. Extending the Coverage of Social Security Pensions: New Strategies for Old-age Income Security in Africa. ISSA. Regional Social Security Forum for Africa

Becker G, Murphy K. 1988. The family and the state. Journal of Law and Economics, 31（1）: 1-18

Bonoli G, Shinkawa T.2005. Ageing and Pension Reform Around the World. Edward Elgar: Cheltenham

Boskin M, Kotlikoff L J, Shoven J B.1988. Personal security accounts: a proposal for fundamental social security reform//Wachter S M. Social Security and Private Pension: Providing for Retirement in the 21st. Philadelphia: Lexington Books

Bräuninger M. 2005. social Security, unemployment, and growth. International Tax and Public Finance,（12）: 423-434

Capretta J, Jackson R. 2007. Global Aging and the Sustainability of Public Pension Systems: An Assessment of Reform Efforts in Twelve Developed Countries. Center for Strategic & International Studies, No. 2006

Corsetti G. 1994. An endogenous growth model of social security and the size of the informal sector. Revista de Analisis Economico,（9）: 57-76

Corsetti G, Hebbel K S.1997. Pension reform and growth //Prieto S V. The Economics of Pensions: Principles, Policies and International Experience. New York: Cambridge University Press

Diamond P A.2001. The Economics of Social Security Reform. NBER Working Paper. No.8451

Diamond P A.2002. Social Security Reform. New York: Oxford University Press

Diamond P A, Mirrlees J A.1978. A model of social insurance with variable retirement. Journal of Public Economics, 10（3）: 295-336

Esping-Andersen G, Gallie D, Hemerijck A.2002. Why We Need a New Welfare State. Oxford: Oxford University Press

European Commission. 2001-11-23.Objectives and Working Methodes in the Area of Pensions: Applying the Open Method of Coordination. Joint Report of the Social Protection Committee and the Economic Policy Committee, No. 14098/01

Feldstein M. 1996.The missing piece in policy analysis: social security reform. American Economic Review, 86（2）: 1-14

Feldstein M. 1998. Privatizing Social Security. Chicago: Chicago University Press

Ferreira F H G, Robalino D A.2010. Social Protection in Latin America: Achievements and Limitations. The World Bank Policy Research Working Paper, No. 5305

Filho de C, Evangelista I. 2008. Old-age benefits and retirement decisions of rural elderly in Brazil. Journal of Development Economics, 86（1）: 129-146

Fu T H, Hughes R. 2009. Ageing in East Asia: Challenges and Policies for the Twenty-First Century. London: Routledge

Gill I S, Packard T, Yermo J.2004. Keeping the Promise of Social Security: In Latin America. Washington D C: Stanford University Press

Gillion C. 2002. The development and reform of social security: the approach of the international labor office. International Social Security Review, 53（1）: 35-63

Grech A G. 2013. Assessing the sustainability of pension reforms in Europe, centre for analysis of scocial exclusion.Lse Research Online Documents on Economics, 29（2）: 143-162

Hagemann R P, Nicoletti G.1989. Population ageing: economic effects and some policy implications for financing public pensions. OECD Economic Studies,（12）: 51-96

Harris J R, Migration T M. 1970. Unemployment and development: a two-sector analysis. American Economic Review, 60（1）: 126-142

Heller P.2006. Is Asia Prepared for an Aging Population? Washington D C: IMF

Help Age International. 2009-01-19. New working group will champion social pension for Thailand. http://www.globalaging.com

Help Age International. 2009-04-15. Thai PM Guarantees older people's right to social pension. http://www.globalaging.com

Holzmann R.1998. Financing the transition to multipillar. The World Bank Social Protection Discussion Paper Series

Holzmann R, Hinz R.2005.Old-Age Income Support in the Twenty-first Century: An International Perspective on Pension Systems and Reform. Washington D C: The World Bank

Holzmann R, McArthur I, Sin Y.2001. Pension Systems in East Asia and the Pacific: Challenges and Opportunities, The World Bank Social Protection Discussion Paper Series, No. 0403

Holzmann R, Packard T, Cuesta J. 2000. Extending coverage in multi-pillar pension systems: constraints and hypotheses, preliminary evidence and future research agenda. The World Bank Social Protection and Labor Policy and Technical Notes.

Holzmann R, Palacios R, Zviniene A.2004. Implicit pension debt: issues, measurement and scope in international perspective. The World Bank Social Protection Discussion Paper Series.

Holzmann R, Robalino D A, Takayama N.2009 .Closing the Coverage Gap. Washington D C: The World Bank

Horiba Y, Yoshida K.2002. Determinants of Japanese corporate pension coverage. Journal of Economics and Business, (54): 537-555

Jams E. 1998. New models for old-age security. World Bank Research Observer, 13 (2): 271-301

Kanjanaphoomin N.2004. Pension fund, provident fund and social security system in Thailand, paper presented at the international conference on pensions in Asia: incentives. compliance and their role in retirement. Tokyo, (2): 23-24

Kemnitz A, Wigger B U. 2000. Growth and social security: the role of human capital. European Journal of Political Economy, 16 (4): 673- 683

Keynes J M. 1936.The General Theory of Employment, Interest and Money. New York: Macmillan Cambridge University Press

Leary D O.2006. Public service pension in Ireland.Social Rights and Pensions for Civil Servants in some EU Member States Seminar Paper

Luchak A A, Fang T, Gunderson M.2004. How has public poling shaped defined-benefit pension coverage in Canada? Journal of Labor Research, 25 (3): 469-484

Mesa-Lago C.2008a. Informal employment and pension and healthcare coverage by social insurance in Latin America. IDS Bulletin-Institute of Development Studies, 39 (2): 79-86

Mesa-Lago C.2008b. Reassembling Social Security: A Survey of Pensions and Health Care Reforms in Latin America. Oxford: Oxford University Press

Modigliani F, Brumberg B. 1954. Utility analysis and the consumption function: an interpretation of cross-section data//Kurihara K E.Post-Keynesian Economics. New Brunswick: Rutgers University Press

Muhanna I.2009-02-02. Overview of Main Features of Pension Systems in the MENA Region: Challenges for Develoment, OECD/IOPS MENA Workshop on Pension Regulation & Supervision, Cairo

Mulligan C B, Sala-i-Marth X. 1999. Social security in theory and practice (Ⅰ): facts and political theories.NBEB Working Paper. No.7118

Neumark D, Powers E. 2000. Welfare for the elderly: the effects of SSI on pre-retirement labor supply. Journal of Public Economics, (78): 51-80

Nomura A. 2009. Japan's pension system: shift toward greater self-reliance is unavoidable. Nomura Journal of Capital Markets, 1（2）: 1-6

Nomura Researd Institute. 2009. Demographic aging and Japan's public pension system. Nomura Research Institute, 54（4）: 1-27

Noord P V D, Herd R.1993. Pension liabilities in the seven major economies. OECD Economics Department Working Papers

O'Leary D. 2006. Public service pension in Ireland. Social Rights and Pensions for Civil Servants in some EU Member States Seminar Paper

OECD.2009a.Pensions at a Glance: retirement-income systems in OECD countries

OECD.2009b.Social expenditure statistics of OECD member's countries

OECD.2010a. National accounts of OECD countries

OECD. 2010b.Pensions at a Glance: public policies cross OECD countries

OECD/IOPS .2008. Pensions at a Glance: Asia/Pacific Edition

Packard T G. 2001. Is there a positive incentive effect from privatizing social security? Evidence from Latin America, Policy Research Working Paper

Park D H.2009. Ageing Asia's looming pension crisis. ADB Economics Working Paper Series, No. 165, Asian Development Bank: Manila

Pfau W. 2009. Impact of the national pension fund on the sustainability of elderly pensions in Thailand.Asian Economic Journal, 23（1）: 41-63

Pigou A C. 1920. The Economics of Welfare. London: Macmillan

Pogue T, Sgontz L. 1997. Social security and investment in human capital. National Tax Journal, 30（2）: 157-169

Ramesh M.2003. Globalization and Social Security Expansion in East Asia. Cambridge: Cambridge University Press

Rawls J.1971. A Theory of Justice. Cambridge: Harvard University Press

Rofmann R, Lucchetti L. 2006. Pension systems in Latin America: concepts and measurements of coverage. World Bank Social Protect Discussion Paper, No.0616

Sala-i-Martin X.1996. A positive theory of social security. Journal of Economic Growth, 1（2）: 277-304

Salditt F, Whiteford P, Adema W. 2007. Pension reform in China: progress and prospects. OECD Social, Employment and Migration Working Papers

Salvador V P.2008. A theory of contribution density and implications for pension design. World Bank Pension Reform Primer Series.Social Protection Discussion Paper

Saruyama S.2008. Does a tax-financed public pension system favor corporations? JECR Staff Report, Japan Center for Economic Research, Tokyo

Simon H.1957.Models of Man: Social and Rational. New York: Wiley

Sin Y, Yu X Q. 2005. China pension liabilities and reform options for old age insurance. World Bank Working Paper

Takayama N, Kitamura Y.2009. How to make the Japanese public pension system reliable and workable. Asian Economic Policy Review, 4 (1): 97-116

The United States Social Security Administration.2010.Social Security Programs Throughout the World. No.13-11801

United Nations.1955. Methods of Appraisal of Quality of Basic Data for Population Estimates (Manual II). New York: United Nations

Valdés-Prieto S. 2005. Social security coverage in Chile, 1990—2001. The World Bank Social Security Reform Report

Vidlund M, Bach-Othman J. 2009. Pension contribution level in nine European countries. Finnish Centre for Pensions Working Papers

Wilensky H.1975.The Welfare State and Equality: Structural and Ideological Roots of Public Expenditure. Berkeley: University of California Press

Williamson J B, Pampel F C. 1993. Old-age Security in Comparative Perspective. Oxford: Oxford University Press

World Bank. 1996. China pension system reform

World Bank. 1997. Old age security: pension reform in China

Worsley K.2009-06-26.OECD: Japan's public pension to provide 34% of salary. http://www.japaneconom-ynews.com

Worsley K.2009-08-06.Japan's public pension fund lost a record 10.17 Trillion Yen in Fiscal 2008. http://www.japaneconomynews.com

Yabiku S T.2000. Family history and pensions: the relationships between marriage, divorce, children and private pension coverage. Journal of Aging Studies, 14 (3): 293-312

附件 A：基本养老保险参保模型

假定参保人的月工资水平用 W 表示，为了简化计算并假定未来工资水平不变，根据现行基本养老保险有关政策规定，对以职工身份参保的在职人员，利用年金现值方法计算参保人所缴纳的保费现值总和为

$$P_I = 28\% \times W \times \frac{1-(1+\theta/12)^{-(R-A)\times 12}}{\theta/12} \quad (\text{A.1})$$

式中，假定参保人每个月的月末缴纳保费，28%为单位与个人合计的缴费比率；P_I 为参保人各年所缴纳的养老保险金现值总和；W 为参保人的月收入水平；θ 为贴现率；R 为退休年龄；A 为参保年龄。

按照现行政策规定，保费按 8%的比例记入个人账户，假定个人账户的记账利率为 i，利用年金终值公式可计算退休时养老金个人账户累计金额为

$$V_{R+1} = 8\% \times W \times \frac{(1+i/12)^{(R-A)\times 12}-1}{i/12} \quad (\text{A.2})$$

式中，V_{R+1} 为领取养老金第 1 年期初个人账户累计储存额。

根据《国务院关于完善企业职工基本养老保险制度的决定》（国发〔2005〕38号）的规定，对参保人退休后所领取的养老金待遇，计算公式如下。

（1）月度养老金水平=（退休时上年度职工月平均工资+指数化月平均缴费工资）÷2 × [缴费年限×1%]+个人账户累计储存额÷计发月数。

（2）指数化月平均缴费工资=（员工参加工作至退休时缴费年限的每月缴费指数之和÷缴费年限的月数）× 员工退休时上年度职工月平均工资。

（3）员工每月缴费指数=员工每月缴费工资÷缴费时当年度本市在岗职工月平均工资。

假定社会平均工资水平与参保人的工资一样保持不变，则月度养老金水平计算公式可简化为

$$\text{月度养老金水平} = \frac{1}{2} \times (\overline{W}+W) \times (\text{缴费年限} \times 1\%) + \frac{\text{个人账户累计储存额}V}{\text{计发月数}}$$

$$(\text{A.3})$$

式中，$\overline{W}$ 为社平工资水平，由式（A.3）得到参保人退休后 t 岁时月度养老金水平：

$$Q_t = \frac{1}{2} \times (\overline{W_0}+W_0) \times (R-A) \times 1\% + \frac{V_t}{N} \quad (\text{A.4})$$

式中，Q_t 为 t 岁时月度养老金水平；N 为退休年龄 R 所对应个人账户养老金计发月数。第 t 年年初个人账户累计储存额 $V_t = V_{t-1} + I_{t-1}$，I_{t-1} 表示第 $t-1$ 年领保人员

个人账户利息，可以采用"年度计算法"①计算：

个人账户年利息 $I=$（本年个人账户年初余额–当年支付养老金总额）×本年记账利率
+当年支付养老金总额×本年记账利率×1.083×1/12

本年个人账户年初余额=上年个人账户期初余额–上年支付养老金总额
+上年个人账户利息

通过迭代方法可计算退休后各年个人账户利息 I_t 及各年个人账户累计储存额 V_t，并据以计算参保人未来所获得的养老金现值②：

$$P_O = \sum_{t=R+1}^{Z-R} \frac{Q_t \times \frac{(1+\theta/12)^{12}-1}{\theta/12}}{(1+\theta)^{t-A}} + \frac{V_t}{(1+\theta)^{Z-A}} \quad (A.5)$$

式中，Z 为预期寿命；P_O 为养老保险待遇在参保年龄 A 时刻的价值。

最后，参保人通过比较式（A.1）缴费现值 P_I 与式（A.5）收益现值 P_O 决定是否参保：

$$行为 = \begin{cases} 参保, & \text{if } P_O > P_I \\ 不参保, & \text{if } P_O \leq P_I \end{cases} \quad (A.6)$$

假设有一个在职员工，参加工作年龄 $A=20$ 岁③，其收入水平等于2009年全国城镇职工社平工资水平 $W=\overline{W}=2687$ 元/月，预期退休年龄 R 按目前男女平均法定退休年龄57岁计算；将以上参数代入式（A.1）中，得到参保人所缴纳的养老保险费的现值为

$$P_I = 28\% \times W \times \frac{1-(1+\theta/12)^{-(57-20)\times 12}}{\theta/12} \quad (A.7)$$

考虑到目前中国各省基本养老保险个人账户的记账利率在2%~4%的水平，所以记账利率 i 取3%的中间水平；由式（A.2）可计算58岁开始领取第1年养老金时个人账户累计储存额：

$$V_{58} = 8\% \times W \times \frac{1.0025^{(57-20)\times 12}-1}{0.0025} = 64.9651 \times W \quad (A.8)$$

根据国家统计局胡英④计算，2009年中国城镇人口预期寿命为77.33岁，所以 Z 取77岁；根据现行政策，57岁退休的职工，养老金个人账户计发月数 $N=158$；

---

① 该方法假定支付年度内各月养老金等额支付。
② 由于各地区政策差异，本书没有考虑退休人员死亡的丧葬费及死亡后一次性退休金，只考虑了死亡后结余养老金一次性退回。
③ 根据《中国发展报告2009》数据，中国20~25岁独生子女的平均受教育年限是12.1年，而平均入学年龄为7岁，相当于平均参加工作年龄为19.1岁，考虑到年轻人从学校毕业后有一段待业时间，所以这里假定参保人平均20岁参加工作。
④ 胡英.中国分城镇乡村人口平均预期寿命探析.人口与发展, 2010,（2）：41-47.

将以上参数代入式（A.4）和式（A.5）中通过迭代方法计算出养老保险待遇的现值 P_O。

图 A.1 给出了参保人不同贴现率状态下基本养老保险缴费金额现值 P_I 与待遇现值 P_O 的变化趋势。从图 A.1 中可以看出，随着参保人贴现率的提高，缴费的现值与待遇的现值呈现递减趋势，在 $\theta = 1.73\%$ 处缴费现值与待遇现值相等，如果把参保行为当做一项投资，则贴现率可以理解为投资年度收益率，即当前制度设计下，参加基本养老保险的收益率仅为 1.73%。若参保人要求的收益率（即贴现率）$\theta < 1.73\%$，参保人就会选择参加基本养老保险；而如果参保人要求的收益率 $\theta > 1.73\%$，参保人就会放弃参保。

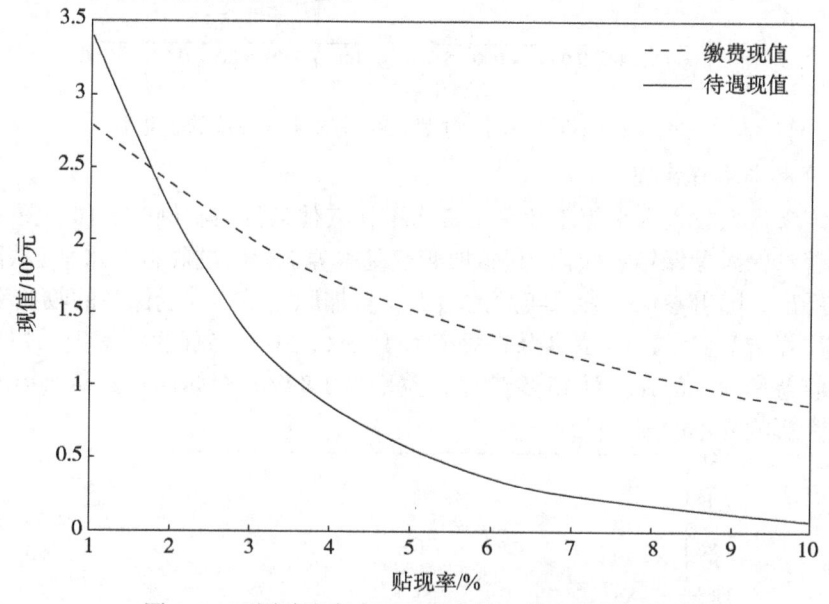

图 A.1　不同贴现率水平下基本养老保险缴费与待遇现值

1. 收入水平与参保意愿

图 A.2 给出了在其他条件不变时，随着参保人收入水平 W 变化，其参加养老保险缴费金额现值 P_I 与待遇现值 P_O 相等时的均衡贴现率水平（即参加基本养老保险的收益率水平）。从图 A.2 中可以看出，随着参保人收入水平提高，参加职工基本养老保险的收益率不断下降。计算结果显示，1 000 元/月的收入水平参保收益率为 2.86%，5 000 元/月的收入水平参保收益率为 1.34%，10 000 元/月的收入水平参保收益率下降到 1.08%。

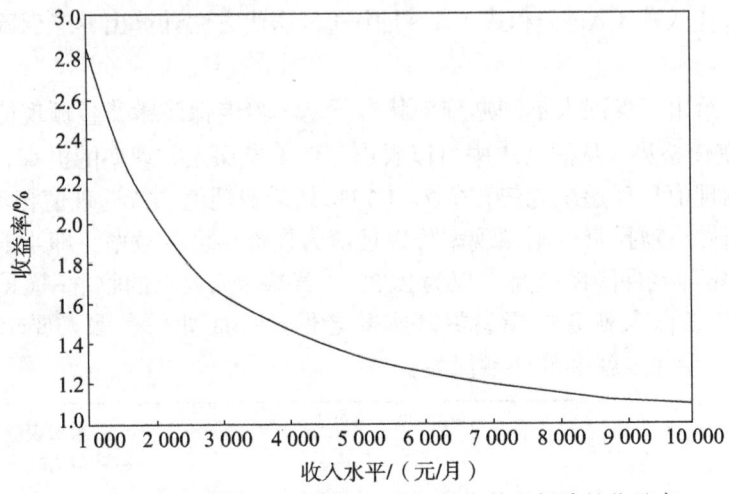

图 A.2　不同收入水平职工参加基本养老保险的收益率

2. 年龄与参保意愿

假定参保人收入水平等于社平工资水平，其他条件与实例中一样。图 A.3 给出了随着参保人参保年龄变化，其参加职工基本养老保险的收益率水平。从图 A.3 中可以看出，随着参保人参保年龄的增大，参加职工基本养老保险的收益率逐渐提高，计算结果显示，16 岁参保收益率为 1.73%，30 岁参保收益率为 1.75%，40 岁参保收益率为 1.82%，而 45 岁参保收益率为 1.89%；总体而言，参保年龄变化对收益率影响并不明显。

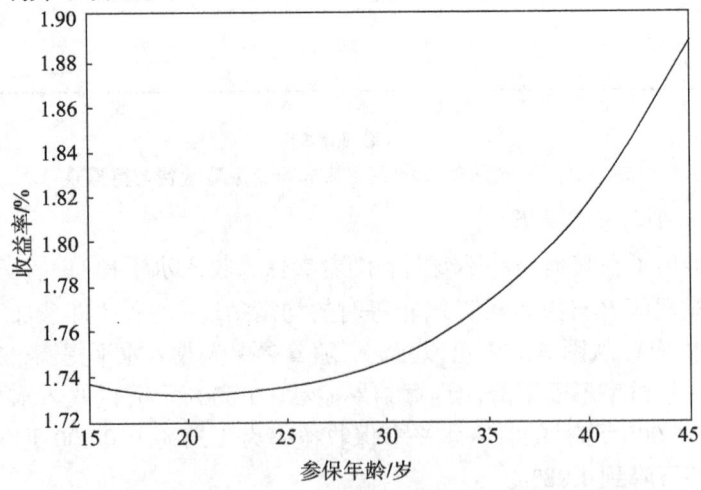

图 A.3　不同年龄段参加基本养老保险收益率

附件 B：城乡居民养老保险参保模型

2009 年 9 月，国务院发布了《国务院关于开展新型农村社会养老保险试点的指导意见》，决定开展新农保试点。2009 年试点覆盖面为全国 10%的县（市、区、旗），以后逐步扩大试点，2020 年之前基本实现对农村适龄居民的全覆盖。对新农保政策，国务院只出台基本指导原则，各地区结合实际情况，自行制定试点具体实施办法。本部分以重庆城乡居民养老保险[①]的实施办法为例，对新农保政策制度的吸引力展开研究。2009 年重庆出台了《重庆市城乡居民社会养老保险试点工作的指导意见》，试点办法规定的参保人群分为以下三类：第一类是 16~45 岁人群，这类人群可以缴满 15 年后正常领取养老金；第二类是 45~60 岁人群，这类人群 60 岁退休时，由于达不到缴满 15 年领取养老金的要求，只能选择退保或者一次性补缴；第三类是制度设计时已经超过 60 岁的人群，这类人群可以选择一次性缴费。考虑到养老保险制度设计着眼于未来，所以本书只针对第一类参保人群展开研究，该类人群参加城乡居民养老保险的相关规定如下。

（1）参保对象：具有重庆市户籍且年满 16 周岁的城乡居民、城镇灵活就业人员且没有享受基本养老保险待遇人员，本书重点分析 45 岁以下，能够正常缴满 15 年，达到按月领取养老金条件的参保人。

（2）个人缴费标准：在 100 元、200 元、400 元、600 元、900 元五个年缴费档次中自愿选择标准，参保人员缴费标准按年申报，并在每年 12 月 28 日前足额缴纳。

（3）集体与财政补贴：村集体的缴费补助可记入个人账户；政府每年给予每人 30 元缴费补贴；政府补贴额记入参保人员个人账户，记入时间为参保人员个人缴纳的基本养老保险费到账之月。

（4）给付条件：年满 60 周岁时缴费年限达到 15 年及其以上的，从年满 60 周岁的次月起，按月发放基本养老金。

（5）基本养老金支付：月基本养老金=基础养老金（80 元/月）+个人账户养老金。

个人账户养老金：参保人员达到按月领取基本养老金条件时，其个人账户养老金按个人账户累计储存额（含利息）除以计发月数确定。

参保人员个人账户利息=个人账户年初储存额×本年度记账利率+本年度记入金额×本年度记账利率×1/12×（12−n+1）（n 为本年度资金到账月份，且 1≤n≤12）。

[①] 重庆在实施过程中，把城镇居民也纳入了参保范围，统称为居民养老保险，本书中新农保与居民养老保险不做具体区分。

领保人员个人账户利息=个人账户年初余额×本年度记账利率-本年度支付月积数×本年度记账利率×1/12。其中，本年度支付月积数=$\sum\left[m月支付额\times(12-m+1)\right]$（$m$ 为本年度各支付月份，且 $1\leqslant m\leqslant 12$）。

领保人员死亡后，其个人账户有余额的，将个人账户中个人缴费及集体补助的余额按规定进行一次性退还处理。计算公式为

退还金额=个人账户余额×（首次领取待遇时个人缴费本息+首次领取待遇时集体补助本息）÷首次领取待遇时个人账户累计储存额

（6）死亡补助金：参保人员死亡后，从死亡的次月起停发基本养老金，其亲属或利益相关人应在 30 日内将有效死亡证明提交给参保地社会保障服务所，并按规定领取一次性死亡补助金。标准为死亡时本人上月养老待遇乘以 12 个月。

假定村集体补助为 0，参保人在每年年末一次性缴纳当年养老保险费用。根据重庆市城乡居民社会养老保险试点的相关政策，采用年金现值计算公式，参保人缴纳的养老保险费用现值总和为

$$P_I = W \times \frac{1-(1+\theta)^{-(60-A)}}{\theta} \quad \text{（B.1）}$$

式中，P_I 为参保人各年所缴纳的养老保险金现值总和；W 为参保人选择的缴费档次；θ 为贴现率；退休年龄为 60 岁；A 为参保年龄。

假定个人账户的记账利率为 i，政府对每人每年给予 30 元缴费补贴记入个人账户，利用年金终值公式可计算 60 岁退休时养老金个人账户累计金额为

$$V_{60} = (W+30) \times \frac{(1+i)^{(60-A)}-1}{i} \quad \text{（B.2）}$$

式中，V 为退休时个人账户累计余额。

根据居民养老保险待遇计算方法，基本养老金构成包括基础养老金和个人账户养老金两个部分。基础养老金每人 80 元/月，个人账户养老金按个人账户累计储存额（加上利息）除以计发月数确定。具体计算方法为

$$Q_t = \frac{V_{t-1} + I_t}{139} \quad \text{（B.3）}$$

式中，Q_t 为第 t 年参保人每个月个人账户养老金；V_{t-1} 表示上期末个人账户累计储存额（含利息）；I_t 为第 t 年利息，采用领保人员个人账户利息的方法进行迭代计算，139 是 60 岁退休养老金计发月数。

采用年金现值公式，可计算参保人未来所获得的养老金现值为

$$P_O = \sum_{t=61}^{Z} \frac{12\times(80+Q_t)\times\frac{(1+\theta/12)^{12}-1}{\theta/12}}{(1+\theta)^{t-A}} + \frac{12\times Q_{Z-A}}{(1+\theta)^{Z-A}} \quad \text{（B.4）}$$

式中，P_O 为各期养老金在参加保险时的现值；Z 为预期寿命；t 为参保人年龄，

最后一项为参保人死亡的补助金的现值。

参保人通过比较式（B.1）缴费现值与式（B.4）收益现值决定是否参保：

$$行为 = \begin{cases} 参保, & \text{if } P_O > P_I \\ 不参保, & \text{if } P_O \leq P_I \end{cases} \quad （B.5）$$

假设参保人年龄 $A = 20$ 岁，选择缴费标准为每年 100 元的档次，得到参保人所缴纳的养老保险费的现值为

$$P_I = 100 \times \frac{1 - (1+\theta)^{-(60-20)}}{\theta} \quad （B.6）$$

根据 2012 年度重庆市居民养老保险个人账户记账利率 $i = 2.75\%$ [①]，由式（B.2）计算退休时养老金个人账户累计金额为

$$V_{60} = 130 \times \frac{(1+2.75\%)^{(60-20)} - 1}{2.75\%} = 9\,264.86 \quad （B.7）$$

将 V_{60} 和记账利率 $i = 2.75\%$ 代入式（B.3），通过迭代方式计算出退休后各年每个月的个人账户养老金 Q_t；再将 Q_t 和预期寿命 $Z = 73$ [②] 代入式（B.4）计算出养老保险待遇的现值 P_O。

图 B.1 给出了参保人不同贴现率状态下居民养老保险缴费金额现值 P_I 与养老保险待遇现值 P_O 的变化趋势。从图 B.1 中可以看出，随着参保人贴现率的提高，缴费的现值与待遇的现值呈递减趋势，在 $\theta = 6.44\%$ 处缴费现值与待遇现值相等。如果把参保当做一项投资行为，则贴现率可以理解为投资的年度收益率，也就是说在当前制度框架下，20 岁参保并选择每年 100 元缴费档次的收益率为 6.44%。若参保人要求的收益率（即贴现率）$\theta < 6.44\%$，参保人就会选择参加居民养老保险；而如果参保人要求的收益率 $\theta > 6.44\%$，参保人就会放弃参保。

假定其他情况不变，参保人选择了不同的缴费档次。表 B.1 列出了参保人缴费档次在每年 100~1 000 元变化过程中，对应的居民养老保险缴费金额现值 P_I 与养老保险待遇现值 P_O 相等时的均衡贴现率水平，即参加居民养老保险的收益率水平。从表 B.1 中可以看出，随着所选的缴费档次的提高，参加居民养老保险的收益率不断下降。计算结果显示，每年 100 元档次的参保收益率为 6.44%，每年 500 元档次的参保收益率为 4.15%，每年 1 000 元档次的参保收益率下降到 3.70%。

[①] 2011 年度重庆市居民养老保险个人账户年记账利率为 2.75%，月记账利率为 2.292‰，2010 年度的年记账利率 2.25%。

[②] 根据国家统计局胡英 2010 年计算，2009 年中国农村居民预期寿命为 72.29 岁，城镇居民预期寿命为 77.33 岁，考虑到少部分城镇居民参保，所以参保人员预期寿命取 73 岁。

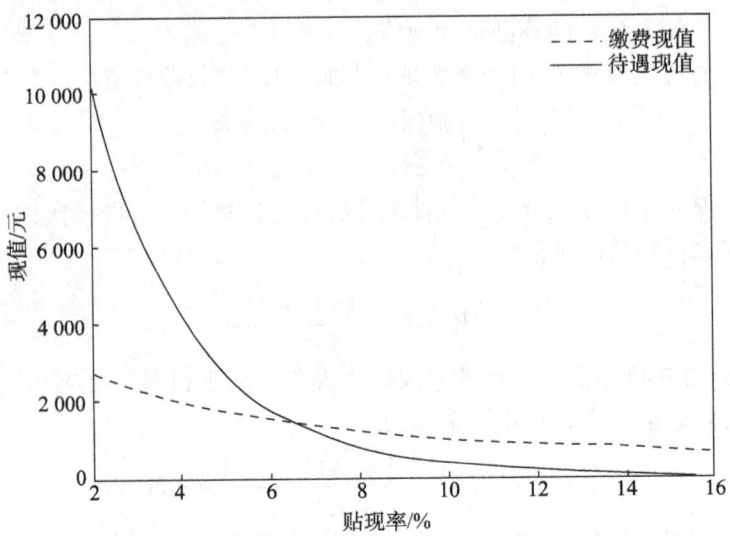

图 B.1　参保人不同贴现率条件下的缴费与待遇现值比较

表 B.1　参保人选择不同缴费标准的参保收益率

序号	缴费档次/元	收益率/%	序号	缴费档次/元	收益率/%
1	100	6.44	6	600	4.01
2	200	5.22	7	700	3.90
3	300	4.67	8	800	3.82
4	400	4.36	9	900	3.76
5	500	4.15	10	1 000	3.70

假定参保人选择了每年100元的缴费标准，图 B.2 给出了参保人参保年龄在 16~45 岁变化过程中，对应的居民养老保险缴费金额现值 P_I 与养老保险待遇现值 P_O 相等时的均衡贴现率（即参加收益率）水平。从图 B.2 中可以看出，随着参保年龄提高，参加居民养老保险的收益率也越来越高，也就是说目前的居民养老保险制度对大龄参保人员更加具有吸引力。计算结果显示，16 岁参保收益率为 5.89%，30 岁参保收益率是 8.62%；40 岁参保收益率达到 13.40%；而 45 岁参保收益率则高达 18.50%。

附件 B：城乡居民养老保险参保模型　199

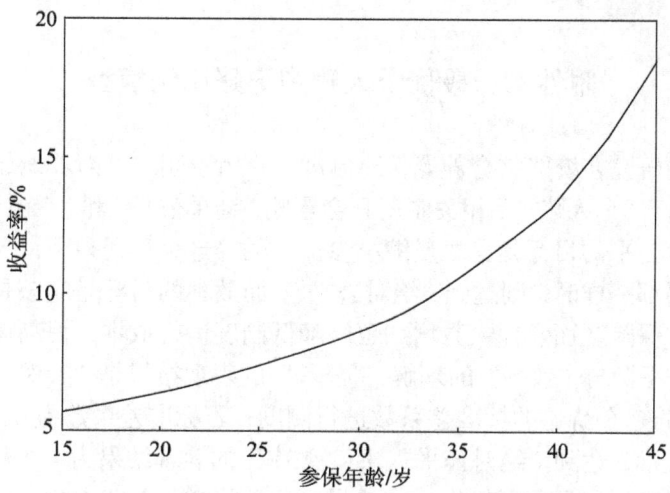

图 B.2　不同年龄段参加居民养老保险收益率

附件 C：最优个人账户记账比例模型

本书主要研究在统账结合养老保险制度下，"个人账户"对养老保险公平与效率的影响，由于"个人账户"相关制度只会影响"结果公平"和"个体激励效率"，所以养老保险公平的目标是，尽量缩小参保人的养老金待遇差距，当所有参保人的养老金待遇都一样时，则达到"绝对公平"；而效率的目标是应该是能够激励更多的人群参加保险，而参保人数增加也能降低制度运行成本，提高运行效率。基于以上对"公平"与"效率"的理解，"公平"的表现结果是"参保人养老金待遇差距"，并用养老金待遇的标准差系数进行测度；若标准差系数为 0，所有参保人的待遇没有差别，达到"绝对公平"。而"效率"的表现结果为"在养老金制度安排中，为了提高居民参保积极性，应该尽可能地将缴费与待遇相挂钩，以激励更多人群参保，降低制度运行成本"；由于养老保险替代率是反映参保人缴费投入与待遇产出相关性的直接指标，所以本书用替代率的标准差系数度测养老金制度的效率水平；若养老金替代率的标准差系数为 0，则所有参保人的替代率都相同，达到"完全效率"，此时养老金制度就完全没有发挥收入再分配促进公平的作用。

假定参保人 i 养老保险缴费基数为

$$X_i = \begin{cases} \overline{W} \times L, & W_i \leqslant L \times \overline{W} \\ W_i, & L \times \overline{W} < W_i \leqslant U \times \overline{W} \\ \overline{W} \times U, & W_i > U \times \overline{W} \end{cases} \quad （C.1）$$

式中，W_i 为参保人 i 年收入水平，本书假定各年收入水平未来保持不变；$\overline{W}$ 为社会平均工资水平；L 为缴费基数下限；U 为缴费基数上限。

如果不考虑个人账户利息收入，退休时参保人 i 养老金个人账户金额为

$$S_i = X_i \times \lambda \times (R - A) \quad （C.2）$$

式中，λ 为记入个人账户记账比率；R 为退休年龄；A 为参保年龄。

全社会养老保险统筹基金总额为

$$T = \sum_{t=A}^{R} \sum_{i=1}^{N} X_i \times (\tau - \lambda) \quad （C.3）$$

式中，N 为参保总人数；τ 为养老保险缴费费率。

统筹账户平衡预算约束下，参保人年度养老金待遇为

$$Q_i = \frac{S_i}{Z - R} + \frac{T}{N \times (Z - R)} \quad （C.4）$$

式中，Z 为参保人预期寿命。

参保人养老金水平的替代率为

$$M_i = \frac{Q_i}{W_i} \quad \text{(C.5)}$$

根据式（C.4）和式（C.5）可以计算公平系数（养老金待遇标准差系数）和效率系数（养老金替代率的标准差系数）：

$$\text{公平系数 } G_F = \frac{\sqrt{\frac{1}{n}\sum_i^n (Q_i - \overline{Q})^2}}{\overline{Q}} \quad \text{(C.6)}$$

$$\text{效率系数 } G_E = \frac{\sqrt{\frac{1}{n}\sum_i^n (M_i - \overline{M})^2}}{\overline{M}} \quad \text{(C.7)}$$

根据公平与效率的含义，显然 G_F 值越小，养老金制度越公平；G_E 值越小，养老金制度越有效率。

根据前文的公平与效率度量方法，下面通过具体数值实例模拟公平与效率之间的矛盾。有关参数假设为社平工资水平 $\overline{W} = 42\,000$ 元[①]、缴费费率 $\tau = 20\%$、缴费下限 $L = 60\%$[②]、缴费上限 $U = 300\%$、参保年龄 $A = 20$ 岁、退休年龄 $R = 60$ 岁、居民平均寿命 $Z = 73$[③]。数值模拟方法如下。

步骤 1：假定居民收入服从正态对数分布[④]，按照均值 $\overline{W} = 42\,000$ 和工资标准差 $\sigma = 21\,900$[⑤]，随机抽取 10 000 个不同收入水平的居民样本 $[W_1, W_2, \cdots, W_{10\,000}]$，根据每个职工收入水平 W_i，由式（C.1）计算每个参保人的缴费基数 X_i。

参保人工资水平的抽样分布如图 C.1 所示。

步骤 2：确定一个初始养老金个人账户记账比例 $\lambda = 0.01$，并根据 X_i 由式（C.2）计算参保人 i 的养老金个人账户养老缴费金额 S_i。

步骤 3：由式（C.3）根据每个职工缴费基数 X_i，计算参保人所有参保人缴费的统筹基金总额 T。

步骤 4：由式（C.4）计算每个参保人的养老金待遇水平 Q_i，由式（C.6）和式（C.7）计算公平系数 G_F 和效率系数 G_E。

---

① 人力资源和社会保障部.2011 年度人力资源和社会保障事业发展统计公报, 2012.
② 目前中国多数省（市）职工基本养老保险缴费的下限为 60%，上限为 300%。
③ 根据《卫生事业发展"十一五"规划纲要》，中国居民 2010 年预期寿命为 72.5 岁。
④ 成邦文.基于对数正态分布的洛仑兹曲线与基尼系数.数量经济技术经济研究, 2005,（2）: 23-30.
⑤ 根据 2010 年职工分行业工资统计数据标准差近似估算。

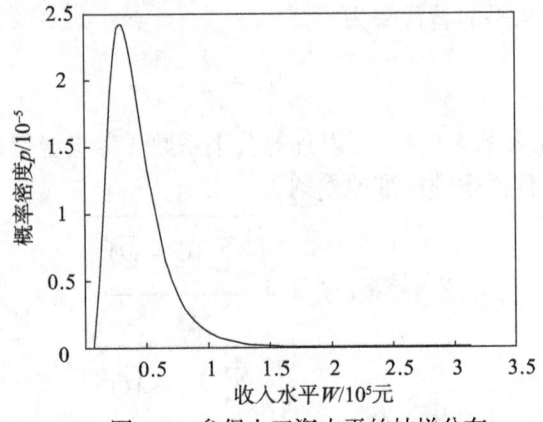

图 C.1 参保人工资水平的抽样分布

步骤 5：改变个人账户记账比率 λ 的取值，重复步骤 2~步骤 4，得到不同 λ 水平下（$\lambda = 1\% \to 20\%$），G_F 与 G_E 的变化趋势，结果如图 C.2 所示。

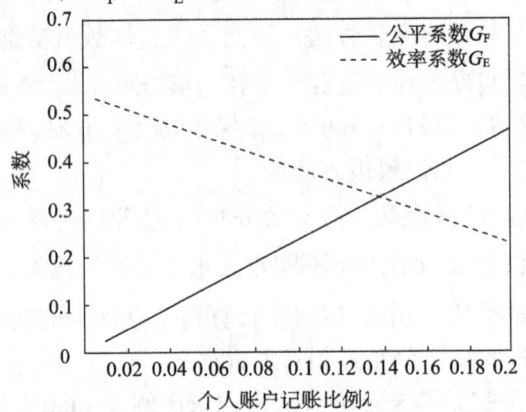

图 C.2 个人账户记账比率变化对公平与效率的影响

图 C.2 描述了在既定的养老保险制度安排及统筹基金收支平衡预算约束下，个人账户记账比率调整对养老保险制度公平与效率的影响。随着个人账户记账比率不断提高，公平系数 G_F 不断提高（越来越不公平），效率系数 G_E 不断降低（越来越有效率）。这体现了养老保险制度设计中公平与效率的内在冲突。

养老保险制度效率损失的一个主要后果表现如下：由于过于强调收入再分配功能与待遇公平，部分群体缺乏参保积极性，保险覆盖面小。虽然中国的养老保险制度属于半强制项目[1]；但现实中却存在大量逃避缴费现象[2]。因

---

[1] 《中华人民共和国社会保险法》规定："企业职工必须参加基本养老保险，灵活就业人员、个体工商户户主则可以选择参加保险。"

[2] 典型做法是企业通过给职工一定额外保险补贴让职工放弃参保，而职工为了避免个人缴费和增加当期收入，也愿意接受这种安排。

此，公平与效率权衡的基本原则如下：在保证基本效率要求的前提下实现公平的最大化；否则，如果没有效率作为前提，依靠强制方式推行的养老保险制度必然产生逃避缴费、非正规就业等问题，导致社会福利损失更大。养老保险制度公平与效率的最优组合应该是，在保证所有职工参加养老保险都可以改善福利的基本前提下[①]，实现公平最大化的目标。基于以上评价准则，下面通过职工参保与不参保两种选择状态下的福利分析，求解养老保险公平与效率的最优组合。

1. 职工不参加养老保险的福利分析

对一个年收入为 W_t（t 表示年龄）的代表性职工，其从第 A 期开始工作，R 期退休。不考虑职工工作前的消费与资产水平[②]。则该职工未参加养老保险项目时终身福利最大化的目标及约束条件为

$$\max_{C_t} E(U_N) = \sum_{t=1}^{D-A} \beta^t \times C_t^{0.5} \times P(t)$$

$$\text{s.t.} \quad M_{t+1} = \begin{cases} M_t + W_t - C_t, & t \leq R \\ M_t - C_t, & t > R \end{cases} \quad (C.8)$$

$$M(20) = 0$$

式中，U_N 为未参保职工的终身福利总和；β 为折现系数；$C_t^{0.5}$ 为效用函数；M_t 为第 t 期职工的资产存量；D 为职工的极限寿命，根据人口死亡率的统计数据，约为 100 岁；$P(t)$ 为职工第 t 期存活的概率。$P(t)$ 函数可以选择离散与连续两种形式[③]，本书参照贺菊煌[④]估算的分年龄人口死亡概率分布函数：

$$P(t) = 1 - \exp(-4.759 + 0.1143 \times t - 1.508 \times \ln(t + 0.4)) \quad (C.9)$$

假定：$W = 42\,000$，$\beta = 0.98$，$A = 20$，$R = 60$；采用数值分析方法求解式（C.8）随机动态规划问题，图 C.3 描述了跨期福利最优的支付路径。从图 C.3 中可以看出，由于折现系数和死亡率的因素，理性职工在其一生中的消费安排呈递减的趋势。

2. 职工参加养老保险的福利分析

如果同样一个年收入为 W_t 的职工参加了养老保险项目，其终身跨期福利最大化的目标及约束条件为

---

① 不同个体参保的福利改革效应是不一样的，但一个有效率的养老保险制度应该使职工不会因为参保而产生福利损失。
② 这一假定不会影响本书有关的分析及结论。
③ 祝伟，陈秉正. 中国城市人口死亡率的预测. 数理统计与管理，2009，28（4）：736-744.
④ 贺菊煌. 消费函数分析. 北京：社会科学文献出版社，2000.

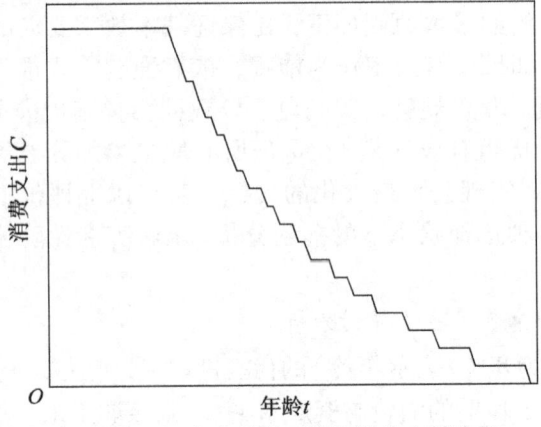

图 C.3　未参保职工跨期最优支付路径

$$\max_{C_t} E(U_Y) = \sum_{t=1}^{D-A} \beta^t \times C_t^{0.5} \times P(t)$$

$$\text{s.t.}\quad M_{t+1} = \begin{cases} M_t + \tau \times W_t - C_t, & t \leq R \\ M_t + Q_t - C_t, & t > R \end{cases} \quad \text{(C.10)}$$

$$M(20) = 0$$

式中，U_Y 为职工参保养老保险项目的终身福利总和；Q_t 为第 t 期职工的养老金待遇，由式（C.4）计算，其余变量含义与前文一致。假定：$W = 42\,000$，$\beta = 0.98$，$A = 20$，$R = 60$，其他关于工资收入分布和养老金制度参数与前文图 C.3 模拟假设一样。采用数值分析方法求解式（C.10）随机动态规划问题，在图 C.4 中列出了跨期福利最优的支付路径。从图 C.4 与图 C.3 的比较可以看出，在工作期，由于要缴纳保险费用，参保职工的消费支出低于未参保的职工。但是在退休后，参保职工的预期消费将大大超过未参保职工；因此参保人可以领取固定的养老金直到死亡。

3. 养老保险公平与效率的最优组合

前文已经分析，养老保险公平与效率最优组合的均衡条件是在保证所有职工参加养老保险都可以改善福利的基本前提下，实现公平最大化的目标。因为 G_F 越小体现了养老金制度越公平，所以养老保险公平与效率最优组合的目标函数及约束条件为

$$\min_{\lambda} G_F = \frac{\sqrt{\frac{1}{n}\sum_{i}^{n}(Q_i - \overline{Q})^2}}{\overline{Q}} \quad \text{(C.11)}$$

$$\text{s.t.}\quad E\{U_Y(W_i)\} \geq E\{U_N(W_i)\} \quad (\text{任意}\,i)$$

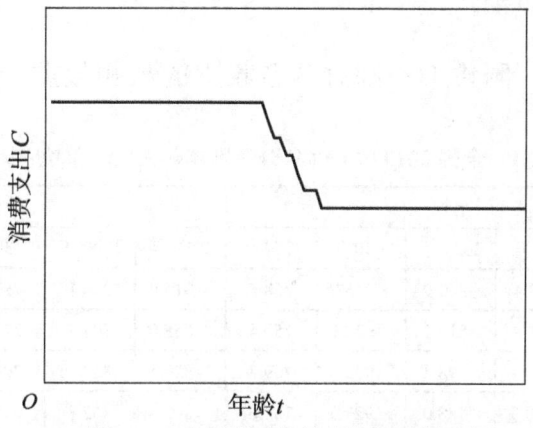

图 C.4　参保职工的最优跨期支付路径

式（C.11）中的约束条件表示对任意职工 i，其参保的终身期望福利都不低于不参保。在图 C.2 分析中一样的参数假定条件下，采用数值分析方法求解式（C.11），得到公平与效率的最优组合以及对应的个人账户记账比率：

$$\begin{cases} G_F = 0.233\,6 \\ G_E = 0.377\,4 \\ \lambda = 10\% \end{cases} \quad (C.12)$$

式（C.12）结果表明，在社会平均工资水平 $\overline{W} = 42\,000$ 元、缴费费率 $\tau = 20\%$、缴费下限 $L = 60\%$、缴费上限 $U = 300\%$、参保年龄 $A = 20$ 岁、退休年龄 $R = 60$ 岁、居民平均寿命 $Z = 73$ 岁的假定条件下，最优的个人账户记账比率为 12%，公平系数为 0.233 6，效率系数为 0.377 4。

附件 D：部分基金收支的预测数据

附表 D.1 全国 2010～2050 年分性别年龄人口（单位：万人）

年龄/岁	男性					女性				
	2010 年	2020 年	2030 年	2040 年	2050 年	2010 年	2020 年	2030 年	2040 年	2050 年
0	1 071.8	909.4	840.9	946.7	768.5	916.6	798.1	757.8	876.7	731.9
1	1 015.7	927.8	810.2	932.9	759.4	858.0	804.2	721.0	853.1	714.1
2	984.8	964.4	798.3	932.6	769.8	829.5	833.4	708.3	850.3	721.6
3	960.3	1 000.9	788.0	927.3	784.6	806.8	862.8	697.3	843.1	733.5
4	942.6	1 036.5	779.0	916.8	803.1	789.9	891.1	687.6	831.3	748.7
5	930.8	1 068.4	772.4	902.0	824.3	778.2	916.3	680.0	815.8	766.4
6	923.4	1 090.3	772.3	884.4	846.6	770.1	932.8	678.2	797.8	785.0
7	919.3	1 098.8	782.8	865.1	868.4	765.0	937.9	685.7	778.4	803.1
8	921.2	1 092.3	804.1	846.0	888.2	764.8	930.1	702.7	759.3	819.3
9	930.8	1 069.9	837.1	828.8	904.6	771.0	908.9	729.8	742.0	832.3
10	722.4	1 037.9	880.6	814.3	916.7	607.9	879.7	765.9	727.3	841.4
11	627.0	1 005.7	918.7	802.2	923.7	511.8	850.4	797.1	714.7	845.6
12	764.0	976.9	956.7	791.9	925.2	626.8	824.1	828.0	703.8	844.8
13	784.3	953.7	994.1	782.6	920.9	652.3	802.6	858.3	693.7	838.8
14	820.6	936.8	1 030.1	774.2	911.2	693.7	786.5	887.3	684.6	827.7
15	910.5	925.5	1 062.3	767.9	896.8	774.6	775.2	912.8	677.4	812.6
16	881.6	918.2	1 084.2	767.9	879.5	757.6	767.3	929.4	675.7	794.9
17	953.7	914.2	1 092.7	778.4	860.3	829.4	762.2	934.5	683.3	775.6
18	995.7	916.0	1 086.1	799.5	841.2	870.6	762.0	926.8	700.2	756.5
19	1 061.2	925.3	1 063.5	832.1	823.9	937.1	768.1	905.5	727.0	739.2
20	1 372.3	717.8	1 031.2	875.0	809.1	1 234.9	605.4	876.1	762.8	724.4
21	1 301.9	622.6	998.7	912.3	796.6	1 197.4	509.5	846.7	793.7	711.6
22	1 268.2	758.2	969.4	949.3	785.9	1 174.1	623.9	820.2	824.1	700.5
23	1 350.6	777.7	945.7	985.7	776.0	1 259.8	649.0	798.5	853.9	690.2
24	1 191.4	813.1	928.2	1 020.7	767.1	1 110.5	689.8	782.1	882.3	680.8
25	1 049.4	901.5	916.3	1 051.8	760.4	977.2	769.9	770.5	907.3	673.3
26	1 035.7	872.3	908.5	1 072.7	759.8	978.2	752.8	762.4	923.5	671.4
27	1 016.0	943.0	903.9	1 080.4	769.7	972.3	823.8	757.1	928.1	678.6

续表

年龄/岁	男性					女性				
	2010年	2020年	2030年	2040年	2050年	2010年	2020年	2030年	2040年	2050年
28	1 164.4	984.0	905.1	1 073.3	790.1	1 123.5	864.4	756.6	920.1	695.1
29	963.2	1 048.1	913.9	1 050.4	821.9	930.1	930.1	762.4	898.7	721.6
30	919.7	1 354.8	708.7	1 018.1	863.9	900.8	1 225.3	600.7	869.3	756.9
31	942.3	1 284.8	614.4	985.6	900.3	930.1	1 187.8	505.4	839.9	787.2
32	939.0	1 251.0	747.9	956.3	936.5	923.5	1 164.3	618.7	813.4	817.3
33	899.2	1 331.6	766.8	932.5	971.9	873.6	1 249.0	643.4	791.6	846.6
34	1 028.5	1 174.2	801.4	914.8	1 006.0	996.8	1 100.7	683.7	775.2	874.6
35	1 060.6	1 033.7	888.0	902.6	1 036.0	1 027.6	968.3	762.9	763.5	899.1
36	1 149.2	1 019.5	858.7	894.3	1 056.0	1 109.5	969.0	745.7	755.2	914.8
37	1 192.5	999.4	927.6	889.2	1 062.8	1 139.6	962.9	815.8	749.7	919.2
38	1 251.6	1 144.4	967.1	889.6	1 054.9	1 194.5	1 112.3	855.7	749.0	910.9
39	1 269.8	945.8	1 029.1	897.4	1 031.4	1 210.1	920.4	920.5	754.4	889.3
40	1 412.1	902.1	1 328.9	695.1	998.7	1 346.8	890.9	1 211.9	594.1	859.8
41	1 255.7	923.1	1 258.7	602.0	965.6	1 206.1	919.4	1 174.1	499.6	830.3
42	1 395.6	918.8	1 224.1	731.8	935.7	1 329.4	912.5	1 150.3	611.2	803.6
43	1 087.9	878.6	1 301.2	749.3	911.1	1 046.8	862.4	1 233.1	635.2	781.6
44	1 244.1	1 003.5	1 145.7	781.9	892.6	1 191.4	983.3	1 085.8	674.5	764.8
45	1 246.4	1 033.2	1 007.0	865.1	879.3	1 183.2	1 012.8	954.4	752.0	752.6
46	1 203.4	1 117.5	991.5	835.0	869.6	1 158.8	1 092.4	954.1	734.2	743.6
47	1 394.3	1 157.4	970.0	900.3	863.0	1 327.6	1 120.7	946.9	802.3	737.3
48	1 045.9	1 212.1	1 108.4	936.6	861.6	994.2	1 173.1	1 092.3	840.4	735.5
49	560.9	1 226.9	913.8	994.4	867.0	549.9	1 186.6	902.5	902.5	739.7
50	733.2	1 360.8	869.3	1 280.6	669.8	692.6	1 318.2	872.0	1 186.2	581.5
51	655.1	1 206.1	886.7	1 209.0	578.2	609.4	1 178.2	898.0	1 146.8	488.0
52	860.3	1 336.2	879.8	1 172.0	700.7	794.3	1 295.6	889.1	1 121.0	595.7
53	943.4	1 037.8	838.2	1 241.3	714.8	885.5	1 017.6	838.4	1 198.7	617.5
54	849.3	1 182.1	953.4	1 088.5	742.9	816.7	1 155.0	953.2	1 052.6	653.9
55	912.5	1 178.6	977.0	952.2	818.0	866.0	1 143.3	978.7	922.3	726.6
56	896.1	1 132.2	1 051.4	932.8	785.6	865.6	1 116.0	1 052.0	918.8	707.1
57	802.6	1 304.9	1 083.1	907.8	842.5	784.0	1 274.0	1 075.5	908.7	769.9
58	823.0	972.7	1 127.3	1 030.8	871.0	801.7	950.3	1 121.2	1 044.1	803.2

续表

年龄/岁	男性					女性				
	2010年	2020年	2030年	2040年	2050年	2010年	2020年	2030年	2040年	2050年
59	677.9	518.1	1 133.3	844.1	918.5	673.2	523.3	1 129.2	858.8	858.9
60	693.8	671.8	1 246.8	796.5	1 173.4	675.9	655.7	1 248.1	825.6	1 123.1
61	659.6	594.4	1 094.4	804.6	1 097.0	625.3	573.5	1 108.5	845.0	1 079.1
62	562.1	772.9	1 200.3	790.3	1 052.9	544.8	742.7	1 211.5	831.4	1 048.2
63	542.3	838.0	921.9	744.5	1 102.6	522.9	822.1	944.7	778.3	1 112.8
64	491.7	745.6	1 037.7	837.0	955.6	484.4	752.4	1 064.1	878.2	969.7
65	449.0	790.2	1 020.6	846.0	824.5	443.8	790.8	1 044.0	893.6	842.1
66	431.2	763.6	964.8	895.9	794.9	420.3	782.5	1 008.8	951.0	830.6
67	382.8	672.6	1 093.6	907.8	760.8	380.6	701.5	1 139.9	962.2	813.0
68	378.7	677.0	800.2	927.4	847.9	377.1	708.5	839.9	991.0	922.8
69	373.9	545.4	416.9	911.8	679.2	372.7	586.4	455.8	983.6	748.1
70	374.0	544.1	526.8	977.7	624.6	374.4	578.8	561.5	1 068.8	707.0
71	298.7	502.3	452.6	833.4	612.7	306.7	525.1	481.6	930.9	709.6
72	333.2	415.1	570.8	886.5	583.7	337.3	448.2	611.0	996.7	684.0
73	301.2	386.2	596.8	656.5	530.2	312.9	419.7	659.8	758.3	624.7
74	290.6	336.8	510.8	710.9	573.4	313.3	378.8	588.4	832.2	686.8
75	259.3	295.3	519.7	671.2	556.4	294.0	337.6	601.4	794.0	679.7
76	229.4	271.4	480.6	607.2	563.9	263.6	309.9	577.1	744.0	701.3
77	227.7	229.2	402.7	654.8	543.5	260.2	271.0	499.4	811.6	685.1
78	184.6	215.1	384.6	454.5	526.8	223.2	258.7	486.1	576.2	679.9
79	155.6	200.0	291.7	223.0	487.7	189.5	244.9	385.4	299.6	646.4
80	160.5	186.3	271.1	262.5	487.1	204.8	234.0	361.7	350.9	667.9
81	113.3	137.0	230.4	207.6	382.3	151.7	180.6	309.2	283.6	548.1
82	109.9	140.4	174.9	240.5	373.5	152.0	186.4	247.6	337.6	550.7
83	85.1	115.6	148.3	229.1	252.0	123.2	161.4	216.5	340.4	391.1
84	66.6	100.8	116.9	177.2	246.6	102.5	149.8	181.1	281.3	397.9
85	58.6	80.6	91.7	161.5	208.6	95.5	129.3	148.5	264.5	349.2
86	45.0	63.4	75.0	132.9	167.9	78.4	106.2	124.8	232.4	299.6
87	33.2	55.8	56.2	98.7	160.5	61.2	95.2	99.2	182.8	297.1
88	26.8	39.5	46.0	82.2	97.2	52.1	73.5	85.2	160.0	189.7
89	19.5	28.7	36.9	53.9	41.2	40.4	55.6	71.8	113.0	87.8

续表

年龄/岁	男性					女性				
	2010年	2020年	2030年	2040年	2050年	2010年	2020年	2030年	2040年	2050年
90	15.2	25.5	29.7	43.1	41.8	35.0	53.0	60.5	93.6	90.8
91	9.6	15.3	18.5	31.1	28.0	23.0	34.1	40.6	69.4	63.7
92	7.0	12.5	15.9	19.9	27.3	17.8	29.0	35.6	47.3	64.5
93	4.8	8.0	10.9	14.0	21.6	12.8	19.8	25.9	34.7	54.5
94	3.2	5.2	7.9	9.1	13.8	9.0	13.6	19.9	24.1	37.4
95	2.2	3.9	5.4	6.1	10.8	6.3	10.5	14.3	16.4	29.2
96	1.6	2.7	3.8	4.5	7.9	4.5	7.1	9.6	11.3	21.0
97	1.1	1.8	3.1	3.1	5.4	2.8	4.5	7.0	7.3	13.4
98	0.8	1.4	2.1	2.5	4.4	1.8	3.1	4.4	5.1	9.6
99	0.6	1.0	1.5	1.9	2.8	1.1	2.0	2.7	3.5	5.5
100以上	1.2	2.1	3.4	4.3	6.0	1.9	3.4	5.2	6.3	9.2

附表D.2 结余基金投资收益率敏感性分析（单位：亿元）

收益率	3.50%		5%		8%		10%	
年份	收支缺口	累计结余	收支缺口	累计结余	收支缺口	累计结余	收支缺口	累计结余
2013	1 307	25 248	1 688	25 629	2 475	26 416	3 020	26 961
2014	1 765	27 013	2 244	27 873	3 265	29 681	3 993	30 954
2015	2 201	29 214	2 790	30 663	4 080	33 761	5 026	35 980
2016	2 786	32 000	3 498	34 161	5 095	38 856	6 297	42 278
2017	2 920	34 920	3 769	37 930	5 719	44 575	7 223	49 501
2018	2 770	37 690	3 766	41 696	6 104	50 678	7 953	57 454
2019	2 944	40 633	4 090	45 786	6 848	57 526	9 085	66 539
2020	2 994	43 627	4 302	50 088	7 523	65 050	10 200	76 739
2021	3 177	46 804	4 656	54 744	8 384	73 433	11 559	88 297
2022	2 956	49 760	4 616	59 359	8 901	82 335	12 641	100 939
2023	1 897	51 657	3 744	63 103	8 631	90 965	13 003	113 942
2024	1 026	52 683	3 054	66 158	8 564	99 530	13 626	127 568
2025	-298	52 385	1 907	68 064	8 069	107 599	13 888	141 456
2026	-1 708	50 677	663	68 727	7 495	115 094	14 137	155 593
2027	-3 088	47 589	-565	68 162	6 954	122 048	14 490	170 083
2028	-5 059	42 530	-2 396	65 766	5 827	127 875	14 336	184 420
2029	-7 035	35 495	-4 255	61 512	4 674	132 550	14 231	198 651

续表

收益率 年份	3.50% 收支缺口	3.50% 累计结余	5% 收支缺口	5% 累计结余	8% 收支缺口	8% 累计结余	10% 收支缺口	10% 累计结余
2030	-9 330	26 165	-6 456	55 055	3 179	135 729	13 865	212 515
2031	-11 679	14 486	-8 742	46 314	1 591	137 320	13 489	226 004
2032	-14 026	460	-11 057	35 257	-40	137 280	13 159	239 162
2033	-16 713	-16 252	-13 746	21 511	-2 059	135 220	12 539	251 701
2034	-19 636	-35 888	-16 711	4 800	-4 382	130 838	11 714	263 415
2035	-22 609	-58 497	-19 772	-14 972	-6 839	124 000	10 860	274 275
2036	-25 935	-84 432	-23 236	-38 209	-9 741	114 258	9 670	283 945
2037	-29 676	-114 107	-27 171	-65 380	-13 173	101 085	8 064	292 009
2038	-33 123	-147 231	-31 360	-96 739	-16 938	84 147	6 240	298 250
2039	-36 518	-183 748	-36 123	-132 862	-21 368	62 780	3 869	302 119
2040	-40 103	-223 852	-40 103	-172 965	-26 343	36 437	1 070	303 189
2041	-44 472	-268 323	-44 472	-217 437	-32 499	3 938	-2 792	300 397
2042	-50 054	-318 377	-50 054	-267 491	-40 362	-36 424	-8 253	292 144
2043	-55 407	-373 785	-55 407	-322 898	-48 624	-85 048	-14 032	278 111
2044	-61 531	-435 315	-61 531	-384 428	-58 318	-143 365	-21 159	256 952
2045	-68 376	-503 692	-68 376	-452 805	-68 376	-211 742	-29 722	227 230
2046	-74 909	-578 601	-74 909	-527 714	-74 909	-286 651	-38 827	188 403
2047	-82 297	-660 898	-82 297	-610 011	-82 297	-368 948	-49 698	138 706
2048	-89 983	-750 881	-89 983	-699 994	-89 983	-458 931	-61 954	76 751
2049	-98 180	-849 062	-98 180	-798 175	-98 180	-557 112	-75 947	804
2050	-107 064	-956 126	-107 064	-905 239	-107 064	-664 176	-92 026	-91 222

附表 D.3 覆盖面扩大速度敏感性分析（单位：亿元）

扩面速度 年份	不变 收支缺口	不变 累计结余	1% 收支缺口	1% 累计结余	3% 收支缺口	3% 累计结余
2013	1 106	25 047	1 664	25 605	2 779	26 720
2014	1 346	26 393	2 220	27 825	3 969	30 689
2015	1 547	27 940	2 762	30 587	5 192	35 881
2016	1 873	29 813	3 465	34 051	6 648	42 528
2017	1 756	31 569	3 712	37 764	7 624	50 153
2018	1 360	32 929	3 673	41 437	8 298	58 451
2019	1 251	34 180	3 975	45 411	9 422	67 873

续表

扩面速度	不变		1%		3%	
年份	收支缺口	累计结余	收支缺口	累计结余	收支缺口	累计结余
2020	1 013	35 193	4 155	49 567	10 386	78 260
2021	879	36 072	4 482	54 049	10 455	88 715
2022	365	36 438	4 393	58 442	9 984	98 699
2023	-905	35 533	3 429	61 871	8 440	107 140
2024	-2 017	33 516	2 668	64 539	7 124	114 263
2025	-3 534	29 982	1 431	65 970	5 231	119 494
2026	-5 132	24 850	107	66 077	3 223	122 717
2027	-6 714	18 136	-1 183	64 894	1 238	123 955
2028	-8 804	9 332	-3 100	61 794	-1 472	122 483
2029	-10 905	-1 573	-5 019	56 775	-4 201	118 281
2030	-13 280	-14 853	-7 278	49 497	-7 324	110 958
2031	-15 706	-30 559	-9 592	39 904	-10 525	100 433
2032	-18 139	-48 697	-11 900	28 004	-13 745	86 688
2033	-20 857	-69 554	-14 573	13 431	-17 380	69 308
2034	-23 773	-93 327	-17 499	-4 068	-21 311	47 997
2035	-26 418	-119 745	-20 475	-24 543	-25 326	22 671
2036	-28 871	-148 616	-23 834	-48 377	-29 770	-7 099
2037	-31 543	-180 159	-27 643	-76 021	-34 706	-41 805
2038	-34 244	-214 402	-31 746	-107 766	-39 884	-81 689
2039	-37 209	-251 611	-36 661	-144 428	-45 648	-127 337
2040	-40 302	-291 913	-41 085	-185 513	-51 009	-178 345
2041	-43 967	-335 880	-46 345	-231 857	-56 567	-234 912
2042	-48 516	-384 396	-52 886	-284 743	-63 414	-298 326
2043	-52 862	-437 257	-59 162	-343 905	-70 006	-368 332
2044	-57 745	-495 002	-66 229	-410 134	-77 398	-445 730
2045	-63 121	-558 123	-74 023	-484 157	-85 528	-531 257
2046	-68 231	-626 354	-81 467	-565 624	-93 316	-624 574
2047	-73 920	-700 275	-89 765	-655 388	-101 970	-726 544
2048	-79 781	-780 056	-98 339	-753 727	-110 910	-837 454
2049	-85 961	-866 017	-107 401	-861 128	-120 349	-957 803
2050	-92 580	-958 597	-117 121	-978 249	-130 458	-1 088 261

附表 D.4 工资增长速度敏感性分析(单位:亿元)

工资增速 年份	不变		3%		5%	
	收支缺口	累计结余	收支缺口	累计结余	收支缺口	累计结余
2013	1 170	25 111	1 430	25 371	1 607	25 548
2014	1 474	26 585	1 888	27 259	2 177	27 726
2015	1 743	28 328	2 324	29 583	2 739	30 465
2016	2 129	30 458	2 909	32 492	3 480	33 945
2017	2 119	32 577	3 043	35 535	3 735	37 680
2018	1 883	34 460	2 893	38 428	3 667	41 347
2019	1 920	36 379	3 067	41 494	3 964	45 311
2020	1 865	38 245	3 117	44 611	4 117	49 428
2021	1 919	40 163	3 300	47 911	4 429	53 857
2022	1 682	41 846	3 079	50 990	4 241	58 098
2023	878	42 724	2 020	53 010	2 982	61 080
2024	256	42 979	1 149	54 159	1 906	62 986
2025	−625	42 354	−175	53 984	186	63 172
2026	−1 502	40 852	−1 585	52 399	−1 721	61 450
2027	−2 303	38 549	−2 965	49 434	−3 669	57 782
2028	−3 408	35 140	−4 936	44 498	−6 513	51 268
2029	−4 446	30 695	−6 912	37 586	−9 477	41 791
2030	−5 598	25 097	−9 207	28 379	−13 014	28 778
2031	−6 707	18 390	−11 556	16 823	−16 761	12 017
2032	−7 743	10 647	−13 903	2 920	−20 642	−8 625
2033	−8 891	1 756	−16 590	−13 669	−25 179	−33 803
2034	−10 086	−8 330	−19 513	−33 182	−30 241	−64 045
2035	−11 230	−19 560	−22 486	−55 668	−35 557	−99 602
2036	−12 473	−32 033	−25 812	−81 480	−41 273	−140 875
2037	−13 830	−45 863	−29 553	−111 032	−46 901	−187 776
2038	−15 190	−61 054	−33 000	−144 033	−52 829	−240 605
2039	−16 688	−77 742	−36 395	−180 427	−59 596	−300 200
2040	−18 244	−95 986	−39 980	−220 408	−66 940	−367 141
2041	−20 101	−116 087	−44 349	−264 756	−75 944	−443 084
2042	−22 296	−138 383	−49 931	−314 687	−87 476	−530 560
2043	−23 838	−162 220	−55 284	−369 972	−99 005	−629 564

续表

工资增速	不变		3%		5%	
年份	收支缺口	累计结余	收支缺口	累计结余	收支缺口	累计结余
2044	−25 565	−187 785	−61 408	−431 379	−112 402	−741 967
2045	−27 439	−215 225	−68 253	−499 633	−127 674	−869 641
2046	−29 074	−244 299	−74 786	−574 419	−142 884	−1 012 525
2047	−30 889	−275 188	−82 174	−656 593	−160 347	−1 172 872
2048	−32 677	−307 866	−89 860	−746 453	−179 044	−1 351 915
2049	−34 504	−342 370	−98 057	−844 511	−199 468	−1 551 383
2050	−36 417	−378 787	−106 941	−951 452	−222 074	−1 773 457